KB203724

치유신학적 관점에서 바라본
하나님의 치유

치유신학적 관점에서 바라본

하나님의 치유

지은이 | 손영규

펴낸이 | 원성삼

책임편집 | 홍순원

표지디자인 | 김경석

펴낸곳 | 예영커뮤니케이션

초판 1쇄 발행 | 2018년 3월 20일

등록일 | 1992년 3월 1일 제 2-1349호

주소 | 04018 서울시 마포구 동교로 55 2층(망원동, 남양빌딩)

전화 | (02)766-8931

팩스 | (02)766-8934

홈페이지 | www.jeyoung.com

ISBN 978-89-8350-989-5 (03230)

값 14,000원

이 도서의 국립중앙도서관 출판예정도서목록(CIP)은 서지정보유통지원시스템 홈페이지
(http://seoji.nl.go.kr)와 국가자료공동목록시스템(http://www.nl.go.kr/kolisnet)
에서 이용하실 수 있습니다.(CIP제어번호: CIP2018007767)

 모든 인간은 하나님의 형상을 닮은 존귀한 존재입니다. 사람은 인종, 민족, 피
부색, 문화, 언어에 관계없이 모두 다 존귀합니다. 예영커뮤니케이션은 이러한
정신에 근거해 모든 인간이 존귀한 삶을 사는 데 필요한 지식과 문화를 예수 그리스도의
사랑으로 보급함으로써 우리가 속한 사회에 기여하고자 합니다.

치유신학적 관점에서 바라본

손영규 지음

하나님의 치유

우리 삶의 질병과 고통, 죽음에 대한 문제를
구속사적이고, 치유사적인
상관관계에서 심도 있게 풀어내다.

예영커뮤니케이션

추천의 글

이동원 지구촌교회(침례) 원로 목사
_건양대학교대학원 치유선교학과 전 석좌교수

우리 시대의 화두는 치유입니다.

그러나 치유의 단어는 남용의 위기에 처해 있습니다. 불분명한 치유의 오·남용이 우리의 건강을 도리어 위협하고 있습니다. 그래서 진정한 치유의 빛을 갈망하는 시대를 살아가고 있습니다.

그런데 여기 손영규 목사님의『하나님의 치유』를 소개합니다.

하나님의 말씀인 성경은 명료한 기독교 세계관을 제시합니다. 그것은 창조와 타락과 구속을 거친 완성의 세계관입니다. 여기 이 세계관에 입각한 성경적 치유, 하나님의 치유가 제시됩니다.

저자는 이 주제를 다루기에 적합한 삶의 행로를 걸어 오셨습니다. 목사로, 의사로, 한의사로, 선교사로 그리고 교수로서의 삶이 그것입니다. 그래서 이 책은 성경적 치유를 주목하는 모든 이에게 큰 선물입니다.

그는 건양대학교 치유선교학과를 이끌어 오며 이 강의를 실험했

습니다. 그래서 이 책의 내용은 더욱 검증된 강의로 한국 교회에 제공되는 선물입니다.

이 책은 모든 치유사역자에게 축복이 될 것입니다. 치유사역에 헌신하려는 후학들에게도 존귀한 선물이 될 것입니다.

병들고 찢겨진 세상에 희망의 양서를 천거합니다.

추천의 글

정영택 경주제일교회 담임 목사
_대한예수교장로회(통합) 증경 총회장

손영규 목사님의『하나님의 치유』라는 책을 출판하심에 아주 기쁜 마음으로 이 책을 읽으실 것을 추천합니다.

현대인 속에서 '치유', '힐링'이라는 단어가 유행하고 있습니다. 조금 극단적으로 표현하면 온갖 것에 치유 또는 힐링이라는 말을 사용하며, 내용도 없고, 상식적으로도 동의할 수 없는 행태들이 많이 있습니다. 이런 일들은 진정한 치유가 필요한 사람들에게 큰 좌절을 줍니다.

그런데 이번에 손영규 목사님께서『하나님의 치유』라는 책을 통해서 치유에 가장 근원적이면서도 깊이 있는, 전문적이면서도 쉽게 이해할 수 있는 책을 저술한 것입니다. 더욱이 신학적으로 구속사역과 관련해서, 현실적으로는 인간의 온전한 치유를 통해 온전함에 이르는 과정을 잘 서술해 주셨습니다. 따라서 이 책은 단순한 치유에 대한 이해를 넘어 건강과 질병과 회복, 종말론적 결론에 이르기까지 이해하게 되고, 치유를 가능하도록 하는 치유의 책이며, 축복의 책이라고 생각합니다.

전문적이면서 평이하고, 신학적이고, 지금에 연결되면서도 지금을 넘어 구원의 완성으로 주어지는 새 하늘과 새 땅을 소망하게 하는 책입니다.

이 책을 꼭 읽으셔서 어려운 세대 속에서 온전한 치유의 은총을 받으시기를 간절히 바랍니다.

추천의 글

함성익
_창성교회(합동) 담임 목사

이 책의 저자 손영규 목사님은 제가 섬기는 창성교회에서 선교사로 파송 받아 중국 북경과 연변을 중심으로 의료 및 교회 사역을 헌신적으로 하셨던 분이십니다.

선교사로 은퇴하신 후에도 목사로서, 의사로서 끊임없이 학문과 복음에 대한 열정을 놓지 않은 귀한 분이십니다.

이번에 『하나님의 치유』라는 책을 펴내셨는데, 이 책은 우리 인생의 질병과 고통, 죽음에 대한 문제를 심도 있게 구속사적이고, 치유사적인 상관관계에서 잘 풀어낸 책이라 볼 수 있습니다.

저자는 "건강이란 하나님 보시기에 좋은 것, 질병이란 하나님 보시기에 좋지 못한 것"이라는 정의를 내립니다. 그런 점에서 이 책은 '치유'가 무엇인지를 이해하는 데 많은 도움이 될 것입니다. 하나님의 치유에 대해 성경에서 말하는 핵심을 한눈에 볼 수 있도록 정리한 책입니다.

성경적 치유, 하나님의 치유에 대한 이해에 많은 유익이 될 것
이기에 이 책을 추천하는 바입니다.

김경영
_경주교회(고신) 담임 목사

하나님이 인간(영·혼·육)에게 주신 것을 건강하게 유지하는 것은 인간에게 주어진 책임이라고 할 수 있겠다.

창조 시의 모습은 아니나 타락 후 원치 않는 질병이 인간에게 찾아오게 되었다. 하지만 하나님의 권능의 손길이 고통하는 인간에게 임하여 구원하시는 손길로 역사하신다는 약속은 타락한 인간에게 주신 과분한 은혜가 아닌가!

저자는 의사로서 환자들을 치료하고, 동양의학을 접목하여 병든 자를 돌봄과 아울러 하나님의 치유("나는 너희를 치료하는 여호와임이라", 출 15:26)를 인정하고 연구하여 이번에 『하나님의 치유』라는 책을 저술하게 되었다.

이 땅에 질병을 다루는 많은 의사가 있으나 의학적 진단, 처방과 아울러 하나님의 치유의 능력을 믿는 의사는 드물다고 생각한다.

이 책에서 돋보이는 점은, 하나님이 오늘날도 그분의 능력으로 병든 자들을 치유하신다는 사실을 믿기에, 성경을 연구하고 임상을 통하여 발견한 내용을 정리하고 있다는 것이다.

오늘날 사람들은 건강에 대한 관심과 질병으로부터의 자유함을 간절히 바라고 있는데, 질병의 원인부터 치유에 이르기까지 소개한 내용이 그들에게 좋은 소식이 될 것이다. 아울러 독자들이 이 책을 믿음으로 읽으면서 병든 자들에게 임하시는 하나님의 치유의 능력이 나타나는 역사가 있기를 기대해 본다.

본 저서는 독자들에게 성경을 통한 거시적 관점에서 하나님의 치유를 이해하고 믿게 하는데 많은 도움이 될 것이다.

추천의 글

박상은 샘병원 대표원장
_대통령소속 국가생명윤리위원장

우리 모두는 하나님의 형상으로 지음 받은 자들입니다.

하나님의 형상을 *Imago Dei*라고 하는데, 이미지의 원어는 아이콘이라는 뜻을 가지고 있다고 합니다. 아이콘은 본체의 상징으로 컴퓨터나 스마트폰의 아이콘을 클릭하면 화면 전체에 본체가 드러납니다. 다시 말하면, 나를 클릭하면 내가 나타나면 안 되고 하나님이 나타나야 한다는 것입니다. 나의 본체가 하나님이시라는 것이 얼마나 놀랍습니까?

하나님은 나를 창세전부터 계획하시고 온전한 존재로 창조해 주셨습니다. 그 모습으로 회복시키는 것이 바로 하나님의 치유라 생각합니다.

나를 클릭하면 실제 드러나는 나의 모습은 너무도 추하고 더럽고 병든 모습입니다. 그것은 죄로 인한 타락 때문입니다. 교만과 욕심과 불순종 … 이를 깨끗하게 하시기 위하여 하나님께서는 우리와 언약을 맺으시고 마지막 언약을 지키기 위하여 독생자 예수님을 보내시어 우리를 정결케 하여 원래 하나님의 형상을 회복시켜 주셨습니다. 이것이 하나님의 치유의 은혜입니다.

손영규 박사님은 『하나님의 치유』에서 이 부분을 소상하게 설명해 주고 있습니다.

학창 시절부터 알게 된 저의 선배이신 손 박사님은 의사이자 한의사이며, 장로이자 목사이며, 선교사이자 전문인 사역자이십니다. 하나도 해내기 어려운데 그동안 수많은 공부를 하게 하심은 이를 융합하여 총체적 관점에서 하나님의 치유를 이해하게 하시려는 뜻이 있음을 이제야 깨닫습니다. 이 책은 몸과 영을 함께 보며, 신학과 의학을 함께 다루며, 구속사적 관점과 치유사적 관점을 함께 통합적으로 접근하여 완성한 치유신학의 교과서입니다.

We care, God cures. 우리는 돌보고, 하나님이 치유하십니다.
모든 치료는 하나님의 영역입니다. 우리는 치유하시는 하나님께 수종 들며 하나님의 치유가 우리와 환우들에게 임하길 기도드리는 자입니다. 하나님은 우리를 이 치유의 자리에 부르시고 저희를 동역자로 받아 주십니다. 의료인뿐 아니라, 하나님의 치유를 꿈꾸는 신학생들과 모든 성도에게 정독을 권합니다.

제가 원장으로 섬기는 샘병원도 50주년을 맞이하면서 샘병원의 존재 목적을 전인치유와 생명 사랑으로 이 땅에 하나님의 나라를 구현하는 것으로 정의하였습니다. 하나님의 나라는 하나님의 치유를 입은 백성들로 구성됩니다. 창조와 타락, 구속과 완성으로 이어지는 기독교 세계관을 이해하며 질병이 궁극적으로는 죄의 결과임을 알아 당장 육체의 증상을 감량해야겠지만 더 중요한 것은 내면의 회복임을 깨달아 환우에게 근본적인 치유의 길을 소개함이 중요하리라 생각합니다.

아무리 병을 치료해도 재발하거나 다른 병에 걸려 다시 병원을 찾는 환우들을 안타깝게 바라보며 예수님께서 말씀하신 영원히 목마르지 아니하는 생수를 고대합니다. 그 영생수는 오직 예수님의 배에서 흘러나오는 하나님의 생명수이기에 세상이 줄 수 없으며 하나님께서 그저 주시는 은혜입니다.

이 책을 통하여 한번 마시면 영원히 목마르지 아니하는 그 생수를 마시기를 간절히 소망합니다.

하나님의 생명의 말씀과 현대의학이 만나

동도서기(東道西器)의

조화를 이루는 '치유신학'을 깨우쳐 주신

스승 일보(一步) 이명수 박사님을 기리며

하나님의 신실하신 치유의 언약 가운데

평강이 함께 함으로써

온 영과 혼과 몸이

우리 주 예수 그리스도께서 강림하실 때에

흠 없게 보전되기를 원하는 분들에게

이 글을 바칩니다.

감사의 글

하나님의 은혜로 이 책을 출간하게 됨에 너무 감사할 뿐입니다. "너희 안에서 행하시는 이는 하나님이시니 자기의 기쁘신 뜻을 위하여 너희에게 소원을 두고 행하게 하시나니(빌 2:13)"라는 말씀대로, 오래전부터 하나님께서 그 기쁘신 뜻을 위하여, 저에게 치유에 관한 책을 저술하고픈 소원을 두게 하셨습니다. 또한 이 소원을 이룰 수 있도록 성령으로 인도하시며, 이에 합당한 훈련들을 시켜 오신 것입니다.

이 책이 출간되기까지 준비시키심은, 하나님께서 성막을 짓게 하실 때에, 브살렐과 오홀리압을 지명하여 불러서, 하나님의 영을 그들에게 충만하게 하여, 지혜와 총명과 지식과 여러 가지 재주로 정교한 일을 연구하여 만들게 하심(출 31:1-5, 35:30, 37:1, 38:22)과 같이, 그 마음에 여호와께로부터 지혜를 얻고 와서 그 일을 하려고 마음에 원하는 자로 부르심(출 36:1-2)과 같이, 저에게도 여러 스승님들을 통하여 훈련시켜 주신 것입니다.

특별히 하나님께서는 두 분의 스승님을 통하여 '총체적 치유신학'에 대한 훈련을 시키셨는데, '총체적 치유'에 관해서는 일찍이 한국 기독교 치유사역에 주춧돌을 놓으신 고(故) 이명수 박사님을 통하여 훈련 받게 하셨고, '신학'에 관해서는 한국 교회사에 큰 역할을 담당하셨던 고(故) 김의환 목사님을 통하여 보다 집중훈련을 받게 하셨습니다. 얼마나 감사한 일인지요! 아울러 하나님께서는 의학과 한의학과 목회학과 신학과 선교학 등을 지혜와 총명과 지식과 여러 가지 재주로 정교한 일을 연구하신 교수님들을 통하여 훈련시켜 주신 것입니다. 이 또한 얼마나 감사한 일인지요! 특별히 하나님께서는 이렇게 배우고 닦은 것을 가르칠 수 있는 기회를 주셨습니다. 건양대학교 대학원 치유선교학과로 부르셔서, 오늘날 한국 기독교계에 탁월한 리더이신 이동원 목사님을 만나게 하시고, 그 지도 아래에서 함께 가르칠 수 있게 배려를 해 주신 것입니다. 그리고 귀한 동료 교수님들과 함께 전국 각지에서 온 대학원생들을 서로 가르치고, 서로 배울 수 있음이 얼마나 감사한 일인지요!

추천의 글을 통해 격려해 주신 귀하신 분들께 감사를 드립니다. 늘 본 받고 싶은 스승이자 대선배님 되신 이동원 목사님께 다시금 감사를 드립니다. 부족한 사람을 평생 동역자로 믿고 선교사로 파송하시고 끝까지 사랑으로 챙겨 주시는 함성익 목사님께 감사를 드립니다. 모태로부터 중학교 시절까지 말씀으로 양육해 준 고향 경주제일교회 담임 목사이시며, 예수교장로회(통합) 증경 총회장 되시는 존경하옵는 정영택 목사님께 감사를 드립니다. 15세 청소년 시절에 고향을 떠나, 60세 초로(初老)의 몸으로 다시 찾은 고향 경주에, 치유사역 동역자로 맞아 주시며 섬기시는 교회에서 예배하게 배려해 주신 경주교회 담임 목사이신 김경영 목사님께 감사를 드립니다. 아울러 한국 의료계에 하나님의 역군으로 귀한 일들을 감당하시며, 국가생명윤리위원장으로서 막중한 사명을 맡으시고, 또한 한국 기독 의료계의 대표적인 의료선교기관으로 발전시킨 샘병원 대표원장이신 박상은 박사님께 감사를 드립니다.

이 글이 완성되기까지 저의 삶에 변함없는 믿음의 동지로 사랑을 베풀어 주시는 의형(義兄) 주동기 · 강복희 장로님 내외분께 감사를 드립니다. 그리고 무엇보다 나의 사랑하는 가족들에게 감사를 드립니다. 종교음악을 전공하고서도 남편과 함께 치유사역에 동역하기를 바라는 마음에, 목회상담학을 다시 전공하여 병들고 상처 받은 이들을 섬기며, 후학을 양성하는 사역에 열심하는 사랑하는 아내 황희숙 박사, 주님의 말씀에 인생을 걸고 주님 말씀대로 살아가 보기로 마음 다잡고, 미국 트리니티복음주의 신학교에서 목회학과 신학을 함께 마친 두 아들! 부산 수영로교회에서 영어예배 전임 목사로 섬기고 있는 장남 손정욱 목사, 캐나다 에드먼튼 제일장

로교회에서 영어예배 전임 목사로 섬기고 있는 차남 손정헌 목사와
그 가정들에게 감사를 드립니다. 그리고 누님 손귀주 교수님을 비
롯한 동기들께 감사를 드립니다.

이 책을 통하여 치유의 하나님을 만나 그 영과 혼과 몸이 강건
하게 되시는 모든 독자 여러분께 감사를 드립니다. 성삼위 하나님
께 한없는 감사를 돌려 드립니다!

2018년 봄
국당마을에서
惠民 손영규

차례

여는 글

하나님의 사역은 역사(歷史)의 장(場)이다. 이것은 "역사 속에서 하나님께서 자신의 뜻을 이루시기 위해, 자신의 의지를 어떻게 적용하셨는가?" 하는 것과, 또한 "역사 속에서 당시 사람들은 자신이 처한 세계를 어떻게 이해하고, 그 속에 주어진 삶에 어떻게 대처하였는가?" 하는 과정을 보여 준다.

그러므로 우리들은 인간들이 직면했던 사물과 사건들 속에서 일반적인 원칙들과의 관계를 살펴볼 필요가 있다. 즉, "세계는 창조된 것이 사실인가?" "누가 무엇을 창조했는가?" "창조 당시의 건강이란 어떤 것을 의미했는가?" "타락과 죄악은 어떻게 왔으며, 질병이나 죽음과는 어떤 관계를 가지는가?" "최후 심판은 존재하는가?" "사후(死後) 세계는 존재하는가?" "사후(死後) 세계에서의 삶은 어떠할 것인가?" 등의 문제들을 어떻게 역사 속에서 이해하고 대처해 왔던가를 살펴봄으로써 하나님의 사역을 보다 넓고 깊게 알 수 있으리라고 본다.

역사 속에 나타난 하나님의 사역을 살펴봄에 있어서, 역사를 주관하시는 하나님께서 자신의 뜻을 어떻게 이루어 오셨는가? 하는 '하나님의 관점'에서 살펴보는 것과, 한편으로 하나님의 사역이 적용된 인간들은 이를 어떻게 받아들였는가? 하는 '인간의 관점'에서 살펴보는 것은 의미가 있을 것이다. 즉, 하나님께서는 역사 속에서 인간의 구원을 어떻게 이루어 오셨는가? 하는 관점을 '구속사적 관점(救贖史的 觀點)'으로 본다면, 이 하나님의 구원의 의지가 병들고 상처받은 인간들을 어떻게 온전히 치유하시는가? 하는 것과, 또한 인간들은 이 치유하시는 하나님을 어떻게 받아들였는가? 하는 관점을 '치유사적 관점(治癒史的 觀點)'으로 볼 수 있을 것이다. 이것은 결국 구원과 치유의 상관관계로 보아 '창조와 건강', '타락과 질병', '회복과 치유' 그리고 완전한 구원과 치유로서 '완성과 온전함'의 관계로 이해할 수 있을 것이다. 그리하여 하나님의 사역을 개념중심의 '구속사적 이해'로, 다른 한편으로는 인간 삶의 역사 속에서 체험 중심의 '치유사적 이해'로 나아가게 한다. 그러므로 '하나님의 구속사역'을 '하나님의 치유사역'의 관점에서 살펴봄으로써 우리들은 더 깊고 풍성한 하나님의 의지와 사랑을 체험하게 될 것이다.

이러한 맥락에서 본 글은 개혁주의적 구속사관인 기독교적 세계관에 입각하여 이명수 박사가 주장한 다음의 전제[1] 아래에서 '하나

---

1) Myung Soo Lee, *Retrospective and prospective* "Manual" of Holistic Healing Ministry," (Daejeon: Konyang University Graduate School Press, 2007), p.1.

님의 치유사역'을 살펴보고자 한다.

첫째, 기독교 세계관은 창조와 타락과 회복과 완성의 맥락에서 본다.

둘째, 치유사역을 건강과 질병과 치유와 온전함의 과정으로 보고, 치유는 회복시키는 과정으로 이해한다.

셋째, 질병의 원인은 '하나님의 법'과 '자연의 법'을 범함에 기인한다. 그리고 '자연의 법'도 '하나님의 법'의 범주에 속한다. 그리고 이들의 법을 어기는 동인(動因)은 인간의 지나친 욕심이다.

넷째, 치유사역의 대상은 인간과 인간이 몸담고 살아가는 사회이다. 이 사회라는 개념 속에는 인간 공동체와 환경과 자연을 포함시킨다.

다섯째, 기독교의 인간 이해는, 인간이란 하나님의 형상(*Imago Dei*)대로 창조되었으며(창 1:27), 몸과 마음과 영으로 구성되나 분리할 수 없는 전인(Whole being)으로 인식한다(살전 5:23; 히 4:12). 여기에서 '하나님의 형상'대로 창조되었다는 의미는 하나님과 같이 온전하지는 못하나, '하나님의 성품'의 영향을 받아 창조되었다는 뜻이다. 이것은 구체적으로 인간은 지적이고, 정적이고, 의지적이고, 영적이고, 도덕적이고 그리고 종교적인 존재이며, 또한 모든 피조물에 대한 지배권을 갖는 존엄한 존재로 창조되었다는 것을 의미한다. 동시에 인간도 하나님으로부터 창조된 피조물로서 창조주 하나님께 의존해야 하는 존재임을 의미한다.

여섯째, 인간의 건강 혹은 질병은 사회와 상호 영향을 주고받으며, 몸의 병, 정신의 병, 영의 병 및 사회의 병 사이에는 상호 관계가 있을 뿐만 아니라 이들의 병을 유발시키는 원인들은 상호작용함을 또한 인정한다.

일곱째, 치유사역의 궁극적인 목표는 타락하고 병든 인간과 사회를 회복하여 새 하늘과 새 땅을 건설하는 데에 있다(계 21:1-4). 즉 하나님의 나라 건설이 치유사역의 궁극적 목표이다.

그러므로 본 글은 창조와 건강, 타락과 질병(죽음), 회복과 치유(구원) 그리고 완성과 온전함으로 이어지는 역사적 진행 속에서, 성경의 기록을 통해서 창조 당시의 건강과 타락의 원인 및 과정을 살펴보고, 아울러 타락 후의 변화 및 결과에 관련된 질병과 죽음으로 이르게 한 요소들을 살펴본다. 그리고 타락한 세계를 하나님께서 다시 회복시키시는 치유의 과정을 하나님의 구속사와 연관하여 어떻게 이루어져 왔는가를 살펴보고자 한다.

치유가 타락한 인간과 사회를 창조의 건강 상태로 회복시키는 사역을 의미한다면 인간 치유를 인간 구원으로, 사회 치유를 사회 구원으로 이해할 수 있을 것이다.[2]

하나님의 구속의 역사가 하나님의 구원의 언약에 의해서 이루어져 온 것과 같이, 하나님의 치유의 역사도 하나님의 회복과 치유의 언약에 따라 성취되어 온 것으로 본다. 따라서 하나님의 치유와 회복에의 언약이 아담으로부터 시작하여, 노아, 아브라함, 모세 그리고 다윗으로 이어지면서 마침내 예수 그리스도로 말미암아 완전히 성취되어진다.

그러므로 본 글은 인간 구원의 구속사역을 '하나님의 치유'의 관점에서, 건강−질병−치유−온전함의 치유사역으로 재조명하고, 그 치유의 과정들을 하나님의 언약을 중심으로 다루고자 한다.

---

2) 이명수, 『치유선교론』, 박행렬 역 (서울: 도서출판 나임, 1993), p.18.

(표1) 구속사역과 치유사역의 상관 관계표

창조	→	타락				→		회복 →	최후의 심판	→	완성
	아담	→	노아 →	아브라함	→ 모세 →	다윗 →	초림 예수		재림 예수	→	하나님의 나라
하나님				(역사의 진행)							영원한 삶
태초				(지구 상에서의 인류의 역사)					세계의 종말		새 하늘과 새 땅
건강	→	질병 (죽음)	→ 치유(구원)에 대한 하나님의 언약			→ 치유 (구원)			→		온전함

주 하나님
지으신 모든 세계
내 마음 속에 그리어 볼 때

하늘의 별 울려 퍼지는 뇌성
주님의 권능 우주에 찼네

주님의 높고 위대하심을
내 영혼이 찬양하네

주님의 높고 위대하심을
내 영혼이 찬양하네

- 찬송가 79장 -

Part 1

창조와 건강

"오직 주는 여호와시라
하늘과 하늘들의 하늘과 일월 성신과
땅과 땅 위의 만물과 바다와 그 가운데 모든 것을 지으시고
다 보존하시오니
모든 천군이 주께 경배하나이다."
느 9:6

1장

세계의 창조

태초에 하나님이 천지를 창조하시니라(창 1:1).

이 말씀은 태초(시간)에 하나님(창조의 주체자)이 하늘(공간)과 땅
(물질)을 창조하셨다는 것이다. 시간 · 공간 · 물질, 이 세 가지 실
체는 우주의 존재에 필수적인 요소이며, 따라서 진정한 우주적 창
조는 이 세 가지가 동시에 생성되지 않으면 안 되는 것이다.[1] 그리
고 그 주체는 전능하시며, 자존하시는 하나님이시다. 그 객체는 우
주인데 '태초에 … 천지를'이란 문구는 시간의 틀 안에서 공간과 물
질을 만드셨다는 뜻이다. 그리고 객체에 대한 주체의 행위는 '창조
하다'이다. 이 행위는 계속적인 것이 아니라 일시에 완료되는 행위

---

1) 헨리 모리스, 『현대과학의 성서적 기초』, 이현모 역 (서울: 요단출판사, 1992), pp.171-172.

이다. 즉, 하나님께서는 계속적으로 우주를 '창조하시고 있는' 것이 아니다. 그분은 태초에 우주를 단번에 완전히 창조하셨다.[2] 그 이후로는 이 물리적 우주는 결코 사라지지 않을 것이다. 무릇 "하나님께서 행하시는 모든 것은 영원히 있을 것이라(전 3:14)."

창세기 1장 1절에 묘사된 창조의 정의는 엄격한 의미에서, 신학자 벌코프의 주장과 같이, "하나님이 자신의 주권적인 의지에 의하여, 자신의 영광을 위해, 태초에 모든 가시적이고 불가시적인 우주를 이미 있는 재료를 사용하지 않고 생기게 하시고, 그리하여 자신과 구별되면서도 언제나 자신에게 늘 의존하는 실체가 되게 하신 하나님의 자유로우신 행동"[3]이라고 볼 수 있다.

신학자 볼레비우스(Dr. Wollebius)는 주장하기를 포괄적인 의미에서 "창조는 하나님께서 그의 권능과 지혜와 선하심의 영광을 드러내시기 위하여 세계와 그 안에 있는 모든 것을 일부는 무(無)로부터, 일부는 성질상 부적합한 재료로부터 산출하시는 행동이다."[4]라고 규정한다.

요약하면, 창세기 1장의 기록된 창조는 전지전능하시고 창조의 주체가 되신 하나님으로 말미암아 무(無)로부터 다음 세 가지의 창조가 이루어졌음을 보여 준다.[5] 첫째, 원초적 형태의 사물 및 시간·공간·물질적 우주의 창조(창 1:1). 둘째, 생명 원리의 창조인 동물들처럼 의식을 지닌 실체의 창조(창 1:21). 셋째, 하나님의 형상을

---

2) 성경은 창조가 계속적인 과정이 아니라 과거에 이미 완료된 사건임을 증거한다. 성경은 창조와 연관된 동사(창조하다, 만들다 등)들을 대부분 과거시제로 사용하고 있다(느 9:6; 시 95:5; 사 40:26; 요 1:6; 행 17:24-25; 히 1:10; 계 4:11 등).

3) 벌코프, 「조직신학」, 권수경·이상원 역 (서울: 크리스챤 다이제스트, 2001), p.333.

4) 같은 책.

5) 성경적 근거(창 2:1-3; 출 20:11; 출 31:17; 히 4:3-4; 히 4:10; 골 1:16 등)

지닌 남자와 여자의 인간 창조(창 1:27)가 그것이다.

성경에서 밝히고 있는 창조의 개념은 '창조는 삼위일체 하나님의 행동(창 1:1; 사 40:12, 44:24, 45:12)'이다. 그러므로 만물은 단번에 성부로부터, 성자로 말미암아, 성령 안에서 나왔다.[6] 그리고 창조는 '하나님의 자유로우신 행동(욥 22:2-3; 행 17:25; 엡 1:11; 계 4:11)'이며, 근본적으로는 '어떤 것이 무(無)로부터 생기게 하는 행동'인 것이다. 따라서 창조는 세계로 하여금 구별되면서도 항상 의존적인 존재를 부여한다.[7]

이렇듯 창조가 근본적으로 무(無)로부터 생겨난 것임에도 모든 창조물은 하나님의 뜻 안에서 질서와 조화를 지니고 있다. 창조의 첫째 날에는 빛이 창조되었고, 빛과 어두움의 분리에 의하여 낮과 밤이 구성되었다. 둘째 날에는 궁창 위의 물과 궁창 아래의 물로 나뉘어졌다. 셋째 날에는 물들과 마른 땅의 분리가 이루어졌고 초목들의 식물계가 확립되었다. 넷째 날에는 해와 달과 별들이 다양한 목적에 쓰이기 위한 광명으로 창조되었다. 다섯째 날에는 공중과 물에 거하는 새와 물고기들이 창조되었다. 여섯째 날에는 동물들과 인간을 창조하셨다. 특히 인간은 하나님의 형상을 따라 지으심을 받았다. 따라서 창조의 첫 3일간의 사역과 두 번째 3일간의 사역 사이에 분명한 질서를 가진 평행선이 존재하고 있음을 알 수 있다.[8]

---

6) 벌코프, 「조직신학」, p.334.
7) 같은 책., pp.334-337.
8) 같은 책., pp.362-364.

첫째 날		넷째 날
빛의 창조		발광체의 창조
둘째 날		다섯째 날
궁창의 창조와 물들의 분리		공중의 새들과 바다의 물고기들의 창조
셋째 날		여섯째 날
물들과 마른 땅의 분리와 사람과 짐승이 살 수 있는 거주지로서의 땅의 준비		들의 짐승들과 육축들, 기는 것들과 인간 창조
일곱째 날	안식	

따라서 모든 피조물은 그 자신 내에서 엄연한 질서를 가지며, 또한 모든 피조물 사이에서도 뚜렷한 질서와 조화를 나타내며, 더욱이 창조주 하나님과 모든 피조물 사이에도 엄격한 질서를 간직하고 있음을 볼 수 있다. 그러므로 성경적 창조는 만물이 예측을 불허하는 물질의 진화가 아니라 확실한 하나님의 의지 속에서, 하나님의 말씀에 의하여, 분명한 질서와 조화를 가지고 창조된 것임을 보여 주고 있다.

우주가 현재처럼 존재하려면 반드시 처음 시작된 시점이 있어야 하며, 이러한 우주를 창조하신 창조주께서는 우주를 초월해 계시면서, 이 우주를 창조하실 수 있는 무한하시며, 전능하신, 영원불멸의 살아 계신 분이셔야만 한다. 따라서 그분이 창조하신 모든 것은 완전한 것이며, 아름다운 것이었다(창세기 1장). 하나님께서는 창조의 6일 동안에 만물을 창조하시며 만드셨다. 그 창조의 일을 마치셨을 때, 온 우주는 하나님 보시기에 심히 좋았다(창 1:31).

하나님께서는 창조의 큰 첫 안식일, 곧 일곱째 날에 에너지 보존의 법칙(열역학 제1의 법칙)을 입법하시고, 우주의 모든 과정이 그 이후 영원토록 이 법칙에 순응하도록 하셨다. 따라서 창세기 1, 2장에서 모든 창조는 완료되었다.

하나님께서 행하시는 모든 것은 영원히 있을 것이라 그 위에 더할 수도 없고 그것에서 덜할 수도 없나니 하나님이 이같이 행하심은 사람들이 그의 앞에서 경외하게 하려 하심인 줄을 내가 알았도다(전 3:14).

오직 주는 여호와시라 하늘과 하늘들의 하늘과 일월 성신과 땅과 땅 위의 만물과 바다와 그 가운데 모든 것을 지으시고 다 보존하시오니 모든 천군이 주께 경배하나이다(느 9:6).

해와 달아 그를 찬양하며 밝은 별들아 다 그를 찬양할지어다 하늘의 하늘도 그를 찬양하며 하늘 위에 있는 물들도 그를 찬양할지어다 … 그가 또 그것들을 영원히 세우시고 폐하지 못할 명령을 정하셨도다(시 148:3-4, 6).

"여호와 하나님이
땅의 흙으로 사람을 지으시고
생기를 그 코에 불어넣으시니
사람이 생령이 되니라."
창 2:7

2장

인간의 창조

내 이름으로 불려지는 모든 자 곧 내가 내 영광을 위하여 창조한 자를 오게 하라 그를 내가 지었고 그를 내가 만들었느니라(사 43:7).

이 백성은 내가 나를 위하여 지었나니 나를 찬송하게 하려 함이니라(사 43:21).

여호와의 지으심을 받고 그가 다스리시는 모든 곳에 있는 너희여 여호와를 송축하라 내 영혼아 여호와를 송축하라(시 103:22).

우리는 그가 만드신 바라 그리스도 예수 안에서 선한 일을 위하여 지으심을 받은 자니 이 일은 하나님이 전에 예비하사 우리로 그 가운데서 행하게 하려 하심이니라(엡 2:10).

1. 인간 창조의 목적

인간의 기원에 관한 성경적 기록을 살펴보면, 구약 창세기에서 "하나님이 자기 형상 곧 하나님의 형상대로 사람을 창조하시되 남자와 여자를 창조하시고(창 1:27)", "여호와 하나님이 땅의 흙으로 사람을 지으시고 생기를 그 코에 불어넣으시니 사람이 생령이 되니라(창 2:7)."라고 기록하고 있다. 신약에서도 "예수께서 대답하여 이르시되 사람을 지으신 이가 본래 그들을 남자와 여자로 지으시고(마 19:4)", "창조 때로부터 사람을 남자와 여자로 지으셨으니(막 10:6)"라고 기록하고 있다. 하나님의 창조 역사는 인간을 창조함으로써 끝이 났다. 천지와 만물이 다 이루어졌다(창 2:1). 인간의 창조는 모든 만물의 창조 중에서도 가장 기묘하고 기이하고 독특했다(시 139:14).

하나님께서 이렇게 특별히 인간을 '창조하셨다.'는 것은 그분의 의지를 드러내심이다. 하나님께서 '무엇을 하심(행위)'에는 반드시 목적을 가지고 있다. 그것은 곧 모든 피조물 중에 하나님 자신의 형상대로 지으심을 받은 인간만이 하나님과 인격적인 교제를 가질 수 있는 구별된 존재로서 창조되었다는 것이다. 인간은 하나님의 가장 사랑받는 존재이다(요 3:16; 습 3:17). 따라서 하나님께서는 그 지으신 모든 만물을 통해 영광을 받으시는 것을 기뻐하시지만, 특히 인간을 통해 영광을 받으시고(사 43:21), 경배와 찬송을 받으심을 기뻐하신다(사 43:7). 인간 창조의 궁극적 목적은 하나님 자신의 영광을 위해서, 찬송 받으시고, 예수 안에서 선한 일을 위하여 지으심을 받은 것이다. 인간의 건강도 여기에 있는 것이다.

2. 인간 창조의 독특성

인간의 창조는 하나님의 창조사역 중에서 가장 독특하다. 개혁주의 신학자인 최홍석 박사는 이것을 다음과 같이 정리하였다.[1]

첫째, 하나님이 인간을 창조함에 있어서 "우리의 형상을 따라 우리의 모양대로 우리가 사람을 만들고(창 1:26)"라는 표현을 볼 때, '우리'에 대한 전통적인 입장은 삼위일체론적 의미이다. 이 의미를 헤르만 바빙크 박사는 "인간 창조는 심사숙고와 신적인 지혜와 선하심과 능력에 근거하고 있다는 것을 나타낸다."[2]라고 해석한다. 즉, 인간의 창조에 있어서는 성삼위 하나님의 신적인 사전 공동 협의가 분명히 더 있었다는 점이다.

둘째, 인간 창조의 독특성은 인간에게 부여된 성질에서 볼 수 있는데, 다른 모든 피조물은 '각기 그 종류대로' 그들 자체의 전형적인 모습으로 창조되었지만, 인간은 유독 '하나님 자신의 형상'대로 창조했다는 점이다. 곧 인간이란 하나님 자신의 형상과 모양이 되도록 하신 것이다. 이것은 인간의 본질이 '하나님의 형상'임을 분명

---

1) 최홍석, 「인간론」 (서울: 개혁주의신행협회, 2005), pp.63-67.
2) H. Bavinck, *Magnalia Dei* (Kampen : Kok, 1931), P. 166f, 최홍석, 「인간론」 (서울: 개혁주의신행협회, 2005), p.63에서 재인용.

히 나타낸다.

셋째, 인간 창조의 독특성은 하나님께서 인간을 조성하신 과정에서 나타난다. "여호와 하나님이 땅의 흙으로 사람을 지으시고 생기를 그 코에 불어넣으시니 사람이 생령이 되니라(창 2:7)."라고 기록된 말씀에서, 인간 창조는 다른 피조물과는 달리 '하나님의 특별한 동작[3]'으로 이루어진 것으로 보았다. 인간 창조는 하나님의 사역의 특별성을 보여 주는 것이다.[4]

넷째, 인간 창조의 독특성은 인간에게 부여된 주재권(主宰權)에서 볼 수 있다. 인간 창조가 모든 창조의 마지막이었다는 것은 이 주재권과도 관련이 있다. 인간 본성이 하나님의 형상을 지녔기에, 하나님의 절대주권을 닮아 모든 피조물을 다스리고 관리할 수 있는 상대적 통치권을 가진다는 것이다.[5] 따라서 인간은 모든 피조물 중에 가장 으뜸이 되는 '만물의 영장'으로 창조된 것이다.

다섯째, 이러한 독특성에 부가할 것은 하나님께서 인간을 창조하심에, 인간에게 '자유의지'를 부여하셨다. 하나님은 지적이고, 도덕적이시기 때문에 스스로 결정하실 뿐만 아니라, 인간과 더불어 인격적인 교제를 하길 원하신다. 따라서 하나님의 형상대로 지으심을 받은 인간도 자유의지를 부여받은 자율적인 존재로서 하나님과의 인격적인 교제를 가질 수 있는 것이다.

---

3) 박형룡, 『인죄론』, (서울: 개혁주의신행협회, 2000),p.19, 최홍석, 『인간론』, p.65에서 재인용.
4) 최홍석, 『인간론』, p.65.
5) 같은 책., p.66.

3. 하나님의 언약과 인간

인간이 하나님의 형상대로 창조되었다는 것은 인간이 하나님과 언약 관계 아래에 있음을 의미한다. 타락 이전의 아담은 '선악을 알게 하는 나무의 열매를 먹으면 반드시 죽는다(창 2:17).'라는 조건 상태에 있었다. 이것은 하나님께서 아담에게 이러한 조건을 제시하시고, 그 말씀에 순종하면 영생을 약속하시고, 불순종하면 사망으로 벌하신다는 것이다. 이를 가리켜 전통적으로 '행위 언약'이라고 부른다. [6] 이 언약은 인간의 영생과 죽음이 달려 있는 중요한 것이었다. 이 언약의 당사자는 하나님과 아담이었다. 창조주 하나님과 피조물 인간 사이의 언약은 일방적일 수밖에 없었다. 그러나 하나님은 자신을 인간의 수준까지 비하(卑下)하심으로써 이 언약이 가능하게 하셨다. [7] 이것은 말로 다 할 수 없는 하나님의 은혜가 아닐 수 없다. 이 언약의 약속은 영생이었다. "네가 먹는 날에는 반드시 죽으리라(창 2:17)."는 경고 속에 나타난 죽음의 대조적 상황은 "네가 내 말을 순종하면 반드시 영생을 얻으리라."는 의미가 함축되어 있는 것이다. 아담이 타락하지 않은 '원래 상태'는 하나님께서 보시기에 좋은 상태였고, 사망의 법칙에 종속되지 않은 상태였다. 아울러 영원한 생명을 소유하지는 못한 상태였다. [8] 따라서 아담이 이 언약의 조건을 이행할 경우, 영원한 생명을 주시기로 약속하신 것이다. [9] 또한 이 언약의 조건은 순종이었다. 여기서 주목할 것은 이 언

---

6) 같은 책., p.241.
7) 같은 책., p.250.
8) 같은 책., pp.250-251.
9) 같은 책., p.251.

약에 있어서, 약속된 생명을 얻는 것은 '조건적'이지만, 그 조건에 대한 순종은 '무조건적'이라는 사실이다. 인간은 '하나님의 뜻에 순종할 것인가!'아니면 '자신의 자유의지에 따라 불순종할 것인가!'를 선택해야 했다. 이 행위 언약을 지키지 않을 경우에는 죽음의 형벌이 주어지는 것이다. 여기서 '죽음'이란 육신의 죽음(전 12:7)과, 영적인 죽음(마 8:22; 엡 2:1; 딤전 5:6; 계 3:1) 그리고 영원한 죽음(계 20:6-14)을 포괄하는 넓은 의미의 죽음을 의미한다.[10] 이 죽음의 근본 개념은 일차적으로 생명의 근원이신 하나님 자신으로부터의 분리를 의미한다. 하나님 없는 상태가 곧 죽음인 것이다. 그리고 이차적으로는 하나님께로부터 분리되어 나옴에 따른 모든 파생적인 현상들이 이 죽음의 개념 속에 포함됨을 의미한다.[11] 그리고 이 언약의 증표(證票)는 '생명나무'였다.

그러므로 인간의 건강과 생명은 근본적으로 하나님과의 관계와 직결되어 있음을 알 수 있다.

---

10) 같은 책., pp.252-253.
11) 같은 책., p.253.

3장

창조와 건강

하나님이 지으신 그 모든 것을 보시니 보시기에 심히 좋았더라
저녁이 되고 아침이 되니 이는 여섯째 날이니라 천지와 만물이
다 이루어지니라(창 1:31, 2:1).

우주적 창조는 전지전능하시고, 영원불멸하시는 하나님께서 주
체가 되셔서, 하나님의 선하시고 기쁘신 뜻대로 시간과 공간과 물
질을 창조하셨다. 곧 성삼위 하나님께서 온 우주 만물을 무(無)에서
부터 말씀으로 만드셨고(요 1:3), 특히 남자와 여자를 창조하시되
하나님의 형상을 따라 만드셨다(창 1:27). 그리고 피조된 모든 것은
창조주와의 사이에 엄연한 질서와 조화를 두셨고, 또한 창조주를
의존하게 하신 것이다(창 2:17). 이러한 상태를 하나님께서는 '심히
좋아' 하셨다(창 1:31). 그러므로 '참 건강'은 '하나님 보시기에 좋은

상태'인 것이다. 나아가서 피조물들 사이에서도 '하나님께서 정하신 규례'에 따른 질서와 조화가 유지되고 보존될 때 건강을 누릴 수 있게 되었다.

　그렇다면 창조 당시에 있은 이러한 '건강'은 성경 상에 어떻게 구체적으로 나타나 있는가?

1. 창조 규례와 건강

　하나님께서 창조하신 모든 만물은 하나님의 정하신 뜻에 따라 질서와 조화를 이루고 있었다. 그 상태가 하나님이 보시기에 '좋으신 상태'이며, '건강한 상태'를 의미한다. 그리고 그 건강은 인간에게 있어서 인간 자체와 또한 다른 피조물 사이에 지켜져야 할 일반적 명령으로 주어진 '일반적 규례'와, 인간이 하나님과의 사이에 지켜야 할 특수적 명령으로 주어진 '특수적 규례'로 구분되어졌다.

일반적 규례와 건강

　하나님의 창조 구조 속에서 인간에게 주어진 일반적 명령은 일반적 규례 속에 잘 나타나 있다. 그것은 하나님의 창조 세계 안에서 하나님의 형상대로 창조된 인간들에게 '복(福)'을 주시는 일로 연관되어 있음을 볼 수 있다. 곧 건강은 복된 일 속에 자리하고 있는 것이다.

노동(문화명령)

> 하나님이 자기 형상 곧 하나님의 형상대로 사람을 창조하시되 남
> 자와 여자를 창조하시고 하나님이 그들에게 복을 주시며 하나님
> 이 그들에게 이르시되 생육하고 번성하여 땅에 충만하라, 땅을
> 정복하라, 바다의 물고기와 하늘의 새와 땅에 움직이는 모든 생
> 물을 다스리라 하시니라(창 1:27-28).

하나님의 창조질서 속에 들어 있는 여러 규례 중의 한 가지는
'노동 규례'이다.

이 규례는 안식의 의미와 밀접한 연관성을 가지고 있다. 왜냐하
면 의미 있는 안식의 개념은 노동에 의해서만 경험될 수 있기 때문
이다.[1] 7일 중 하루를 쉬는 것은 분명히 6일간의 노동을 하라는 것
을 의미한다. 더욱이 하나님께서 명령하신 것은 애매한 표현으로
주어진 단순한 노동이 아니라, 창조 패턴에 따른 6일간의 노동이라
는 것에 주목해야 한다.[2]

존 머레이는 다음과 같이 언급하고 있다. "6일간 노동의 강조
는 충분히 이해할 필요가 있다. 하나님의 규례는 단순한 노동이 아
니라 영구성을 가진 노동 규례이다. 실제로 매 7일째마다 반복되
는 그날, 온 종일의 휴식이 있게 된다. 따라서 휴식의 주기가 생기
는 동시에 노동의 주기도 생긴다. 노동의 주기는 휴식의 주기처럼
바뀔 수 없다. 하나님의 법을 어기면 무사할 수 없다. 많은 육체적,
경제적 병폐는 이 '일주일 중 하루 휴식'을 지키지 못하는 데서 생긴

---

[1] John Murray, *Principles of Conduct* (Grand Rapids: 1957), p.38.
[2] 팔머 로벗슨, 「계약신학과 그리스도」, 김의원 역 (서울: 기독교문서선교회, 1989), p.85

다는 것을 우리는 확신한다. 또한 많은 육체적, 경제적 병폐가 '6일 노동의 신성'을 인식하지 못하는 데서 발생한다는 것을 알 수 있다. 휴식은 의무일 뿐 아니라 축복이다. 같은 방법으로 6일의 노동 또한 의무이며 축복이다."[3]

세상에 대한 책임에 대해서 인간에게 주어진 명령은 안식 규례에서의 노동의 의미를 강화하고 있다. 하나님의 형상으로 창조된 인간은 '땅을 정복하고 모든 생물을 다스릴 독특한 책임'이 있다(창 1:27-28). 하나님께서 창조하신 온전한 세계와 더욱이 인간들에게 주신 에덴동산에서도 하나님께서는 인간들에게 '일'할 것을 명령하시고, 그 창조의 구조와 규례 안에서 그 '일' 자체를 주심에 대해 감사하며, 또한 기쁨으로 즐길 것을 원하신다. 즉 노동은 인간이 갖는 창조의 즐거움이 확인되는 주요 수단으로 나타나야 한다. 그러므로 '휴식을 모르고 일만하는 것', 즉 일중독도 저주요, 반면에 '일하지 않고 휴식만 취하는 것'도 저주이다.[4]

안식일

하나님이 그 일곱째 날을 복되게 하사 거룩하게 하셨으니 이는 하나님이 그 창조하시며 만드시던 모든 일을 마치시고 그날에 안식하셨음이니라(창 2:3).

창조의 한 부분으로서 인간은 창조 구조 속에 포함된 규례를 순종해야 할 의무와 책임이 있다. '안식일'은 그 한 규례로서, 이 제도

---

3) John Murray, *Principles of Conduct*, p.83.
4) 양승훈, 「창조에서 홍수까지」, p.212.

는 하나님의 창조 구조에 뿌리를 두고 있는 것이다. 세상을 창조한 6일 후에 하루의 휴식을 둠으로써, 하나님은 그의 창조의 구성적인 양식을 세우셨다. 안식일의 중요성은 하나님이 "안식일을 복 주사 그날을 거룩하게 하셨다(창 2:3)."라는 말씀에 분명히 나타나 있다. 그런데 이 축복을 하나님이 자기 자신에 대해 그 날을 축복하신 의미로 해석해서는 안 된다. 왜냐하면 이 안식일의 제정은 그분의 창조에 대해서 특히 인간과 연관되어 있기 때문이다. 예수님께서는 안식일이 "인간을 위해서 생겨났다(막 2:27)."고 하신 것이다.

그러므로 하나님은 창조계 전체와 특히 인간에게 좋기 때문에 안식일을 제정하셨다.[5] 이 안식일의 필요성은 하나님이 천지 만물을 6일 동안 창조하시고, 피곤하셨기에 하나님 자신이 쉬시고 싶어서 제정된 것이 아닌 것이다. 그것은 하나님께서 창조의 구성 속에서 전 창조 세계를 안식일 제도로 축복하려는 하나님의 의도를 나타내고 있다.[6] 그러므로 하나님 스스로가 일곱째 날을 택하여 안식하신 것처럼 인간도 안식하기를 원하셨다. 이날에 하나님은 모든 창조사역으로부터 쉬시고 '평안을 얻었다(출 31:17).' 같은 방법으로 하나님의 사람들은 이날과 연관하여 '평안을 얻어야 한다(출 23:12).'

하나님께서 자신의 창조물들에게 안식을 주신 것처럼, 하나님의 사람들은 자신들에게 속한 모든 것들에게 또한 안식을 베풀어야 한다. '안식을 누리는 것' 이상으로 '안식을 베푸는 것'도 중요하기 때문이다. 왜냐하면 안식일의 주인께서 그렇게 하셨기 때문이다

---

5) 팔머 로벗슨, 『계약신학과 그리스도』, 김의원 역, p.74.
6) 양승훈, 『창조에서 홍수까지』, p.212.

(눅 13:10-16; 요 5:5-18). 안식의 평안은 하나님께로부터 왔다. 따라서 하나님 안에서 참 안식을 누리는 자는 이 안식을 나누고 베풀어야 할 의무가 있는 것이다. 그러므로 오늘날 우리들은 때때로 안식을 베푸는 일로 인해서 우리들의 육신이 일시적으로 안식을 누리지 못한다 할지라도, 하나님께서 우리들에게 베푸신 그 은혜에 감격하고 감사함으로 나타나는 봉사와 섬김의 모습 속에서 우리들의 영혼은 더욱 건강할 수 있음을 깨달아야할 것이다.

한편 '안식일을 거룩하게 하셨다.'는 것은 하나님이 천지 만물을 지으신 창조주이심을 기억하는 방식을 세우셨다는 말이다.[7] 따라서 안식을 누린다는 의미는, 피조물인 인간이 하나님을 예배함에 있어서 일정하고 정기적인 시간을 가지게 하심을 의미하며, 이 예배를 통하여 인간이 또한 깨끗하고 성결함을 표현할 수 있게 된다. 이 안식일을 통하여 인간들은 자신의 모든 일을 내려놓고 하나님과 더불어 평안을 누리며, 창조주 하나님께 영광을 돌리는 것이다. 이 안식일은 그렇기 때문에 준수되어야 한다. 그러므로 이 안식일의 준수는 모세 때 가서, 십계명의 네 번째 계명으로 명시되어 엄격히 지켜지게 명하셨다. 안식일을 하나님께서 특별히 인간을 위해 만드신 이유는 인간을 '일의 노예'에서 구출함으로써 안식일을 통해서 복을 주시기 위함이다. 그것이 하나님께서 원하셨고 기뻐하신 뜻이었다.[8]

'건강'도 여기에 있는 것이다. 하나님의 뜻 안에서 기쁨과 즐거움으로 하나님의 창조세계에서 '하나님 보시기에 좋은 일' 하는 것

---

7) 팔머 로벗슨, 「계약신학과 그리스도」, p.212.
8) 같은 책..

자체가 하나님의 형상으로 창조된 인간의 필수적인 역할이며, 축복이며, 의무이다. 그리고 하나님께서 좋아하시는 이러한 일을 행하고, 또한 하나님께서 본을 보여 주신대로 '안식하며', '안식 주는' 역할을 행할 때에 '나'와 '너'가 모두 건강하며 참 희락을 누릴 수 있다. 그러므로 이 안식이 깨어질 때에 건강도 깨어지게 된다. 그리고 하나님을 창조주로 기억하지도 않게 되며, 안식을 잃어버린 자들에게는 복이 아닌 불행이 찾아 들게 된다.

결혼과 부부

여호와 하나님이 이르시되 사람이 혼자 사는 것이 좋지 아니하니 내가 그를 위하여 돕는 배필을 지으리라 하시니라(창 2:18).

이러므로 남자가 부모를 떠나 그의 아내와 합하여 둘이 한 몸을 이룰지로다(창 2:24).

하나님의 마지막 창조사역은 무엇일까? 창세기 1-2장을 살펴볼 때, 그것은 바로 '여자'를 창조하신 일이다(창 1:27, 2:21-22). 여자의 창조를 끝으로 하나님께서는 그 지으신 모든 것을 보시고 심히 좋아하셨고, 천지와 만물이 다 이루어져, 제 일곱째 날에 안식하셨던 것이다(창 2:3). 여자의 창조는 하나님의 모든 창조사역의 마지막 마무리였다. 왜냐하면 하나님께서 창조하신 에덴동산 안에서 좋지 않은 것이 있었으니 그것은 바로 '아담의 혼자 사는 것'이었기 때문이다(창 2:18). 그러므로 '인간이 혼자 사는 것'은 하나님이 보시기에 원칙적으로 '좋지 못함'인 것이다.

아담이 육축들과 새들과 들의 모든 짐승들에게서 그와 '동등한' 돕는 배필을 찾을 수 없었기에(창 2:20), 하나님께서 아담에게서 갈 빗대 하나를 취하여 여자를 만드시고 그에게로 이끌어 오시니, 아담은 그녀를 보고 "내 뼈 중의 뼈요 살 중의 살이라."고 하면서 그녀를 '여자'라고 칭하였다(창 2:23). 그녀는 육축이나 새나 들짐승들과는 근본적으로 다른, 아담과 본질적으로 '동등'하게 '하나님의 형상'대로 창조된 인간으로, 아담의 '돕는 배필'로 지어졌다. 하나님께서 이 두 사람을 결혼시키시며 주례의 말씀을 하시되 "남자가 부모를 떠나 그의 아내와 합하여 둘이 한 몸을 이룰지로다."라고 하셨던 것이다(창 2:24-25).

그러므로 인간관계에서 가장 기본적 단위가 바로 '부부'이다. 즉 인간관계의 기본적인 형성은 부모 자식 간의 관계가 아니요, 형제자매 간의 관계도 아니요, 친구 동료 간의 관계도 아닌, 바로 부부관계인 것이다. 그들은 그 부모를 떠난 독립된 개체로서 다시 둘이 서로 연합하여 한 몸을 이루는 새로운 관계이며, 두 사람이 벌거벗었으나 부끄러워하지 않는 관계인 신비로운 관계인 것이다(엡 5:31-32). 따라서 인간관계에 대한 건강의 척도는 부부관계의 건강에 달려있다. 이 부부관계가 가정의 시작이요, 사회와 국가의 가장 근본적이며 기본적인 단위이기 때문이다. 그러므로 사회의 건강 척도는 가정의 건강, 즉 부부간의 건강 상태에 달려 있다.

그러나 이러한 하나님의 섭리 가운데 이루어진 최초의 인간관계, 즉 결혼관계를 깨뜨리는 자가 있으니 뱀의 형상을 가진 '사탄'이다. 그는 '거짓의 영'이며 '미혹의 영'이다(창 3:4; 요일 4:6). 그는 인류의 첫 가정인 아담의 가정을 공격했다. 그 이후로 모든 가정을 공격해 왔으며, 오늘날에도 하나님 안에서 이루어지는 가정을 이루어지지 않게 하는 방해를 계속하고 있다. 그러기에 성령께서 밝히 말씀하시기를 어떤 사람들이 믿음에서 떠나 미혹케 하는 영과 귀신의 가르침을 좇아 자기 양심이 화인(火印) 맞아서 외식함으로 거짓말하는 자들이 주장하기를 '혼인하지 말라.' 할 것이라고 하셨다(딤전 4:1-2). 따라서 원칙적으로 결혼을 금하는 것은 하나님의 가르침이 아니요, 거짓말하는 영에 속한 거짓말하는 자들의 주장인 것이다.

그러나 타락 이후에는 하나님의 특별한 사역을 위하여, 또는 환난의 때와 같은 특별한 때에는 혼자 사는 것도 허용되었다(고전 7:1-40). 그리고 인간의 정욕에 따른 결혼은 도리어 하나님의 책망의 대상이기도 한 것이기 때문에(마 24:38), 결혼은 반드시 하나님의 축복 가운데서 이루어져야 함을 기억해야 할 것이다. 건강도 여기에 자리하고 있기 때문이다.

특수적 규례와 건강

하나님께서는 창조의 일반적 명령으로 보편적 규례를 삼으시고 그 명령 속에 인간의 건강을 '복'으로 주셨음을 알 수 있다. 그런데 피조된 인간에게 그것과는 달리 특별한 명령이 아울러 주어져 있음을 보게 된다. 그러나 그것 역시 '노동', '안식' 그리고 '결혼'의 창조의 일반적 규례와 동떨어져 있는 것이 아니라 긴밀한 상호 연관 속에서 통일된 조화를 이루고 있다.

그렇다면 '특수한 규례'가 '일반적 규례'와 어떻게 구별되어지는가? 그것은 몇 가지 측면에서 살펴볼 수 있다. 일반적 규례에 속한 하나님의 명령은 모두 긍정적 명령으로 주어진 반면에, 특수한 규례와 하나님의 명령은 극단적인 부정적 명령으로 주어지고 있다. 즉, 전자는 모두 생명의 복으로 주어진 반면에, 후자는 죽음의 보응으로 다루고 있다는 점이다. 더욱이 아직 죄와 죽음이 찾아들지 않은, 복되고 온전한 건강의 생명만이 존재하는 에덴의 동산에서, 모든 생명을 창조하시고 더욱이 하나님의 형상을 좇아 인간을 창조하신 창조주이신 그분께서 그 창조를 깨뜨리는 '죽음'을 맨 처음으로 언급하셨다는 사실이다(창 2:17). 왜 하나님께서는 그 창조 목적과 의지가 손상을 입을 수 있는, 건강과 생명을 주신 하나님께서 도리어 '죽음을 언급하셨는가!' 하는 것이다. 그러나 그 명령의 궁극적인 목적은 인간에게 '더 높은 차원의 복'을 주시기 위한 뜻이 있었음에 틀림이 없다. 그러므로 이 특수 명령은 일반적 문화명령과 긴밀한 연관성을 가지면서도 또한 구별되어지는 특수한 면을 가지고 있는 것이다.

선악과

여호와 하나님이 그 사람에게 명하여 이르시되 동산 각종 나무의 열매는 네가 임의로 먹되 선악을 알게 하는 나무의 열매는 먹지 말라 네가 먹는 날에는 반드시 죽으리라 하시니라(창 2:16-17).

이 하나님의 특별하신 명령 속에는 적어도 인간이 만물을 다스리는 권한을 가진 모든 다른 피조물 위에 뛰어난 존재임을 일깨우면서도, 인간은 결코 창조주 하나님과 동등한 존재가 아님을 상기시키는 경고를 함축하고 있다. 즉, 인간은 '하나님의 형상을 가지고 태어난 자'이기에 하나님과 같이 공유하는 능력을 가진 자임에는 틀림이 없다. 그러나 인간도 엄연한 하나님의 피조물이기에 하나님에게 의존해야만 하는 제한성을 가지고 있음을 상기시키는 말씀인 것이다.

하나님께서는 말씀하신다. "너희들은 모든 피조물 중에서 가장 뛰어난, 나의 형상대로 창조된 최고의 피조물이다. 그러나 잊지 말라. 나는 너희들을 창조한 하나님이고, 너희들은 나에 의해서 창조된 피조물이라는 사실을! 그리고 너희들의 참 행복과 건강은 너희가 내 안에, 내가 너희 안에 있을 때에 있으며, 너희들의 참 평안과 기쁨은 나를 찬양하고 나에게 넘치는 감사를 돌릴 때에 있다는 사실을!" 이 경고의 말씀 속에 인간의 건강과 질병, 생명과 죽음의 갈림길이 놓여 있음을 본다.

그러므로 하나님의 하나님 되심에 대한 거역은 '죽음'을 자초하고 만다. 건강과 평화가 넘쳐나는 창조 동산일지라도 피조물로서 창조주 하나님에 대한 도전은 용납될 수 없음을 명확히 보여 주는 뚜렷한 상징물이 바로 '선악을 알게 하는 나무의 열매'인 것이다. 따라서 창조주 하나님께 대한 피조물로서의 인간의 절대복종은 창조규례 안에서 축복을 받는 열쇠가 된다.[9] 그것은 또한 영원한 생명과 온전한 건강을 보장받는 비결임에 틀림없다.

생명나무

여호와 하나님이 그 땅에서 보기에 아름답고 먹기에 좋은 나무가

---

9) 같은 책., p.91.

나게 하시니 동산 가운데에는 생명나무와 선악을 알게 하는 나무도 있더라(창 2:9).

생명나무의 실과에 대해서 여러 가지 해석이 있다. 어떤 학자들은 생명나무는 선악을 알게 하는 나무와 더불어 이 나무들 자체에 삶과 죽음을 가져오는 능력이 실제로 존재한다는 견해와, 이 나무들은 하나님의 행위 언약의 상징적 표호(表號)로 보는 견해도 있다. 특히 개혁 신학적 견해는 생명나무 자체는 단지 외형적인 상징일 뿐, 그 나무 자체가 영생을 주는 것이 아니라는 입장이다. 그것은 하나님께서 세우신 언약의 증거나 인호(印號)였다는 것이다. 곧 넓은 의미의 성례전이라 할 수 있다는 것이다.[10] 아울러 대부분의 개혁 신학자들은 이 생명나무가 그리스도를 상징한다고 이해한다. 이 생명나무는 인간이 타락한 이후에 인간의 접근이 금지되었다. 그리고 요한계시록 22장에 이 생명나무가 다시 등장함을 볼 수 있다. 따라서 개혁 신학자들은 이 생명나무를 하나님과 인간이 가지는 행위 언약의 증표로 이해한다. 이 생명나무를 행위 언약의 증표로 말할 수 있는 가장 중요한 이유는 그것이 생명의 유형적인 표상이기 때문이다(창 2:9, 3:22, 24; 계 2:7, 22:2-14).[11] 그러므로 생명나무는 생명의 상징이요, 행위 언약의 보증이고, 하나님의 신실하심을 드러내는 표적인 것이다.[12]

---

10) 최홍석, 『인간론』, pp.254-255.
11) 같은 책, pp.253-254.
12) 같은 책, p.254.

동산 가운데 장소

> 여호와 하나님이 그 땅에서 보기에 아름답고 먹기에 좋은 나무가
> 나게 하시니 동산 가운데에는 생명나무와 선악을 알게 하는 나무
> 도 있더라(창 2:9).

'선악을 알게 하는 나무' 즉, '죽음을 가져다 줄 수도 있는 나무'
와 '생명나무'가 함께 있는 이유가 무엇일까? 그것도 특별히 동산
가운데!

아담과 하와에게 있어서 '동산 가운데 장소'는 그들의 생존에 있
어서 특별한 장소였다. 그것은 그들의 '삶과 죽음에 직접적인 영향
을 주는 환경'이었다.[13]

생명나무와 선악을 알게 하는 나무가 동산 가운데 있었던 것에
대한 여러 가지 이유가 있겠지만, 한 가지 분명한 사실은 이 나무들
이 아담과 하와가 언제, 어디에서나 바라볼 수 있는 '동산 가운데'
있어서, 피조물로서의 존재적 깨달음과 창조주께로 향한 감사에 대
한 상징성을 부여하고 있다는 사실이다. 아울러 그 '가운데 장소'는
그들의 삶과 죽음에 결정적 영향을 주는 특별한 장소였다. 이 '가
운데 장소'는 구약 백성들 가운데 하나님께서 임재하셔서, 하나님
의 백성의 대표인 대제사장을 만나시는 '지성소'로 상징되고, 신약

---

13) '환경'이란 불어의 'milieu(밀리유)'에 어원을 두고 있으며 'mi'는 '중앙(middle)', 'lieu'는 '장소(place)'를 의미한다.
그러므로 환경은 '가운데 장소(middle place)'란 뜻을 포함하고 있다. 17세기에 파스칼(Pascal)은 '중앙의 물체를
둘러 싼 유동체'를 환경이라고 정의하였고, 19세기에 꽁트(Conte)는 '중앙에 있는 생물체를 에워싸고 그 생물체
의 생존에 필요한 외부조건의 전체'가 환경이라고 정의했다. 환경이란 개념을 개괄적으로 정의하면 '우주를 형성
하고 있는 요소들의 실체'라고 할 수 있으며 상대적인 의미로는 '어떤 주체를 둘러싸고 있는 유형무형의 객체'라고
할 수 있다. 환경은 인간이나 동식물에게 직·간접적으로 영향을 주는 주위의 자연적이거나 사회적인 생활의 터전
을 제공한다는 점에서 인간의 생존권과 직결됨을 볼 수 있다. 그러므로 에덴동산에서 '가운데 장소'는 실로 인간에
게 '특별한 환경'이었다.

백성에게서는 그리스도께서 성도들의 모든 죄와 죽음을 대신 지신 '십자가의 자리'로 상징되어진다고 볼 수 있을 것이다.

그러므로 참된 건강은 하나님과의 바른 관계 속에 하나님의 말씀을 따르고 절대 순종함에 있다. 그리고 그 비밀은 이 '금단의 열매'에 대한 시험(test) 속에 특수한 규례의 명령으로 인간에게 주어졌던 것이다. 물론 이 시험을 위한 나무의 열매는 근본적으로 하나님께서 아담이 저지를 수도 있는 실패를 추궁하기 위한 '덫'으로 창조한 것은 아니며, 인간의 하나님께 대한 영원한 경외심을 가지게 함에서 오는, '보다 높은 차원의 복'을 누리게 하기 위한 하나님의 배려로 이해될 수 있는 것이다.

그러나 첫 아담은 그 시험(test)에 실패하고 말았다.

2. 창조와 건강

에덴동산 안에서 아담과 하와가 누리는 건강은 하나님께서 복 주시면서 행하라고 명하신 '노동'과 또한 그 '일'에만 얽매이지 말고 그 '일' 자체를 주심에 대해 감사하며, 그것을 기쁨으로 즐길 줄도 알아야 한다. 아울러 하나님께서 본을 보여 주신대로 '안식하는 일'과, '안식 주는 일'을 행하되, 그것은 하나님께서 '창조주'가 되심을 기리고 예배함으로써 그날을 복되고 거룩하게 함이다. 또한 하나님의 주례 아래에서 '가정'을 이루고, 생육하고 번성하여 땅에 충만케 되는 것이 참 건강한 모습이었다. 그리고 그 '생명나무'와 '선악을 알게 하는 나무'를 바라봄으로써 자신들이 하나님께로부터 지으심을 입은 피조물인 것을 잊지 말고, 겸손히 하나님의 말씀에 절대 순종함에서 '참 건강'이 존재함을 깨달아야 했다.

창조적 건강이란 무엇인가? 그것은 하나님과의 바른 관계 속에서 하나님 보시기에 좋은 것이며, 그 모든 지음 받은 것이 질서를 가지며, 조화를 이룬 것이며, 그리고 그것들이 영원히 보존된 상태인 것이다. 그러므로 우리들이 명심해야 할 것은 건강의 진정한 판단은 하나님께 있다는 사실이다. 즉 진정한 건강은 하나님 보시기에 좋은 것이어야만 한다. 왜냐하면 건강한 삶이란 영원한 생명이며, 가장 풍성한 삶이며, 하나님이 의도하신 바의 생활이며, 그것은 바로 하나님의 선물이기 때문이다.

그러므로 인간의 관점에서 볼 때, 창조 당시의 건강이란, 하나님과 인간의 관계에 대해, 한 인간의 육체 · 정신 · 영의 관계에 대해, 그리고 인간 공동체와 환경과 자연에 대해, 모든 부분이 질서를 이루며, 또한 조화, 화해, 통합 및 일치를 이루어 완전하고 성공적인 기능을 감당하며, 활기차고 평화로운 삶을 살며, 악에 대항하여 승리할 수 있는 타락 이전의 상태(샬롬의 상태)를 의미한다. 그리고 건강이란 창조주 하나님의 주권과 규율 아래에서 질서와 조화를 이루어 더불어 평화와 희락과 활기가 충만한 삶을 살 수 있는 '빛의 나라'로 이해된다.[14]

---

14) 이명수, 「치유선교론」, 박행렬 역, p.68.

“여호와 하나님이 그 사람에게 명하여 이르시되 동산 각종 나무의
열매는 네가 임의로 먹되 선악을 알게 하는 나무의 열매는 먹지 말라
네가 먹는 날에는 반드시 죽으리라 하시니라.”
창 2:16-17

“뱀이 여자에게 이르되 너희가 결코 죽지 아니하리라
너희가 그것을 먹는 날에는 너희 눈이 밝아져 하나님과 같이 되어
선악을 알 줄을 하나님이 아심이니라.”
창 3:4-5

“여자가 그 열매를 따 먹고 자기와 함께 있는
남편에게도 주매 그도 먹은지라.”
창 3:6 하반절

타락과 질병

"인생은 그 날이 풀과 같으며
그 영화가 들의 꽃과 같도다
그것은 바람이 지나가면 없어지나니
그 있던 자리도 다시 알지 못하거니와."
시 103:15-16

4장

세계의 타락

피조물이 다 이제까지 함께 탄식하며 함께 고통을 겪고 있는 것을 우리가 아느니라 그뿐 아니라 또한 우리 곧 성령의 처음 익은 열매를 받은 우리까지도 속으로 탄식하여 양자 될 것 곧 우리 몸의 속량을 기다리느니라(롬 8:22-23).

오늘날 우주 만물 모든 것은 저절로 퇴락해 간다. 삼라만상 모두가 시간의 경과에 따라 쇠퇴해 간다. 따라서 우주는 지금도 계속해서 돌이킬 수 없이 죽어 가고 있기 때문에 언젠가는 죽는다는 결론에 도달한다(우주가 소멸되어 없어짐이 아니라, 모든 과정이 멈춰 무질서가 극대화되는 상태를 의미한다.). 그런데 이 엄연한 사실이 왜 성립이 되는지?, 또 왜 이 법칙이 언제 어디서든지 항상 동일하게 적용되는지 그 아무도 모른다. 단지 과학은 이러한 사실에 대해 인정할 뿐이다.

세계적 석학인 생화학자이며, 그 자신이 인본주의자인 아이작 아시모프 박사(Dr. Issac Asimov)도 설명하기를, "어떤 체계에서든 '엔트로피[1]'는 증가하거나(폐쇄체계에서나 우주 전체에서) 증가하려는 경향을 갖는다(부분적인 계방체계에서)." 즉, 이것은 현상계에서 보편적인 법칙으로 '열역학 제2법칙'이라 부른다.[2]

그러므로 열역학 제2법칙에 의한다면 모든 만물은 쇠퇴해 가며, 건강을 잃어가고 있는 것이다. 결국 하나님께서 보시기에 좋지 못함이 생겨났고, 모든 조화가 깨어졌으며, 질서를 잃어버리고, 점차 무질서로 나아가고 있음을 증명한다. 그러나 이러한 보편적인 사실에 대해서 그 원인을 규명함에 과학은 침묵하고 있을 따름이다.[3]

한편 대부분의 진화론자들은 이러한 엄연한 보편적 법칙에 대해서도 정반대의 논리를 주장하는데, 즉 우주 만물은 보다 더 질서 있고 조직적인 복잡성을 향해 진보되며 발전되고 있다고 주장한다. 그들은 주장하기를 지구는 열린 체계로서 태양으로부터 끊임없이 에너지를 공급받고 있기 때문에 지구의 삼라만상은 지속적으로 진화되고 발달된다. 아울러 이제 인간은 미래의 진화에 대한 조정 능력을 가지게 되었기에, 인류에게는 희망차고, 행복한 미래가 있을 뿐이라고 주장한다.

그러나 진화론자들이나 일부 과학자들의 주장들이 비록 인류의

---

1) 엔트로피란 한 작용 체계 내의 쓸모없는 에너지의 측정이며, 잘 조직된 체계 내의 무질서도(無秩序度)이며, 정보 체계 내의 무질서도, 즉 정보 체계 내에서의 잡음(雜音)을 가리킨다.

2) 헨리 모리스, 「현대과학의 성서적 기초」, 이현모 역 (서울: 요단출판사, 1992), p.229.

3) 같은 책., p.236.

미래가 희망차고 행복할 것을 예고하고 있음에도 불구하고, 하나님의 말씀은 정반대임을 우리들은 쉽게 알 수 있다. 하나님께서 우주 만물을 아름답고 건강한 모습으로 지으셨지만, 어느 때부터인가 이 우주는 소멸되어 가고, 쇠퇴해져 죽어 가기 시작한 것이다. 우주 만물은 무질서해지고, 조화는 깨어졌다. 그 결과로 모든 피조물이 다 이제까지 함께 탄식하며, 함께 고통하게 되었다(롬 8:22)라고 성경은 기록하고 있다. 하나님의 말씀인 성경 전반에 걸쳐 삼라만상과 모든 생물과 인간조차도 쇠퇴하고 퇴락해 감을 언급하고 있다.

1. 전 우주의 쇠퇴를 언급하는 구절들

주께서 옛적에 땅의 기초를 놓으셨사오며 하늘도 주의 손으로 지으신 바니이다 천지는 없어지려니와 주는 영존하시겠고 그것들은 다 옷 같이 낡으리니 의복 같이 바꾸시면 바뀌려니와 주는 한결같으시고 주의 연대는 무궁하리이다(시 102:25-27; 히 1:10-12 참조).

너희는 하늘로 눈을 들며 그 아래의 땅을 살피라 하늘이 연기 같이 사라지고 땅이 옷 같이 해어지며 거기에 사는 자들이 하루살이 같이 죽으려니와 나의 구원은 영원히 있고 나의 공의는 폐하여지지 아니하리라(사 51:6).

천지는 없어질지언정 내 말은 없어지지 아니하리라(마 24:35; 참

고: 막 13:31; 눅 21:33).

피조물이 허무한 데 굴복하는 것은 자기 뜻이 아니요 오직 굴복하게 하시는 이로 말미암음이라 그 바라는 것은 피조물도 썩어짐의 종노릇 한 데서 해방되어 하나님의 자녀들의 영광의 자유에 이르는 것이니라 피조물이 다 이제까지 함께 탄식하며 함께 고통을 겪고 있는 것을 우리가 아느니라(롬 8:20-22).

이 또 한 번이라 하심은 진동하지 아니하는 것을 영존하게 하기 위하여 진동할 것들 곧 만드신 것들이 변동될 것을 나타내심이라(히 12:27).

이 세상도, 그 정욕도 지나가되 오직 하나님의 뜻을 행하는 자는 영원히 거하느니라(요일 2:17).

2. 모든 생물 기관의 쇠퇴를 언급하는 구절들

인생이 당하는 일을 짐승도 당하나니 그들이 당하는 일이 일반이라 다 동일한 호흡이 있어서 짐승이 죽음 같이 사람도 죽으니 사람이 짐승보다 뛰어남이 없음은 모든 것이 헛됨이로다 다 흙으로 말미암았으므로 다 흙으로 돌아가나니 다 한 곳으로 가거니와(전 3:19-20).

모든 육체는 풀이요 그의 모든 아름다움은 들의 꽃과 같으니 풀은 마르고 꽃이 시듦은 여호와의 기운이 그 위에 붊이라 이 백성은 실로 풀이로다 풀은 마르고 꽃은 시드나 우리 하나님의 말씀은 영원히 서리라(사 40:6-8; 벧전 1:24-25).

3. 인간의 쇠퇴를 언급하는 구절들

여인에게서 태어난 사람은 생애가 짧고 걱정이 가득하며 그는 꽃과 같이 자라나서 시들며 그림자 같이 지나가며 머물지 아니하거늘(욥 14:1-2).

인생은 그 날이 풀과 같으며 그 영화가 들의 꽃과 같도다 그것은 바람이 지나가면 없어지나니 그 있던 자리도 다시 알지 못하거니와(시 103:15-16).

우리의 모든 날이 주의 분노 중에 지나가며 우리의 평생이 순식간에 다하였나이다 우리의 연수가 칠십이요 강건하면 팔십이라도 그 연수의 자랑은 수고와 슬픔뿐이요 신속히 가니 우리가 날아가나이다(시 90:9-10).

소년이라도 피곤하며 곤비하며 장정이라도 넘어지며 쓰러지되 오직 여호와를 앙망하는 자는 새 힘을 얻으리니 독수리가 날개치며 올라감 같을 것이요 달음박질하여도 곤비하지 아니하겠고 걸어가도 피곤하지 아니하리로다(사 40:30-31).

내 지체 속에서 한 다른 법이 내 마음의 법과 싸워 내 지체 속에 있는 죄의 법으로 나를 사로잡는 것을 보는도다 오호라 나는 곤고한 사람이로다 이 사망의 몸에서 누가 나를 건져내랴(롬 7:23-24).

욕심이 잉태한즉 죄를 낳고 죄가 장성한즉 사망을 낳느니라(약 1:15).

이 외에도 성경의 많은 곳에서 타락 이후 피조계 전체가 쇠퇴하고, 퇴락하고, 약해지며, 창조적 건강을 잃어가고 있음을 언급하고 있다.

그렇다면 하나님께서 지으신 선한 세계가 왜 이렇게 타락하고, 쇠퇴하게 되었는가?

5장

인간의 타락

(여호와 하나님이) 아담에게 이르시되 네가 네 아내의 말을 듣고 내가 네게 먹지 말라 한 나무의 열매를 먹었은즉 … 너는 흙이니 흙으로 돌아갈 것이니라 하시니라(창 3:17-19).

그러므로 한 사람으로 말미암아 죄가 세상에 들어오고 죄로 말미암아 사망이 들어왔나니 이와 같이 모든 사람이 죄를 지었으므로 사망이 모든 사람에게 이르렀느니라(롬 5:12).

하나님께서 창조하시고 "심히 좋았더라."고 하신 우주 만물이 이제는 썩어짐에 종노릇하게 되어 함께 탄식하며, 함께 고통하게 된 이유가 무엇인가? 왜 하나님께서는 기쁨으로 지으신 모든 피조물에게 죽음의 진노를 쏟아부으셨는가? 그것은 인간의 죄의 결과라고 성경은 기록하고 있다(롬 5:12). 인간의 죄로 인하여 하나님과 인간 사이가 분리되고, 인간 내의 몸과 영혼과의 조화가 깨어지고, 인간과 인간 사이가, 인간과 자연 사이가 분리되고, 조화와 질서를 잃게 되었다.

인간의 범죄로 인한 타락으로 건강은 깨어지고, 질병의 처절한 고통 속에서, 인간과 모든 피조물은 죽음을 향한 행군을 시작하게 된 것이다. 즉 모든 피조물은 전적으로 부패하고, 무능력하게 되었고, 필경 죽음으로 이어질 수밖에 없게 되었다(롬 5:12, 8:21-22).

죄로 인하여 질병과 죽음의 고통이 왔다면, 죄란 무엇인가? 죄로 인한 타락에의 과정은 어떠했는가? 그리고 타락과 질병과 죽음을 초래한 요인들을 살펴보는 것은 총체적 치유를 위해 매우 의미 있는 일이 아닐 수 없다.

1. 죄란 무엇인가?

하나님께서 창조하시고 "심히 좋았더라."고 하신 선한 창조계에 어떻게 죄와 악이 자리할 수가 있었을까? 도대체 죄는 어디에서 왔는가? 하나님께서 선하게 창조하신 '천사와 인간'이 어떻게 죄악에 빠지게 되었는가? 하나님은 전지전능하시니 이것을 미리 알았고, 또 이들의 범죄를 방관하거나 허용하신 것이 아닌가? 하나님은 정말 죄와 무관하신 분이신가? 하는 물음을 던지게 된다. 사실 죄의 기원에 관한 것은 우리 인간의 이해력의 한계를 느낄 수밖에 없다. 특히 성경은 이 죄의 기원에 관하여 명확한 설명을 하지 않고, 많은 부분에서 침묵하고 있기 때문이다. 그럼에도 불구하고 성경 말씀의 가르침 속에서 우리가 분명히 알 수 있는 것은, "하나님께는 불의가 없으시다(롬 9:14; 히 6:10)."는 사실이다. 여호와 하나님은 죄악을 기뻐하는 신이 아니시니, 악이 주와 함께 머물지 못한다(시 5:4)는 사실이다.

그렇다면 죄악는 어디서 왔는가? 죄악은 그 어디로서부터가 아니라, 하나님과 피조물(인간과 천사)의 인격적 관계로부터 발견될 수 있는 문제이다.[1] 하나님은 피조물 중에서 '이성적 피조물'인 '인간과 천사'를 창조하셨다. 이 이성적 피조물인 '인간과 천사'는 귀한 존재로서, 이성이 없는 로봇처럼 창조하지 않으시고, 창조주이신 하나님의 뜻에도 도전할 수 있는(궁극적으로는 반역할 수 없지만) '자유의지를 지닌 존재[2]로 창조한 것이다.[3] 그러므로 '죄와 악'은 '하나님의 절대주권'과 '이성적 피조물이 지닌 자유의지' 사이에서 생겨난 것으로 이해된다. 즉, 죄악이 존재하게 된 것은 이성적 피조물의 자유와 하나님의 주권 사이에, 피조물이 행사한 자유의 오용에서 비롯되었다고 볼 수 있는 것이다.[4]

'무엇이 죄인가?' 하는 질문에, "죄는 하나님의 법을 순종함에 부족한 것이나 혹 어기는 것이니라."라고 『소요리 문답』 제14문답에서 답하고 있다. 죄란 하나님의 거룩하신 성품에 배치되는 인간의 상태와 성향과 행동이다.[5] 그러므로 죄의 본질에 대해서 최홍석

---

1) 최홍석, 「인간론」, (서울: 개혁주의신행협회, 2005), p.354.
2) 참조, "너희는 자유가 있으나 그 자유로 악을 가리는 데 쓰지 말고 오직 하나님의 종과 같이 하라(벧전 2:16)."
3) 최홍석, 「인간론」, (서울: 개혁주의신행협회, 2005), p.354..
4) 같은 책., p.355.
5) 같은 책., p.283.

박사는 다음과 같이 여섯 가지로 정리한다.[6]

첫째, 죄는 본질적으로 하나님과 그 의지에 관련 된다. 성경은 죄를 규정함에, 형식적인 면에서, 죄는 하나님의 율법에 불순응, 불순종하는 것이다. 실질적인 면에서, 죄는 하나님의 거룩하신 성품의 표현에 대한 불순응이다.

둘째, 죄는 본질적으로 죄책(마 6:12; 롬 3:19, 5:18; 엡 4:17-19)과 오염(욥 14:4; 렘 17:9; 마 7:15-20; 롬 8:5-8; 엡 4:17-19)을 내포한다. 이것은 곧 하나님의 공의와 하나님의 거룩하심과 관련이 된다.

셋째, 죄는 외부적인 행위와 자신의 습관 그리고 마음의 상태가 서로 연관되어 있음을 알 수 있다.

넷째, 죄는 본질적으로 그 좌소(座所)를 마음에 두고 있다. 마음은 영혼의 중심적 기관이기 때문이다(잠 4:23). 여기에서부터 지성과 감정과 의지로 영향을 미친다.

다섯째, 죄는 특별한 악이다. 즉 모든 죄(sin)는 악(evil)이지만, 그러나 모든 악이 죄는 아닌 것이다. 우리들에게 닥치는 질병이나 재난은 악일 수 있지만, 그것이 반드시 죄이지는 않기 때문이다. 그러므로 죄는 '특별한 악'이자, '도덕적인 악'인 것이다.[7] 인간의 죄가 특별한 악이라는 의미는 하나님께서 인간에게 직접적인 책임을 묻는다는 의미이며, 도덕적인 악이라는 의미는 죄를 지은 인간을 정죄의 선고 아래에 둔다는 의미인 것이다.[8]

---

6) 같은 책., pp.285-288.
7) 같은 책., p.284.
8) 같은 책., pp.287-288.

여섯째, 죄는 절대적 성질을 지닌다. 곧 죄에 관한 한 중립적 상태가 허용되지 않는다는 것이다. 그러므로 인간은 선에 속하든지, 아니면 악에 속하든지 할 수밖에 없는 것이다(마 10:32-33, 12:30; 눅 11:23; 약 2:10).

인류의 시조인 아담의 죄가 그 후손들인 전 인류에게 직접 전가되었다. 따라서 모든 인류는 정죄와 사망의 권세에 놓이게 된 것이다. 즉 아담과 전 인류는 연대적 관계 속에 놓여 있는 것이다. 따라서 아담의 타락으로 말미암아 죄가 세상에 들어왔고, 그로 말미암아 모든 인류에게 죄와 정죄와 사망이 왕 노릇 하게 되었다. 그러나 하나님의 선하심과 사랑하심은 그리스도 예수로 말미암아 의가 들어오게 되었고, 그로 인하여 은혜, 의, 칭의 그리고 생명이 왕 노릇 하게 되었다.[9]

죄는 원죄(原罪)와 자범죄(自犯罪)로 구분된다. 모든 인생은 아담과의 언약적 연대 관계 속에서 출생함으로 처음부터 죄악 된 신분과 죄악 된 상태에서 출생하는 것이다. 원죄란 이와 같은 상태를 의미하며, 모든 인간이 출생 때부터 죄를 소유하고 태어남을 의미한다. 따라서 원죄는 다른 모든 죄의 뿌리가 되는 것이다. 그리고 원죄는 죄책과 오염의 두 요소를 가지고 있다. 그러므로 아담이 저지른 원죄는 그의 모든 후손에게 직접적으로 전가되게 되었다. 자범죄란 이러한 원죄로부터 기인되는 모든 죄를 의미한다. 따라서 원죄는 원인이요, 자범죄는 그 결과인 것이다.[10] 이 원죄야말로 인간

---

9) 같은 책., p.312.
10) 같은 책., p.313.

을 타락하게 한 원인이요, 질병과 죽음을 초래한 동인(動因)이다.

이제 원죄로 인해 인간이 타락하고 병들게 된 구체적인 정황들을 살펴보기로 하자.

2. 죄와 타락

하나님이 지으신 세계에 죄악이 생겨난 것은 천상(天上)에서 비롯된 것임을 성경은 암시하고 있다. 성경을 살펴볼 때, 인간의 타락에 앞서 천사의 타락이 먼저 있었음을 알 수 있다.

천사의 타락

천사도 하나님의 피조물이며, 하나님께서 창조하신 선한 존재임이 틀림없다. 하나님이 지으신 그 모든 것이 하나님 보시기에 심히 좋았기 때문이다(창 1:31). 그러나 성경은 인간 타락에 앞서 천사들 중, 그 일부가 먼저 타락했음을 언급하고 있다. 성경 전체를 통해 볼 때, 천사들의 타락에 관한 기록은 아주 부분적이고도 불명확하게 나타나 있다. 성경은 이 타락한 천사들의 우두머리를 '사탄'이라고 기록하고 있다(마 9:34, 25:41).

사탄, 그는 누구인가? 그는 성경에서 '사탄(욥 1:6; 마 4:10; 계 12:9)', '마귀(벧전 5:8; 계 12:9)', '바알세불(마 12:24)', '벨리알(고후 6:15)', '이 세상의 신(고후 4:4)', '공중 권세 잡은 자(엡 2:2)', '미혹하는 자(계 20:10)', '뱀(창 2:1;계 12:9)', '용(계 12:3)' 그리고 '광명의 천

사(고후 11:14)' 등으로 불리거나 묘사되고 있다. 그는 하나님께서 창조하신 영적 피조물로서, 피조된 천사들(욥 38:6, 7; 골 1:16)의 일부가 타락하였는데(벧후 2:4; 유 6), 사탄은 그 무리들의 우두머리였다(마 9:34, 25:41). 그는 아름답고 영화롭게 지음 받았고(겔 28:17), 그가 피조 되던 날, 그를 위하여 큰 기쁨의 잔치가 있었다(겔 28:13). 그는 지혜가 충족하며, 온전히 아름다웠기에, 완전한 자의 모델이 되었다(겔 28:12). 그가 그토록 아름답고 영화로왔기에 그의 마음이 교만하여졌고, 그 지혜를 더럽혔으며, 하나님의 마음 같은 체 하게 되었다(겔 28:6). 마침내 사탄은 그 손을 들어 하나님을 대적하며, 교만하여 전능자를 배반하였다(욥 15:25). 예수께서 그를 가리켜, 마귀는 처음부터 살인한 자요, 진리가 그 속에 없기에 거짓말을 하는 거짓말쟁이요, 거짓의 아비라고 말씀하셨다(요 8:44). 또한 "죄를 짓는 자는 마귀에게 속하나니 마귀는 처음부터 범죄함이라(요일 3:8)." 고 기록하고 있다. 이 '처음'이란 '인간 역사의 시초'를 의미한다고 본다.[11] 따라서 인간의 타락에 앞서 천상에서 일부 천사들의 타락이 있었음을 알 수 있다.

인간의 타락

사탄의 타락은 영원한 하나님의 심판을 초래하여 결국 망하게 되었다(시 119:21; 계 20:10). 그는 자신만 망하지 않고, 그를 따르는 무리를 만들어 함께 망하게 된 것이다. 그리고 악한 천사들의 무리

---

11) 같은 책., pp.272-273.

를 이끌고 지상으로 떨어진 사탄은 하나님의 형상대로 지으심을 입은 인간에게 찾아와 유혹하여 하나님의 심판을 받게 한 것이다(사 14:12). 그는 하나님의 최고 걸작품인 인간을 타락시킴으로써 하나님 자신에게 상처 입히기를 꾀했다(창 3:1-19).

천상에서 일어난 사탄의 타락은 지상의 인간에게 영향을 미침으로써 지상의 변화가 일어났다. 성경은 인간계에서의 '죄의 기원'에 대해서는 창세기 3장에서 명백하게 기록하고 있다. 죄가 비록 타락한 천사의 세계에서 인간의 세계로 유입되었다고 할지라도, 인간계에서의 '죄의 기원'은 인류의 시조인 아담의 범죄에서 비롯된다고 분명히 밝히고 있다.[12]

그렇다면 아담을 타락하게 한 죄란 무엇이며, 어떤 영향을 미치게 되었을까?

3. 타락의 원인과 과정

사탄은 뱀을 통하여 인간에게 다가왔다. 뱀은 사탄의 도구였다. 그 뱀은 모든 들짐승 중에서 가장 '간교'하였다(창 3:1). 따라서 가장 교활한 전략으로 하와를 통해 아담을 공격하였다. 뱀의 모습으로 나타난 사탄은 첫 인류였던 아담과 하와에게 다가와 어떻게 죄를 짓게 하고, 타락하게 하고, 질병의 고통 속에 죽어 가게 했던가! 그 요인들과 과정을 살펴보고자 한다.

---

12) 같은 책., pp.274-275.

교만

교만은 자기 스스로 잘난 체하며 뽐내고 높임에서 비롯된다. 더욱이 자신보다 더 존귀한 자 앞에서 방자하게 자신을 높이거나, 그와 같아지려는 것을 의미한다.[13] 성경에 나타난 최초의 교만은 에덴동산에서 뱀의 모습으로 하와에게 찾아온 사탄의 유혹에서 시작되었다.

> 뱀이 여자에게 이르되 너희가 결코 죽지 아니하리라 너희가 그것을 먹는 날에는 너희 눈이 밝아져 하나님과 같이 되어 선악을 알줄 하나님이 아심이니라(창 3:4-5).

'하나님과 같이 된다.'는 것은 무엇을 의미하는가? 피조물이 창조주와 같이 되려는 것이다. 하와에게 '하나님과 같이 된다.'는 유혹은 사탄 스스로 이미 하나님과 같이 되려고 그 마음을 높이고, 그 자리를 높였기 때문이다(사 14:14-15; 겔 28:6, 17).

하나님의 심판을 자초하는 지름길은 무엇인가? 지혜자는 말씀하길, "교만은 패망의 선봉이요 거만한 마음은 넘어짐의 앞잡이(잠 16:18)"라고 하였다. 왜냐하면 하나님께서는 하나님의 법을 좇지 아니하는 교만한 자는 반드시 물리치시며 대적하시기 때문이다(약 4:6; 벧전 5:5). '교만의 아비'가 되는 사탄은 하나님의 저주를 자초하였고(창 3:4), 바로 그 교만의 유혹 속에서 아담과 하와도 넘어지고

---

13) 「동아 새국어사전」, 이기문 감수 (서울: 동아출판사, 1990), p.23.

말았다.

그러므로 '교만'이란 언제나 하나님과 피조물과의 관계성을 다루고 있다. 즉 교만이란 하나님과 피조물 간의 관계에서 창조주 하나님을 피조물같이 낮추거나, 피조물인 자신을 창조주같이 높임을 의미한다. 이 교만의 시작은 인간의 끝없는 탐욕에서 시작된다(창 3:6). 그리고 그 행위는 불순종으로 나타나고, 결국은 사망으로 끝을 맺는다.

하나님 말씀에 대한 임의적 해석(말씀에 대한 무시, 가감, 의심)

선악을 알게 하는 나무의 열매는 먹지 말라 네가 먹는 날에는 반드시 죽으리라(창 2:17).

이 말씀에 대해 아담의 아내 하와는 "먹지도 말고 만지지도 말라 너희가 죽을까 하노라(창 3:3)."라고 이해하였다. 이것은 심각한 문제가 아닐 수 없다. 하나님께서 아담과 하와에게 명하신 바는 비단 '선악을 알게 하는 나무의 열매'에 관해서만이 아니라, "생육하고 번성하여 땅에 충만하라, 땅을 정복하라, 모든 생물을 다스리라(창 1:28)."라고 명하시기도 하셨다. 그러나 '선악과'에 대한 명령은 그들의 죽음과 연관된 명령이었다. 결코 소홀히 받아들일 수 없는 엄명에 대해, 하와는 자신의 말과 견해를 덧붙여, 하나님의 말씀을 사사로이 받아들인 것이다. 즉 "하나님의 말씀을 혼잡하게 하지 아니하고 곧 순전함으로 하나님께 받음(고후 2:17)"에 대해 잘못을 저질렀다. 이것은 또한 "진리의 말씀을 옳게 분별하며 부끄러울 것이 없는 일꾼으로 인정된 자로 자신을 하나님 앞에 드리기를 힘쓰라 망령되고 헛된 말을 버리라(딤후 2:15-16)."는 말씀을 거스리는 일이었다.

하나님과 인간 사이의 모든 잘못된 관계의 시작은 이렇듯 하나님의 말씀을 만홀히 여김에서 온다. 하나님의 말씀을 경솔히 여기거나 무시하고 소홀히 받아들일 때, '미혹의 영'은 찾아든다. 그리고 그의 마음에 의심을 심어 두고, 급기야 하나님의 말씀을 어기고 불순종의 자리로 나아가게 하고야 만다.

하나님의 말씀에 인간이 사사로이 자신의 말을 더하게 될 때, 하나님께서 예고하신 모든 재앙이 그에게 더할 터이요, 하나님의 말씀을 임의로 제하여 버릴 때, 하나님의 영원하신 생명의 말씀에 기록된 생명나무와 거룩한 성에 참예함을 제하여 버리시리라(계 22:8-9). 하나님의 말씀을 대하는 자세가 그의 삶을 '생명의 길'과 '죽음의 길'로 갈라서게 하는 첫 걸음임이 틀림없다.

거짓말과 죽음

선악을 알게 하는 나무의 열매는 먹지 말라 네가 먹는 날에는 반드시 죽으리라(창 2:17).

'죽음'이란 단어가 '생명'을 창조하신 여호와 하나님에 의해서 처음으로 언급되었다는 것이 의미심장하다. 더욱이 이 엄청난 의미를 지닌 말은 아직 죄악이 들어오지도 않은, 건강하고 온전한 생명의 동산인 에덴동산에서, 창조주 하나님께서 자신의 형상을 지닌 피조물인 인간에게만 내리신 시험(test)의 핵심적 내용이었다. 그것은 곧, "먹지 말라 먹으면 반드시 죽는다(창 2:17)."는 것이다. 이 말씀은 아담을 향하여 명령어로 주어졌다(창 2:16-17). 창세기 2장에서는 이 명령이 아담에게만 주어진 것 같이 보이나, 창세기 3장 말씀을 볼 때, 이 명령은 하와에게도 동일하게 주어졌음이 명백하다('너희'는 복수로 나타나 있다. 창 3:3). 그러나 하와는 '죽음'에 대해서 심각하게 받아들이지 않았고, 또 그 명령의 의미를 정확하게 이해하지도 못했다. 하와의 말은 "너희는 먹지도 말고 만지지도 말라 너희가 죽을까 하노라(창 3:3)."라고 표현하고 있기 때문이다. 아담의 행위를 볼 때, 그 역시 마찬가지인 것 같다. "여자가 그 열매를 따 먹고 자기와 함께 있는 남편에게도 주매 그도 먹은지라(창 3:6)."

그러나 이 '죽음'에 대한 의미를 정확히 알고 있는 자가 있었으니 그는 바로 '사탄'이었다. 사탄 역시 하나님의 피조물이지만 그가 하나님께 불순종하고 반역했을 때, 이 '죽음'의 의미를 이미 체험하였기 때문이다(유 6; 계 20:7-10). 그러므로 하나님의 가장 위대한 피조물인, 하나님의 형상을 지닌 인간을 그 불순종과 반역의 자리에 동참하도록 하기 위해 그의 본질적 속성인 '거짓말'을 이용하여 인간을 타락시킨 것이다. 즉, "먹지 말라 네가 먹는 날에는 반드시 죽으리라."는 하나님의 말씀에 대한 사탄의 말은 "(먹으라) 너희가 결코 죽지 아니하리라 너희가 그것을 먹는 날에는 너희 눈이 밝아져 하나님과 같이 된다(창 3:4-5)."라고 거짓말한 것이다.

그러므로 생명을 죽음으로 이끄는 첫 번째 길잡이는 '거짓말'이다. 모든 파멸의 첫 걸음은 거짓말을 참말로 잘못 이해할 때 시작됨을 잊어서는 안 된다. 성경에 나타난 첫 번째 거짓말쟁이는 이 '사탄'이었으며, 그는 결국 '거짓의 아비'인 것이다(요 8:44). 따라서 그는 처음부터 범죄한 자로서(요일 3:8), 기회만 있으면 인간을 유혹하여 '마귀의 자녀들(요 3:10)'로 삼으려는 '미혹의 영'으로 역사한다(요일 4:6).

성경에 나타난 인간으로서 첫 번째 거짓말쟁이는 누구였으며, 어떻게 나타나 있는가? 사탄의 거짓말에 현혹된 인류의 시조인 아담의 가정은 여지없이 파괴되었다. 영원으로 이어질 아담과 하와의 생명은 사탄의 거짓말에 의해 죽음을 가지게 되었고, 그 거짓의 씨가 아담과 하와의 첫 아들, 즉 인간이 낳은 첫 자손에 의해 나타났음을 성경은 기록하고 있다.

여호와께서 가인에게 이르시되 네 아우 아벨이 어디 있느냐 그가 이르되 내가 알지 못하나이다 내가 내 아우를 지키는 자니이까 (창 4:9)?

첫 자손인 가인은 가증스럽게도 하나님께 대해 거짓말을 한 것이다. 거짓의 아비인 마귀의 씨가 그 속에 나타나 그는 마귀의 자녀로서 의를 행하지 아니하였고, 형제를 사랑하지 아니하였으며, 거짓말쟁이로 나타났다(요일 3:8-11). 그러므로 성경은 말씀하기를 "가인 같이 하지 말라 그는 악한 자에게 속하여 그 아우를 죽였으니(요일 3:12)"라고 기록하고 있다. 따라서 성경은 말씀하기를 첫 거짓말쟁이 마귀의 거짓말은 인간의 죽음과 관련되어졌고, 인간의 첫 거짓말쟁이 가인의 거짓말도 그 자신의 동생 아벨의 죽음과 바로 연관되어져 있는 것을 볼 때, '거짓말과 죽음'의 관계는 의미심장한 것이다.

그러므로 죽음의 그림자는 항상 '거짓말'로 드리워진다. 따라서 질병도 마찬가지이다. 귀 기울이지 말아야 될 것, 보지 말아야 할 것, 욕심내지 말아야 될 것, 먹지 말아야 할 것에 대해, "괜찮아! 더 좋아질 거야! 하나님 같이 될 거야!"라는 거짓말에 우리의 건강도, 생명도 치명적 손상을 입는다. 하나님의 진리를 거짓 것으로 바꾸어 피조물을 조물주보다 더 경배하고 섬기는 것(롬 1:25)은 이 세상을 사랑하는 자요, 이 세상에 있는 모든 것이 육신의 정욕과, 안목의 정욕과, 이생의 자랑이니, 이 모두가 하나님 아버지로 좇아온 것이 아니요, 세상을 좇아온 것이다(요일 2:16). 결국 이 모든 것들은 거짓말하는 자들로부터 오는 것이며, 이것들은 하나님의 마지막 심판 날에 불과 유황으로 타는 못에 던져지게 될 것인데, 이것이 둘째 사망이라고 하셨다(계 21:8). 결국 거짓말은 죽음을 낳고 마는 것이다. 왜냐하면 모든 거짓은 진리에서 나지 않음이요, 거짓말하는 자는 예수께서 그리스도이심을 부인하는 자(요일 2:21-22)이기 때문에, 그들에게는 영원한 죽음만이 있을 뿐이다.

탐심(욕심)

뱀이 여자에게 이르되 너희가 결코 죽지 아니하리라 너희가 그것을 먹는 날에는 너희 눈이 밝아져 하나님과 같이 되어 선악을 알 줄을 하나님이 아심이니라 여자가 그 나무를 본즉 먹음직도 하고 보암직도 하고 지혜롭게 할 만큼 탐스럽기도 한 나무인지라 여자가 그 열매를 따 먹고 자기와 함께 있는 남편에게도 주매 그도 먹은지라(창 3:4-6).

뱀의 유혹에 대한 하와의 타락은 '~할 만큼 탐스럽기도'에서 보여지는 하와 마음의 '탐심'에서 기인된다(창 3:6). 이 탐심은 근본적으로 '하나님과 같이 되는 욕심'에 그 뿌리를 두고 있다(창 3:5). 그것은 근원적으로 사탄 자신이 하나님 같이 높아지려 했던 교만에서 유래했다(유 6; 벧전 2:4). 따라서 사탄이 주는 것은 세상에 속한 육신의 정욕과 안목의 정욕과 이생의 자랑이니(요일 2:15-16), 곧 하나님께서 금하신 그 나무의 열매를 따 먹는 날에는 하나님과 같이 된다는 사탄의 유혹의 말을 따라 하와는 그 나무를 본즉 '먹음직', '보암직', '지혜롭게 할 만큼 탐스러움직'함으로 그 열매를 따 먹게 되었다(창 3:6). 하나님께서는 친히 아무도 유혹하지 않으실 뿐만 아니라, 악에게 유혹을 받지도 않으신다(약 1:13). 그러므로 사람이 유혹을 받는 것은 자기 욕심에 끌려 미혹됨이다(약 1:14).

아담과 하와의 타락 이후, 우리도 다 그 가운데서 우리 육체의 욕심을 따라 지내며, 육체와 마음의 원하는 것을 하여 다른 이들과 같이 본질상 진노의 자녀가 되었다(엡 2:3). 결국 욕심이 잉태한즉 죄를 낳고, 죄가 장성한즉 사망을 낳게 되었다(약 1:15).

모든 인간에게 질병과 죽음을 가져오는 분명한 첫 발걸음은 무엇인가? 바로 '탐심'이다. 그렇기 때문에 예수님께서는 삼가 모든 탐심을 물리치라고 하셨다(눅 12:15). 하나님의 말씀은 우리들에게 명확히 가르치기를, "너희는 유혹의 욕심을 따라 썩어져 가는 구습을 따르는 옛 사람을 벗어 버리고 오직 너희의 심령이 새롭게 되어 하나님을 따라 의와 진리의 거룩함으로 지으심을 받은 새 사람을 입으라(엡 4:22-24)."고 말씀하신다.

불순종과 죄

> 여호와 하나님이 그 사람에게 명하여 이르시되 … 선악을 알게 하는 나무의 열매는 먹지 말라 네가 먹는 날에는 반드시 죽으리라 하시니라(창 2:16-17).

> 여자가 그 열매를 따 먹고 자기와 함께 있는 남편에게도 주매 그도 먹은지라(창 3:6).

선악과를 따 먹은 것은 명백한 하나님의 말씀에 대한 도전이요 불순종이다. 하나님의 말씀을 경솔히 여길 때, 유혹의 영이요 거짓의 영이 틈타게 되고, 하나님의 말씀에 대한 의심이 싹트게 되며, 결국은 불순종에 이르게 된다. 그 결과 인간은 영생으로부터 죽어 흙으로 돌아가게 되었다(창 3:19). 불순종의 결과로 하나님의 통치의 지상적 영역 전체가 죄로 오염되었다. 바울 사도는 인간의 세계뿐만 아니라 창조계 전체가 허무(허망, 공허 또는 무의미함)에 종속되었는데, 이는 '종속하게 하는 이'의 자의에 의해서, 즉 아담, '그의 불순종을 통해서'라고 말한다[14](롬 8:19-22).

인간의 죄는 하나님의 말씀에 대한 불순종으로 시작되었다. 이

---

14) 알버트 월터스, 『창조·타락·구속』 양성만 역 (서울: IVP, 1994), p.66.

불순종의 죄는 창조계 전체에 질병을 가져온 것이다. 그것은 필경 죽음에 이르게 하는 치명적인 것이었다. 그러므로 모든 생명체의 질병과 죽음은 하나님께서 행하신 선한 창조 내에 인간의 불순종으로 말미암아 들어오게 된 것이다. 요컨대 악은 비록 선의 왜곡으로서 존재하게 되었지만, 그래도 결코 선으로 환원될 수 없다는 것이다. 즉 '서로 환원될 수 없는 두 질서'란, 존 칼뱅은 주장하길 '창조의 질서'와 '죄와 구속의 질서'를 구분해야 하는데, 양자의 관계는 마치 건강이 질병 및 치유와 갖는 관계와 같다는 것이다. 즉 건강이란 선을 대표하지만, 질병과 치유는 왜곡을 포함하고 있는 것이다. 따라서 이들 두개의 질서는 결코 서로 일치하지 않는다. 그렇기 때문에 창조계의 타락은 창조질서 내에서의 한 부분으로 이해되어서는 안 되고 창조도 타락과 구속의 한 기능으로 설명되어서도 안 된다.[15]

그러므로 하나님께서 창조하신 세계는 온전한 것이며, 이 속에 부족함이나 죄악을 포함하고 있는 것이 아니다. 이 세계는 온전한 건강의 상태이다. 그러나 이러한 세계의 타락과 불순종으로 인한 죄의 유입은 전적으로 인간의 불순종의 결과이며, 하나님께 속한 것이 아니다. 질병은 인간의 죄와 전적으로 연관된 것이다. 인간의 죄로 말미암아 건강은 무너지고 질병이 찾아왔으며, 필경은 죽음으로 그 삶을 치를 수밖에 없게 되었다(롬 6:23).

---

15) 같은 책., pp.67, 68.

4. 타락 후의 변화

인간에게 있어서 타락 전과 후에 나타난 변화는 인간이 그 죄로 말미암아 초래하게 된 질병과 죽음에 이르게 되는 과정을 알게 하는 중요한 요소가 된다. 과연 죄악으로 건강을 잃어버린 인간의 모습의 변화는 어떻게 나타났는가?

눈이 밝아, 선악을 알게 됨

여호와 하나님이 이르시되 보라 이 사람이 선악을 아는 일에 우리 중 하나 같이 되었으니(창 3:22).

사탄이 유혹한 말의 핵심은 선악을 알게 하는 나무의 열매를 따 먹게 되면 "눈이 밝아 하나님과 같이 되어 선악을 알게 된다(창 3:5)."는 것이었다. 그런데 그것이 형식상으로는 사실로 나타났다. 선악과를 따 먹은 후 그들의 눈이 밝아졌고(창 3:7), 선악을 아는 일에 하나님과 같이 되었다고 기록하고 있기 때문이다(창 3:22). 그렇다면 무엇이 문제인가? 사탄의 유혹은 "하나님께서는 자신이 소유하고 있는 능력을 인간이 소유하기를 원치 않으신다."는 것이다. 즉 하나님은 시기심이 많다는 것이다. 이것이 바로 사탄이 행한 사악한 짓이며, 투쟁방식이다.[16] 선악을 아는 일에 있어서 하나님은 그 속성상 선은 사랑하시고, 악은 미워하신다. 그러나 선악과를 따

---

16) E. J. 영, 「창세기 1·2·3장 강의」, 서세일 역 (서울: 한국로고스연구원, 1989), p.110.

먹은 후 아담과 하와도 그들의 눈이 밝아 선악을 알게 되었지만, 그것은 타락한 피조물의 관점에서 선악을 알게 되었던 것이다. 그들은 선악을 알되 악을 사랑하고 선을 거절하게 된 것이다.[17] 그러므로 여호와께서 사람의 죄악이 세상에 가득함과 그 마음으로 생각하는 모든 계획이 항상 악할 뿐임을 보시고 땅위에 사람 지으셨음을 한탄하사 마음에 근심하셨다(창 6:5-6).

아담과 하와가 '눈이 밝아져' 보게 된 선과 악은 무엇인가? 그들은 사탄이 약속한 '하나님처럼' 된 것인가? 결코 아니었다. 그들이 보게 된 것은 자기들의 몸이 벗은 줄 알게 된 것이다(창 3:7). 그들의 세상적 눈은 밝아졌으나, 신령한 하늘로 향한 눈은 어두워졌다. 즉 밝히 보는 것에 대한 대상도, 이해도 달라진 것이다. 타락 전에도 그들은 벗고 있었으나 그것을 수치로 여기지 아니하였다. 그러나 타락 후에는 그들은 그 벗었음을 두렵게 여겼다(창 3:10). 이전에는 그들이 바른 원리와 하나님의 계시의 관점에서 모든 사물을 판단하였으나, 타락 후에는 이제 모든 것을 타락한 인간의 관점에서 모든 사물을 바라보고 판단하게 된 것이다.[18] 그러므로 '벌거벗음'에 대한 이해도 달라졌으며, 도리어 두렵고 수치스럽게 느끼게 됨으로 그것을 가리려고 노력하였다(창 3:7). 타락 후 인간의 영적인 눈은 병들었다. 영적 병든 눈으로 바라보게 된 자신들의 모습이기에 두렵고 수치스런 것이었다. 그러므로 세상 마지막을 보게 된 사도 요한의 환상 가운데 나타난 일곱 교회 중에서 라오디게아 교회에 나타나신 주님은 '창조의 근본이신 이'로 나타나셔서 권면하시기

---

17) 같은 책..
18) 같은 책., p.112.

를 "안약을 사서 눈에 발라 보게 하라."고 하셨고, "흰옷을 사서 입어 벌거벗은 수치를 보이지 않게 하라(계 3:14-18)."고 하셨다. 그리고 사랑하는 자들을 책망하여 징계하시며 "회개하라(계 3:19)."고 말씀하시는 것이다.

그러므로 하나님의 말씀을 떠나서는 우리의 영안(靈眼)이 밝아질 수 없으며, 선악을 알되 선을 행하는 자는 없으니 하나도 없다(롬 3:12). 그기에 사도 바울도 비통한 심정으로 고백하기를, 자신 속에 하나님의 법을 즐거워하는 것이 있으면서도, 자신 속에 또 다른 법, 곧 죄의 법이 존재하고 있어, 언제나 자신의 힘으로 싸울 때마다 그 죄의 법 아래로 굴복 당하고 만다고 하였다(롬 7:21-23). 그러므로 그는 그 자신을 "오호라 나는 곤고한 사람이로다."라고 탄식했던 것이다(롬 7:24).

벌거벗음, 두려움, 피함, 숨음

> 내가 동산에서 하나님의 소리를 듣고 내가 벗었으므로 두려워하여 숨었나이다(창 3:10).

이것은 죄로 타락한 인간들의 실제와 그들에게 나타난 심리상태와 행동이다. 이것은 하나님의 말씀에 대한 불순종의 결과이다. 타락 이전에는 아담과 그 아내, 두 사람은 벌거벗었으나 부끄러워하지 않았다(창 2:25). 그러나 타락 이후에는 "내가 벗었으므로 두려워하여 숨었나이다(창 3:10)."라고 아담이 고백하고 있다. 사실 그는 타락 이전이나 이후에나 동일하게 벌거벗고 있었다. 그러나 차이는 떳떳하고 당당한 상태에서, 두려워 숨은 상태로 바뀌었다는 것이다. 또한 하나님께서는 "왜 벗었느냐?"라던가 "왜 두려워하여 숨었느냐?"라고 묻지 않으시고, "누가 너의 벗었음을 네게 알렸느냐 내가 네게 먹지 말라 명한 그 나무 열매를 네가 먹었느냐(창 3:11)?"라고 물으셨다. 하나님의 말씀을 살펴볼진대, 아담과 그 아내와 또 하나님 사이에 '벗었음'과 '그 열매를 먹은 일'에 관련된 '다른 제 삼자'가 있음을 의미한다. 즉 하나님과 하나님의 형상을 가진 인간 사이를, 인간과 인간(아담과 하와) 사이를 이간하여 하나님의 말씀을 불순종하게 하며, 아담의 가정을 파멸하게 한 '제 삼자'가 있음을 의미한다. 그 존재는 인간으로 하여금 하나님과의 관계를 부인하도록 하여 자신의 말을 따르도록 하게 한 것이다. 이 사건을 통하여 진리의 영을 따르는 하나님의 자녀들과 의를 행하지 아니하는 마귀의 자녀들로 나뉘게 되었다. 이러한 일은 실낙원 이후 이스라엘 역사를 통해 극명하게 나타났다. 즉 하나님의 자녀들인 이스라엘 백성들이 벌거벗고 부끄러운 모습을 보인 것은, 곧 여호와 하나님을 버리고 이방신인 우상을 섬기는 일로 구체적으로 나타났다(삿 2:11-15). 하나님은 우리의 몸이 하나님의 영이 거하시는 살아 계신 하나님의 성전임을 말씀하신다(고전 3:16, 6:19; 고후 6:16). 그렇기 때문에 하나님과 이스라엘 백성과의 사이를 진정 남편과 아내 사이로 묘사하며, 이스라엘 백성이 우상을 섬김을 음행한 여인같이 묘사했다(호세아서 4장 참조). 더욱이 바울 사도는 남녀 사이의 혼인을 언급하면서 그것은 결국 예수 그리스도와 예수님을 구주로 믿고 따르는 무리인 교회와의 관계를 천명하는 것으로, 이러한 관계의 비밀이 크다고 하였다(엡 5:31-32).

앞에서도 언급했듯이 아담과 하와는 타락 이전이나 이후에도 벌거벗고 있었다. 타락 이전에 벌거벗고 있었으나 그들 간에 부끄럼이 없었고, 하나님 보시기에도 심히 좋으셨다. 그러나 타락 이후 그들 간에도 부끄러워졌고, 하나님 앞에서는 두려움으로 하나님의 얼굴을 피해 숨을 수밖에 없었다. 무엇이 그들로 하여금 부끄럽고 두려움으로 숨게 만들었는가? 그것은 하나님의 말씀에 귀 기울이지 않고, 미혹의 영이요, 거짓의 영의 소리를 듣고 하나님의 명하심을 거역한 결과이다. 그러므로 모든 문제는 하나님과의 사이의 문제이다. 하나님과 나와의 사이가 건강하려면 하나님의 말씀 안에 있어야 한다. 내 속의 영과 혼과 육의 조화도 하나님의 말씀을 따를 때 건강한 것이며, 나와 너 사이도 하나님이 함께하셔야 영원히 건강한 것이다(삼상 20:23, 42).

하나님과 하나님의 백성 사이에 벌거벗고도 두려움이 없는 관계가 건강한 관계이다. 그리스도와 교회와의 관계도 마찬가지이다. 그러나 하나님과 그 백성 사이에 악하고 거짓된 영이 존재하여, 하나님과의 조화와 화평이 깨어지고, 하나님의 말씀을 떠나서 미혹의 영의 말을 따르게 될 때, 그것은 곧 음행한 여인같이 벌거벗음을 부끄러워하게 되고, 하나님의 부르심에 두려워하고, 하나님의 찾아오심에 피하여 숨게 된다.

우리 속 모든 곳, 영과 혼과 육의 영역 모두가 하나님 앞에 적나라하게 드러나도 두렵지 않은 상태가 진정 건강한 상태이다.

변명과 책임전가

> 아담이 이르되 하나님이 주셔서 나와 함께 있게 하신 여자 그가
> 그 나무 열매를 내게 주므로 내가 먹었나이다(창 3:12).

아담이 범죄 후 자신의 잘못에 대한 하나님의 추궁에 대해서 보인 첫 대응책은 변명과 책임전가였다. 그의 이러한 태도는 자신의 죄에 대해서 스스로 시인하고 용서를 구하는 자세가 아니다. 그는 변명으로 자신의 책임을 전가했다. 그럼 누구에게 자신의 책임을 전가했는가? 첫째, 하나님께 책임을 전가한다. 곧 '하나님이 주셔서 나와 함께 있게 하신 여자(창 3:12)'라는 표현 속에서, 자신이 불순종하게 된 근본적인 원인과 책임이 하나님께 있음을 시사하고 있다. 둘째, 하와에게 책임을 전가한다. 즉 하나님께서 내게 주셔서 함께 있게 하신 '그 여자'라고, 자신의 아내에게 책임이 있음을 고발하고 있다.

그러므로 아담의 주장은 이 모든 잘못이 '내 탓'이 아니라, '당신 탓'이라는 것이다. 이것은 실로 타락한 인간의 한계성을 스스로 보여 주는 슬픈 몸짓이다. 나의 자아가 내 속의 주인이며, 내게 손해되는 것은 용납할 수 없으며, 남을 위해 나를 희생한다는 것은 생각할 수도 없는 것이다. 자신의 잘못에 대해 스스로가 책임질 줄도 모르고, 그 잘못에 대해 책임을 묻는 분 앞에 용서를 구함도 없다. 이렇듯 범죄한 첫 인간, 아담의 모습은 타락 이후에 태어난 전체 인간 모습의 속성을 대표한다. '범죄함' 자체가 근본적인 문제이지만 아울러 '회개하지 못함' 그것이 더욱 치명적 잘못이다.

아담의 모습이 이러할진대 하와의 모습 역시 마찬가지이다. 그녀 역시 자신의 잘못을 시인하지 않고 변명하되 '뱀'에게 책임을 전가하고 있기 때문이다. 사실 '변명'이란 그럴듯한 이유가 있음을 암시한다. 터무니없는 이유를 대는 것은 '변명'이 아니라 '거짓말'이다. 사탄은 '변명'이 아니라 '거짓말'을 했다. 그는 '거짓말쟁이'요, '거짓의 아비'인 것이다(요 8:44). 그러기에 하나님께서는 아담과 하와에게서와 같이 사탄에게는 왜 그렇게 하였느냐고 이유를 묻지 않으셨다. 그에게는 하나님의 저주가 바로 임했다(창 3:14-15).

아담과 하와의 변명이 있은 이후로, 그럴듯한 이유가 있는 변명이 만연하게 되었다. 따라서 오늘날까지 우리 인간들은 우리 조상이 그러했듯이 나의 잘못을 시인하기에 인색하다. 대부분의 사람들은 '내 탓'이 아니라, '네 탓'이라고 한다. 누구도 자신의 잘못에 대해 책임지기를 원치 않는다. 그리고 궁극적으로는 그 모든 책임이 우리를 이렇게 만드신 '하나님'께 있다고 원망한다. 나아가서 '이웃'을 향하여 원망한다.

그러므로 모든 관계를 이간시키며, 분리시키는 첫째 요소는 바로 '변명과 책임전가'이다. '난 아니야, 너 때문이야!' 하나님과 나, 너와 나 사이의 모든 관계의 조화와 화평을 깨뜨리며, 평강의 아름다운 포도원을 허무는 '작은 여우'는 이렇게 시작된 것이다.

시기심, 분냄, 미움

세월이 지난 후에 가인은 땅의 소산으로 제물을 삼아 여호와께 드렸고 아벨은 자기도 양의 첫 새끼와 그 기름으로 드렸더니 여호와께서 아벨과 그 제물은 받으셨으나 가인과 그 제물은 받지 아니하신지라 가인이 몹시 분하여 안색이 변하니 여호와께서 가인에게 이르시되 네가 분하여 함은 어찌 됨이며 안색이 변함은 어찌 됨이냐 네가 선을 행하면 어찌 낯을 들지 못하겠느냐 선을 행하지 아니하면 죄가 문에 엎드려 있느니라 죄가 너를 원하나 너는 죄를 다스릴지니라 가인이 그의 아우 아벨에게 말하고 그들이 들에 있을 때에 가인이 그의 아우 아벨을 쳐 죽이니라(창 4:3-8).

가인은 땅의 소산물로 제물을 삼아 여호와께 제사를 드렸고, 아벨은 양의 첫 새끼와 그 기름으로 제물을 삼아 여호와께 제사를 드렸다. 그 결과 하나님께서는 아벨과 그 제물은 받으셨고, 가인과 그 제물은 받지 않으셨다. 왜 그렇게 되었을까?

믿음으로 아벨은 가인보다 더 나은 제사를 하나님께 드림으로 의로운 자라 하시는 증거를 얻었으니 하나님이 그 예물에 대하여 증언하심이라 그가 죽었으나 그 믿음으로써 지금도 말하느니라(히 11:4).

가인과 아벨 제사의 차이는 '믿음'에 있다고 성경은 말씀한다. 믿음으로 드린 아벨의 제사가 더 나은 제사였으며, 드린 자나 예물 모두가 의로운 것이라는 증거를 하나님께 받았다. 그 믿음의 내용은 무엇인가?

믿음이 없이는 하나님을 기쁘시게 하지 못하나니 하나님께 나아
가는 자는 반드시 그가 계신 것과 또한 그가 자기를 찾는 자들에
게 상 주시는 이심을 믿어야 할지니라(히 11:6).

하나님을 기쁘시게 하는 것은 믿음으로 하나님께 나아가는 것
이다. 그 믿음은 곧 하나님이 계신다는 사실이다. 이것은 전능하시
며 살아 역사하시는 하나님의 존재를 인정하고 그분의 지으심을 받
은 자로서 마땅히 경배를 드리는 것이다. 아울러 하나님을 찾는 자
들에게 풍성한 상을 주시는 분이심을 믿는 그것이다. 즉 인간들이
아담의 죄악으로 인해 비록 낙원을 잃고 유리하며 방황하는 인생이
되었다 할지라도 하나님의 존재를 인정하고, 하나님께서 인간의 모
든 것을 주관하시는 분이심을 믿고, 그분께로 나아가 경배를 드릴
것임을 천명하는 것이다. 그러나 인간의 첫 후예인 가인은 그의 부
모가 하나님과의 관계에서 실패했듯이 그 역시 실패했다. 그것은
그가 선을 행하지 않음으로 죄의 노예가 되었음을 의미하며(창 4:7),
하나님께로부터 떠나 있었기에 하나님의 판결에 불순종하여 자신
을 돌아보지 못하고, 그의 영혼 속에 하나님께로 향한 분노와 동생
에 대한 시기심과 미움이 자리하게 되었던 것이다.

하나님과의 관계성의 부조화는 필경 인간 사이의 관계성을 깨뜨
린다. 나아가서 사회와 자연과의 부조화도 초래하고야 만다. 가인
에게 있어서도 하나님께로 향한 그의 분노는 동생에 대한 시기심과
미움으로 연결되어 결국 그 동생을 살해하게 되었다. 그로 인해 땅
의 저주를 자초하였고, 사회 속에서 격리되고, 죽임에 대한 공포를
품은 채 여호와 하나님을 떠나 유리하며 방황하는 인생이 되고 말

았다(창 4:5-15).

하나님을 떠난 자에게 있어서 또 다른 확실한 죽음에 이르는 병은 시기심과 미움과 분노임에 틀림없다. 분노가 미련한 자를 죽이고, 시기가 어리석은 자를 멸하는 것이다(욥 5:2). 따라서 성령을 거스리는 육체의 일은 음행, 더러운 것, 호색, 우상 숭배, 주술, 원수 맺는 것, 분쟁, 시기, 분냄, 당 짓는 것, 분열함, 이단, 투기, 술 취함, 방탕함 등과 같은 것들이 자리하고 있는 것이다(갈 5:20). 그러므로 하나님께서는 그 마음에 하나님 두기를 싫어하는 자들에게는 그 상실한 마음대로 내어 버려두사 합당치 못한 일을 하게 하셨다. 그것은 곧 모든 불의, 추악, 탐욕, 악의가 가득한 자요, 시기, 살인, 분쟁, 사기, 악독이 가득한 자요, 수군수군하는 자요, 비방하는 자요, 하나님께서 미워하시는 자요, 능욕하는 자요, 교만한 자요, 자랑하는 자요, 악을 도모하는 자요, 부모를 거역하는 자요, 우매한 자요, 배약하는 자요, 무정한 자요, 무자비한 자들이다. 이 같은 일을 행하는 자는 사형에 해당한다고 하나님께서 정하셨다(롬 1:28-32).

우리들의 몸과 마음과 영을 병들게 하는 것은 하나님의 존재를 믿지 않음에서 시작된다. 그 영과 하나님과의 바른 관계가 깨어짐으로 분노와 시기심과 미움이 독버섯같이 자라나서 결국 죽음에 이르게 하는 것이다. 하나님은 공의로우신 분이시다. 하나님의 말씀에 대한 불순종으로 인한 타락은 반드시 그 책임을 물으신다. 죄를 지은 자에게는 반듯이 심판하시는 것은 하나님의 속성이 의로우시기 때문인 것이다.

인간의 타락으로 온 피조계에 어떠한 심판이 임하였는가?

5. 타락의 결과와 하나님의 심판

사탄에게 임한 저주

> 내가 너로 여자와 원수가 되게 하고 네 후손도 여자의 후손과 원
> 수가 되게 하리니 여자의 후손은 네 머리를 상하게 할 것이요 너
> 는 그의 발꿈치를 상하게 할 것이니라(창 3:15).

사탄은 '간교한 뱀'의 형상으로 하와에게 나타나 거짓말과 미혹의 영으로 하와와 아담을 타락시켰다. 그는 인간들의 타락에 앞서 자신이 먼저 범죄한 자였다(사 14:14-15). 그러기에 하나님의 심판의 저주는 첫 번 범죄자인 사탄에게 최초로 내려졌다.[19] 사탄에게 임한 저주에서 특히 주목하게 되는 것은 하나님이 처음으로 '하나님과 원수'되게 하신 것을 기억해야 한다는 점이다. 하나님은 이 적의감을 영원히 계속 되게 할 것이다. 아울러 이 사탄에 의해 인간이 범죄하게 되었으므로 인간과 사탄과의 적대감도 지속될 것이다. 이 둘은 하나님과 그의 목적을 반대한 면에서 서로 같은 편에 있게 되

---

19) 타락 이후 되어진 일련의 사건 속에서 우리들이 눈여겨보아야 할 것은 하나님의 책임 추궁과 그 심판에 관한 순서이다. 하나님께서는 선악과를 먹지 말라고 맨 처음 우주 만물의 대표인 아담에게 명령하셨기에, 책임 추궁도 그에게 맨 먼저 하심을 볼 수 있다. 그리고 그 다음으로 그의 타락에 동기 부여한 하와에게 책임을 추궁하셨다. 그러므로 우주만물이 병들고 타락하게 된 근본적인 원인은 하나님과 첫 언약을 맺은 '아담'의 불순종임이 분명하다. 그러나 하나님의 심판의 순서는 이와는 반대 순이다. 맨 먼저는 인간의 타락의 근본적인 원인 제공자인 사탄의 심판이다. 그에게는 변명의 기회조차 없었다. 왜냐하면 욕심과 교만과 불순종은 그로부터 시작되었기 때문인 것이다. 그리스도의 재림으로 있게 될 마지막 심판에서도 심판은 사탄에서부터 시작될 것이다.

었다.[20] 이 심판에의 저주의 궁극적 표현은 '여자의 후손'과 '사탄'과의 대립에서 요약된다.[21] 사탄은 '여자의 후손'에게 비록 '발꿈치를 상하게' 하는 상처를 입힐지라도, 그는 '머리를 상하는' 치명적 손상으로 결국 불과 유황 못에 던져져, 그를 따르던 모든 악의 무리와 함께 세세토록 밤낮 괴로움을 받을 것이다(계 20:10).

하나님 같이 높아지려던 가장 교만한 자요(사 14:14-15), 거짓의 아비이며(요 8:44), 미혹의 영이며(요일 4:6), 그리고 처음부터 범죄한 자(요일 3:8)인 '사탄'에게는 결코 '치유'가 없으며, '구원'도 없다. 그에게는 영원한 하나님의 저주와 심판이 있을 뿐이다(시 119:21; 계 20:10). 아울러 그와 함께 하나님께 대한 반역에 동참한 영적 무리들과 그들의 미혹에 빠져 범죄하고도 회개하지 아니한 인간들에게도 치유의 손길은 영영히 끊어지게 된 것이다. 다만 영원한 어둠속에서 슬피 울며 이를 갈 뿐이다(마 22:13).

뱀에게 임한 저주

여호와 하나님이 뱀에게 이르시되 네가 이렇게 하였으니 네가 모든 가축과 들의 모든 짐승보다 더욱 저주를 받아 배로 다니고 살아 있는 동안 흙을 먹을지니라 내가 너로 여자와 원수가 되게 하고 네 후손도 여자의 후손과 원수가 되게 하리니 여자의 후손은 네 머리를 상하게 할 것이요 너는 그의 발꿈치를 상하게 할 것이니라(창 3:14-15).

---

20) E. J. 영, 「창세기 1·2·3장 강의」, p.102.
21) 게르할더스 보스, 「성경신학」, 이승구 역 (서울: 기독교문서선교회, 1990), p.58.

창세기 3장 1절에 "뱀은 여호와 하나님이 지으신 들짐승 중에 가장 간교하니라."라고 언급되어 있다. 이 말씀 속에 가장 특이한 단어는 '간교'라는 단어이다. 이 단어의 의미는 분명히 좋은 의미로 쓰이지 않았다. 왜냐하면 이 단어는 창세기 3장 1절 이후에 하와에 대한 뱀의 유혹과 하나님의 말씀에 대한 왜곡된 거짓말과 연관되어 있기 때문이다. 하나님께서는 창조의 제 여섯째 날에 생물을 창조하셨는데, 가축과 기는 것과 땅의 짐승을 그 종류대로 만드시고 보시기에 좋으셨다고 하셨다(창 1:24-25). 창세기 3장 1절에 "뱀은 여호와 하나님이 지으신 들짐승 중에"라고 기록하고 있다. 그러므로 뱀도 하나님께서 창조하신 사랑스럽고 아름다운 동물임에 틀림없다. 그도 근본적으로 하나님께서 보시기에 좋으신 한 피조물인 것이다. 더욱이 예수님께서는 열두 제자들을 복음전파를 위해 세상으로 파송하시면서 "뱀 같이 지혜롭고, 비둘기 같이 순결하라(마 10:16)."고 하셨다. 뱀 자체가 근본적으로 악하거나 간교할 이유가 없는 것이다.

그리고 하나님의 창조질서 속에서 하나님의 형상대로 지음을 받은 인간과 그렇지 못한 동물들과는 긴밀한 대화를 나눌 수가 없다. 동물은 사람과 같이 생각하거나 논리적으로 말할 수가 없다. 그러나 에덴동산의 그 '옛 뱀'은 인간을 속이기도 하며, 타락으로 유혹하기도 했다. 그러므로 그는 '가장 간교한 자'로 불리어졌다. 진정 가장 간교한 자는 그 뱀을 도구로 사용한 '사탄'이었다. 그러나 사탄에 의해 인간을 유혹하고 타락시키기 위해 쓰임 받은 뱀은 모든 다른 동물보다 더욱 저주를 받게 되어 패배의 흙을 핥으며 기어 다니게

되는, 최종 패배의 상징적 존재로 남게 되었던 것이다.[22)]

동물들에게 임한 저주

> 여호와 하나님이 뱀에게 이르시되 네가 이렇게 하였으니 네가 모
> 든 가축과 들의 모든 짐승보다 더욱 저주를 받아(창 3:14).

들짐승 중에서 뱀이 사탄의 도구로 이용당함으로써 아담과 하와
를 범죄하게 하여 타락시킨 일로 뱀이 속한 모든 동물들도 저주를
받게 되었다. 따라서 하나님께서 창조하신 선하고 아름다운 세계에
서 어떤 한 동물이 처음으로 인간들의 죄악 된 수치와 두려움을 가
리기 위해 죽임을 당하게 되었다(창 3:21). 그것도 그 동물을 지으시
고 심히 좋아하셨던, 생명의 근원되신 하나님 자신에 의해 죽임을
당한 것이다(창 3:21). 그 이후로 그 첫 인간들의 자손들에 의해서
수많은 동물들이 인간들의 허물과 죄악을 깨끗하게 하기 위해 저주
의 모습으로 처참히 죽임을 당하게 되었다(레위기 참조). 그들의 고
기는 불 태워지고, 생명인 피는 땅에 뿌려지고, 가죽은 벗겨져 인간
의 의복으로 만들어졌다. 더욱이 노아의 홍수 이후에는 모든 산 동
물은 인간의 먹을거리가 되어 채소같이 먹혀지게 되었고(창 9:3), 동
물들 간에도 약육강식의 엄청난 변혁이 일어나게 된 것이다.
진정 인간의 타락 이전, 에덴동산의 정경은 어떠했을까? 하나님
께서는 창조 제 여섯째 날, 땅의 모든 짐승과 공중의 모든 새와 생

---

22) 팔머 로벗슨, 「계약신학과 그리스도」, 김의원 역, pp.100-101.

명이 있어 땅에 기는 모든 것들에게 모든 푸른 풀을 식물로 주셨다(창 1:30). 더욱이 인간에게 씨 맺는 모든 채소와 씨 가진 열매 맺는 모든 나무를 그들의 식물로 주셨던 것이다(창 1:29). 그러므로 에덴 동산의 정경은 "이리와 어린 양이 함께 먹을 것이며 사자가 소처럼 짚을 먹을 것이며 뱀은 흙을 양식으로 삼을 것이니 나의 성산에서는 해함도 없겠고 상함도 없으리라(사 65:25)."라고 묘사한 말씀과 같았을 것이다. 그러나 인간의 타락은 모든 동물로 하여금 썩어짐의 종노릇하게 하였고, 다 이제까지 함께 탄식하며 함께 고통하게 된 것이다(롬 8:21-22).

땅에 임한 저주

> 아담에게 이르시되 네가 네 아내의 말을 듣고 내가 네게 먹지 말라 한 나무 열매를 먹었은즉 땅은 너로 말미암아 저주를 받고 너는 네 평생에 수고하여야 그 소산을 먹으리라 땅이 네게 가시덤불과 엉겅퀴를 낼 것이라 네가 먹을 것은 밭의 채소인즉 네가 흙으로 돌아갈 때까지 얼굴에 땀을 흘려야 먹을 것을 먹으리니 네가 그것에서 취함을 입었음이라 너는 흙이니 흙으로 돌아갈 것이니라 하시니라(창 3:17-19).

사람 때문에 사람을 위해 창조된 흙에 선고된 저주는 땅이 더 이상 스스로 인간의 생존에 필요한 곡식과 열매를 산출하지 못하게 되었다. 또한 사람은 수고하고 열심히 노력함으로써 생활필수품들을 얻을 수 있게 되었다. 이것은 사람 자신이 악한 자의 세력에 빠져들었기 때문에 하나님은 에덴에 널리 퍼져 있었던 생명의 신적인 힘을 박탈하셨을 뿐만 아니라 그것과 사람과의 관계를 변화시킴으로써 땅을 저주하셨다.[23] 따라서 땅은 더는 인간을 위해 기쁨으로 봉사하지 않는다. 타락 이전의 땅은 풀과 씨 맺는 채소와 각기 종류대로 씨 가진 열매 맺는 나무를 내었고 그것은 모두가 하나님 보시기에 좋았다(창 1:12). 더욱이 땅에서는 아름답고 먹기에 좋은 나무가 자라났다(창 2:9). 인간과 땅위의 모든 짐승과 공중의 새와 생명이 있어 땅에 기는 모든 것들을 위해서 땅은 모든 풀을 그들의 먹이로 풍족히 자라게 하였다(창 1:29). 그 모든 것이 하나님 보시기에 심히 좋았다(창 1:31). 그러나 저주 받은 땅은 인간의 수고의 땀과 눈물로 그 소산을 내게 되었으며, 더욱이 인간을 찌르고 상하게 하는 가시덤불과 엉겅퀴가 자라나게 되었다(창 3:17, 18).

아담의 타락 이전에는 음식물로 인한 질병은 존재하지 않았다. 하나님의 은혜와 사랑 안에서 모든 음식물이 인간에게 유익하고 그들을 건강하게 하였다. 그러나 타락 이후 저주 받은 땅에서 나는 모든 소산물은 인간의 수고를 댓가로 요구하게 되었고, 이것들의 잘못된 운용은 인간들을 찌르고 쏘며 병들게 만들었다. 일례(一例)로 양귀비꽃은 예쁘고, 그 식물은 약제로 뛰어난 여러 가지 효능을 지니므로 인간들에게 도움을 주는 식물이었지만, 타락 이후에 그것은 변하여 인간이 잘못 사용할 때면 마약의 모습으로 가차 없이 인간에게 가시덤불과 엉겅퀴처럼 질병과 죽음의 그림자로 다가와 찌르고 얽어매어 필경은 죽음에 이르게 하는 것이다.

---

23) 델리취, 『창세기』, 고영민 역 (서울: 기독교문화사, 1988), pp.109-110.

타락 후 저주 받은 땅은 더는 인간들의 기쁨이 아니요, 의지할 영원한 본향이 아닌 것이다. 이곳에 진정한 건강도 자리할 곳이 없게 되었다. 인간의 죄악으로 인해 하나님의 저주가 임한 이 땅은 다만, "그 동일한 말씀으로 불사르기 위하여 보호하신 바 되어 경건하지 아니한 사람들의 심판과 멸망의 날까지 보존하여 두신 것이다(벧후 3:7)."

인간들에게 임한 심판

선악을 알게 하는 나무의 열매는 먹지 말라 네가 먹은 날에는 반드시 죽으리라(창 2:17).

여자가 그 열매를 따 먹고 자기와 함께 있는 남편에게도 주매 그도 먹은지라(창 3:6).

하나님의 절대적 명령에 대한 인간의 불순종은 결국 파국으로 치닫고야 말았다. 하나님의 공의(公義)는 필경 하나님의 형상대로 만드신 인간들을 심판하시기에 이른다. 그러나 특이한 것은 인간의 범죄로 인하여 타락시킨 사탄과 뱀과 모든 동물과 심지어 땅과 식물조차도 '저주'를 받게 되었다고 언급하면서도(창 3:14), 유독 인간들에게는 '저주'란 말 대신 '고통'과 '수고'란 말로 심판하시는 것을 볼 수 있다(창 3:16-17).

여자에 대한 심판

여자는 원래 생육하고 번성하라는 하나님의 문화적 명령 속에 '임신'과 '출산'의 역할을 부여받았다. 그러나 하와의 범죄로 말미암아 모든 여인에게는 해산하는 고통이 크게 더하게 되었고, 수고하여 자식을 낳게 되었다(창 3:16). 실제로 오늘날 동물계에서 포유류의 잉태와 분만을 살펴볼 때, 인간처럼 고통하며 수고하여야 새끼를 낳는 동물은 하나도 없다. 유독 인간만이 아이를 낳는 것과 관련된 여러 과정 속에서 여러 가지 고통과 어려움을 갖게 된 것이다. 창조의 질서 속에서 인간의 생육과 번성과 땅에서의 충만은 하나님의 은혜와 사랑 속에서 축복으로 주어진 일이었다(창 1:28). 그러나 타락 이후 인간에게 닥친 최초의 질병과 죽음의 그림자는 수태와 출산의 과정 속에 드리워지게 된 것이다.

고통의 분야에 뛰어난 전문가인 로날드 멜자크 박사(Dr. Ronald Melzach)는 해산의 고통에 관한 연구를 발표했다. 그는 평균적으로 해산의 고통이 가장 심한 고통들 중에 포함된다는 사실을 발견했다. 그의 연구에 의하면, 해산의 고통보다 더 심한 고통은 암 말기의 환자가 당하는 고통이며, 그것은 마취하지 않고 손가락을 자르는 것보다 더 심한 고통이라는 것이다.[24]

남자에 대한 심판

하나님께서는 아담에게 '선악을 알게 하는 나무의 열매'를 먹지 말라고 금하시면서 먹으면 반드시 죽는다고 명하셨다. 아담에게 주

---

24) 메리 캐시언, 『여자·창조·그리고 타락』, 이정선 역 (서울: 바울, 1992), pp.32-33.

어진 이 시험(test)은 인간을 포함한 전 피조물의 운명과 연관된 것이었다. 그러기에 아담의 실패로 인한 타락은 온 세상에 죄가 들어오게 된 바로 그 원인이었기 때문이다(롬 5:12). 아담의 죄로 인하여 '땅'이 저주를 받았고, 따라서 그는 평생 수고의 땀을 흘려야 그 소산물을 얻게 되었다. 뿐만 아니라 땅은 도리어 인간들에게 고통과 질병을 가져다주게도 되었다(창 3:18). '땅'은 모든 물질세계를 대표한다. 따라서 아담의 범죄로 인해 모든 물질세계가 오염된 것이다. 아담은 땅을 다스릴 수 있도록 창조되었으나, 이제 땅이 그를 다스리게 된 것이다.[25] 타락 이전 에덴동산에서의 '노동'은 선하고 아름다운 것으로 인간을 건강하게 하는 한 방편이었다. 그러나 타락 이후에는 '수고'와 '고통'을 가져다주는 매체가 바로 '땅'인 것이다. "너는 흙이니 흙으로 돌아갈 것이니라(창 3:19)."는 말씀은 "선악을 알게 하는 나무의 열매는 먹지 말라 네가 먹는 날에는 반드시 죽으리라(창 2:17)."는 경고의 말씀에 대한 성취이다. 이 죽음에 대한 효력은 그가 하나님의 명령을 어기고 난 이후, 하나님의 선고가 내려짐과 동시에 그 효력은 즉각 발생했다. 따라서 인간은 그때 이후로 죽어야 할 운명에 처하게 되었다. 그리고 실제적으로 죽음의 세력 아래 놓이게 되었고, 죽음의 씨를 자신의 성품 속에 받았다. 그 죽음의 씨의 성숙은 결국 흙 속으로 분해시켜 버리기 때문이다.[26]

25) 팔머 로벗슨, 「계약신학과 그리스도」, 김의원 역, p.111.
26) 델리취, 「창세기」, 고영민 역, p. 111.

6장

타락과 질병

여호와여 우리의 죄악이 우리에게 대하여 증언할지라도 주는 주의 이름을 위하여 일하소서 우리의 타락함이 많으니이다 우리가 주께 범죄하였나이다(렘 14:7).

우리는 타락이 지상적인 창조의 전 영역에 영향을 끼치고 있으며, 죄는 창조계의 일부가 아니라 창조계의 기생충이며, 그리고 죄가 전 지상에 영향을 미치는 한, 죄는 모든 사물을 더럽게 만들어 세상적, 세속적, 그리고 땅의 것으로 만든다는 사실을 보았다.[1]

인간에게 죄가 침투해 온 과정은 교만, 하나님의 말씀에 대한 임의적 해석, 거짓말, 탐심, 불순종 등으로 스며들었고, 따라서 범

---

1) 알버트 월터스, 「창조·타락·구속」, 양성만 역, p.77.

죄한 인간들은 죄악에의 눈이 밝아져 하나님의 낯을 피하여 두려운 마음으로 숨게 되었다. 그들은 이제 '빛의 아들'이 아니라 '어둠의 아들'이 된 것이었다.

죄악이 찾아든 어둠 속에서 질병은 생겨난다. 진실은 왜곡되고, 건강은 빛을 잃는다. 육체의 욕심을 따라 독버섯같이 자라나는 육체의 일은, 곧 음행과 더러운 것과 호색과 우상 숭배와 주술과 원수를 맺는 것과 분쟁과 시기와 분냄과 당 짓는 것과 분열함과 이단과 투기와 술 취함과 방탕함과 또 그와 같은 것들이 모두 이에 속한다 (갈 5:19-21).

실낙원(失樂園)의 결과는 낙원인 에덴의 평온함과 기쁨이 사라져 버린 상태로, 불안, 공포, 절망, 분노, 증오, 질투, 적개심, 거부감, 애정결핍, 이기심, 슬픔 그리고 억압 등으로 마음의 평정을 잃어가고, 썩지 않을 것이 썩어질 것으로 변했다. 곧 모든 생물계에서 그 유전 체계가 변이를 일으켜, 생리적인 것이 병리적인 것으로, 생명력이 부패력과 파괴력으로 그 신체적 기능들이 변해 버렸음을 의미한다. 따라서 생명을 주신 창조주 하나님으로부터 분리되고 단절됨으로써 육과 혼과 영의 영역에서 모든 질병의 상태로 나타나게 되었다.[2]

---

2) 이명수, 「치유선교론」, 박행렬 역, p.13.

1. 질병이란 무엇인가?

질병이란 하나님과 인간 사이가, 한 인간 내에서 육체와 정신과 영 사이가, 인간과 인간 사이가, 그리고 인간과 사회·자연 사이가 정상적인 행동들을 하기에 불가능하게 하는 다양한 원인들에 의하여 소외, 분리, 부조화, 무질서 그리고 타락하게 하는 것으로 정의된다.[3] 이것은 구체적으로 특수한 증후(symptoms)와 증상(signs)을 수반한 비정상적인 생의 과정이기도 하다.[4] 그러므로 폴 토우르니에 박사는 "질병이란 정상의 범위를 벗어난 하나의 동요이며, 죽음은 그 조정장치의 상실이다."라고 주장했다.[5]

2. 질병의 원인들

질병을 일으키는 다양한 원인이 오늘날 존재하지만, 모두 '하나님의 법'과 '자연의 법'을 범함에 기인한다. 그리고 '자연의 법'도 '하나님의 법'의 범주에 속한다.[6] 그리고 이들의 법을 어기는 최초의 동인(動因)은 인간의 지나친 욕심과 교만이며, 그 근본적 원인은 '인간의 죄'임에 틀림이 없다(약 1:15). 따라서 모든 생명에게 적용되어진 질병과 노화와 죽음은 인간의 죄의 결과이며(롬 5:12; 6:23), 모든 피조물에 대한 하나님의 저주의 직접적인 표현이기도 한 것이다(창

---

3) 같은 책., p.67.
4) 같은 책..
5) 폴 토우르니에, 『성서와 의학』, 마경일 역 (서울: 전망사, 1979), p.200.
6) 이명수, 『치유선교론』, 박행렬 역, p.13.

3:17-20; 롬 8:20-22). 따라서 질병이란 장차 다가올 죽음의 표시이며, 모든 질병은 그 안에 죽음의 싹을 내포하고 있다.[7]

3. 죽음이란 무엇인가?

건강이 '하나님 보시기에 좋은 것'이라면, 질병은 '하나님 보시기에 좋지 못한 것'이다. 그리고 생명이 '하나님과의 사귐'이라면, 죽음은 '하나님과의 이별'이다. 그러므로 하나님 보시기에 좋지 못한 것은 하나님으로부터 분리되어질 수밖에 없다.

죽음과 하나님과의 단절의 관계에 대한 증거는 창세기 3장 23절에서 발견된다. 동산에서의 축출(하나님의 면전에서의 축출)은 죽음에로의 추방인 것이다. 그러므로 죽음의 근본 원인은 하나님으로부터 추방되었음에 있는 것이다.[8]

아울러 우리들이 명심해야 할 것은 하나님께서 말씀하신 '죽음'이라는 것이 단지 영적 죽음에 불과하다고 생각하는 것은 잘못인 것이다. 하나님께서 말씀하신 '죽음'은 의사가 매순간 그 진료의 현장에서 더불어 싸우고 있는, 정말로 구체적인 죽음, 곧 실제적으로 육체적인 죽음이기도 한 것이다.[9] 그러므로 범죄하여 인류 역사상 첫 환자가 된 아담은 하나님의 심판에 따라 하나님과의 영원한 사

---

7) 폴 토우르니에, 「성서와 의학」, 마경일 역, p.239.
8) 게르할더스 보스, 「성경신학」, 이승구 역 (서울: 기독교문서선교회. 1990), p.56.
9) 같은 책., p.228.

검의 동산에서 분리되어졌고, 그 육신도 병들고 늙어 실제로 930세를 영위하고 죽어 갔다(창 5:5). 그러나 그것으로 끝은 아닌 것이다.

"내가 너로 여자와 원수가 되게 하고
네 후손도 여자의 후손과 원수가 되게 하리니
여자의 후손은 네 머리를 상하게 할 것이요
너는 그의 발꿈치를 상하게 할 것이니라."
창 3:15

"예수께서 모든 도시와 마을에 두루 다니사
그들의 회당에서 가르치시며 천국 복음을 전파하시며
모든 병과 모든 약한 것을 고치시니라
무리를 보시고 불쌍히 여기시니
이는 그들이 목자 없는 양과 같이 고생하며 기진함이라."
마 9:35-36

Part 3

회복과 치유

HEALING

하나님께서 창조하신 세계는 온전한 것이며 선한 것이었다. 그러나 인간의 타락으로 말미암아 창조의 전 세계가 모두 왜곡되고 부패하게 되었다. 이것은 소극적인 의미에서, 모든 인간이 그 가능성에 있어서 철저하게 타락했다는 의미가 아니다. 죄인에게 하나님의 뜻에 관한 내적인 지식, 또는 선과 악을 분별하는 양심이 없다는 의미도 아니다. 죄인이 종종 다른 사람 안에 나타난 덕스러운 행위나 성격을 칭송하지 않는다거나 이웃과의 관계에 있어서 사심 없는 애정과 의지를 표현할 수 없음을 의미하는 것도 아니다. 그리고 모든 거듭나지 않은 인간이 생득적인 죄악성 때문에 온갖 유형의 죄에 빠진다는 말도 아니다.[1] 그것은 적극적인 의미에서, 생득적인 부패가 인간 성품의 모든 부분, 곧 영혼과 육체의 모든 기능과 능력에까지 확대되었다는 것이다. 또한 하나님과의 관계에서 볼 때, 죄인 안에는 영적으로 선한 것이 아무 것도 없고, 다만 부패만이 있을 뿐이라는 것을 의미한다[2](요 5:42; 롬 7:18, 23; 8:7; 엡 4:18; 딤후 3:2-4; 딛 1:15; 히 3:12).

따라서 이 모든 것은 그리스도 예수님께서 성취하신 구속이 창조계의 모든 영역의 전적 타락과 부패를 회복한다는 의미에서 다음의 명백한 두 가지 사실을 함축한다. 첫째, 구원이 회복, 즉 단순히 창조를 넘어선 어떤 것의 첨가가 아니라, 손상되지 않은 창조계의 선한 상태로 돌아가는 것을 의미한다. 둘째, 이 회복이 창조계의 삶 전체에 영향을 미친다는 것이다. 이 두 가지를 확정하는 것은 온전한 성경적 세계관에 중요하며, 그리스도인의 제자도에 대해서도 중요한 함축적 의미를 지닌다.[3]

---

1) 벌코프, 『조직신학』, 이상원 역 (서울: 크리스찬 다이제스트, 1992), p.465.
2) 같은 책..
3) 알버트 월터스, 『창조·타락·구속』, 양성만 역 (서울: IVP, 1994), p.79.

7장

하나님의 언약과 치유

주의 성령이 내게 임하셨으니 이는 가난한 자에게 복음을 전하게 하시려고 내게 기름을 부으시고 나를 보내사 포로 된 자에게 자유를, 눈 먼 자에게 다시 보게 함을 전파하며 눌린 자를 자유롭게 하고 주의 은혜의 해를 전파하게 하려 하심이라 하였더라(눅 4:18-19).

창조계의 타락과 부패는 전적으로 인간의 하나님께 대한 불순종으로 초래된 죄로 말미암는다(창 2:17; 롬 5:12; 고전 15:21-22). 그러나 인간의 죄악은 하나님께서 그 손으로 지으신 피조물에 대한 하나님의 한결같은 신실성을 무효로 돌릴 만한 힘이 없다. 즉, 죄악의 영향이 모든 피조계에 미치긴 하였으나, 창조된 질서를 유지하시는 하나님의 지속적인 신실하심은 여전히 존재한다.[1] 다시 말하자면 아담의 불순종으로 죄가 들어오고, 따라서 건강은 무너지고 질병과 죽음으로 치달을 수밖에 없었지만, 하나님의 신실하심과 그 영원하신 사랑은 치유를 통해 회복시키시는 과정 속에서 분명히 나타난 것이다. 그러므로 한때 완전히 선한 창조가 있었고, 그것은 또다시 있게 될 것이다. 그래서 창조계의 회복은 불가능한 것이 아니다. 그러므로 세상에 존재하는 어느 것도 포기되어서는 안 된다. 선한 창조계가 심각하게 침해를 받고 있는 상황 속에서도 선한 창조계가 지속적으로 존재하고 항상 유용하다는 사실에 소망이 있는 것이다.[2] 왜냐하면 하나님의 신실하심과 온전하심이 처음부터 존재했기 때문이다.

그렇다면 하나님의 신실하심과 온전하심은 어디에서 어떻게 궁극적으로 나타났는가? 그것은 하나님의 독특하신 아들 예수 그리스도 안에서 나타났다. 그러므로 비록 아담의 불순종이 죄로 물든 피조계로 변화시켜 놓았다 할지라도, 건강과 온전함을 질병과 죽음으로 바꾸어 놓았다 할지라도, 그리스도 예수 안에 있는 하나님의 사랑과 그 신실하신 언약을 끊을 수도 파기할 수도 없는 것이다(롬 8:38-39). 그러므로 질병의 치유는 언제나 하나님의 승리로, 더 구체적으로는 예수 그리스도 안에서 죄와 죽음을 이기신 하나님의 승리로 표현되어 있다.[3]

그러므로 하나님께서는 당신의 공의를 이루어 가시면서도 아

---

1) 알버트 월터스, 『창조·타락·구속』, 양성만 역 (서울: IVP, 1994), pp.67-68.
2) 같은 책, p.72.
3) 폴 토우르니에, 『성서와 의학』, 마경일 역, p.291.

울러 은혜와 사랑을 베푸신다. 그 하나님의 구체적인 은혜와 사랑은 병들고 갇히고 상처받은 세상을 회복시키고 온전하게 하시는데 그 모든 과정이 '치유하시는 하나님의 사역' 속에서 확연히 나타난다. 그리고 그 하나님의 치유는 '반드시 치유하여 회복시키겠다(출 15:16).'고 하시는 하나님의 신실하신 약속을 믿고 따르는 '믿음의 자손들'과의 언약 속에서 구체적으로 이루어졌다.

1. 아담과의 언약과 치유

첫 사람 아담과 하와에 대한 하나님의 첫 치유의 모습은 이후에 나타나는 치유에 관한 모든 기본 원칙을 포함한다. 하나님께서는 범죄하고 타락하여 모든 질병과 죽음에 사로잡힌 인간들을 치유하시기 위해서 그의 약속의 여러 요소를 균형있게 나타내신다. 아담과 하와에게 다가와 치유하시는 하나님의 모습은 이러하셨다.

첫째, 하나님께서 범죄한 아담과 하와에게 먼저 찾아오셨다(창 3:8).

둘째, 하나님께서 범죄하여 두려워 피하여 숨은 그들을 찾아 부르신다(창 3:9).

셋째, 하나님께서는 범죄한 자신들의 죄를 고백하게 하신다(창 3:10).

넷째, 하나님께서 범죄한 자들을 향해 각자 행한 대로 공의(公義)로 벌하신다(창 3:11-19).

다섯째, 하나님께서는 공의에 의해 범죄한 인간들을 벌하시지만, 또한 하나님의 은혜와 사랑으로 인해 회복시키실 것을 약속하신다(창 3:15-19).

여섯째, 하나님께서는 인간을 향한 지극한 사랑으로 가죽옷을 지어 입히셔서 죄를 지어 벌거벗은 인간들의 부끄러움과 수치를 가리시고 위로하신다(창 3:21).

일곱째, 하나님께서는 낙원에서 쫓겨나게 된 인간에 대한 '치유와 회복의 길(생명나무의 길)'을 보존하신다(창 3:22-24). 이 길은 곧 생명의 길 되신 예수 그리스도를 통하는 길인 것이다(요 14:6).

무엇보다 먼저, 죄를 범한 우리 인간들에게 큰 위로가 되는 것은 하나님께서 먼저 우리들에게 찾아오셨다는 사실이다. 사실 죄인의 모습으로 우리들은 하나님께 나아갈 수가 없다. 하나님께서 먼저 우리들을 향해 찾아와 주시지 않으시면 우리들에게는 영원히 회복에 대한 소망이 없는 것이다. 영원한 불치의 환자로서 치유 받을 희망이 전혀 없는 것이다. 그러나 하나님께서는 질병으로 이미 죽은 자에게 새 생명을 주시는 치유자로서 몸소 찾아오신 것이다. 진정 참 치유자이신 하나님의 모습이 이러할진대, 이러한 치유자의 도구로, 또는 동역자로 쓰임을 받기 원하는 자의 모습도 여기에서 출발해야 한다고 본다.

하나님께서 자비로운 모습으로 범죄한 아담과 하와를 찾아와 "네가 어디에 있느냐(창 3:9)?"라고 부르신다. 하나님의 부르심을 받고 대답하는 자가 복되다. 그러나 부르심이 없을진대 어찌 대답하겠는가(롬 10:13-15)! 그리고 하나님께서는 죄인들을 부르시고 그 죄를 고백하게 하신다. 죄로 인한 모든 질병은 그가 자신의 죄를 고백할 때 치유함을 받을 수 있다.

만일 우리가 우리 죄를 자백하면 그는 미쁘시고 의로우사 우리 죄를 사하시며 우리를 모든 불의에서 깨끗하게 하실 것이요(요일 1:9).

하나님은 공의로우신 분이시다. 그러므로 하나님의 명령을 거역하고 불순종한 자에 대해서는 반드시 그 행위대로 심판하신다(창 3:17-19; 겔 33:20; 계 20:13). 그러므로 아담은 다시 흙으로 돌아갈 수밖에 없게 되었다(창 3:19). 그러나 인간의 범죄는 하나님의 원래 선하시고 기뻐하신 뜻을 완전히 무효로 돌릴 수는 없는 것이다.

그러므로 하나님께서는 죄인을 벌하시지만, 그 은혜와 사랑으로 다시금 온전하게 회복시키실 것을 약속하신다(창 3:15-19). 우리들이 여전히 질병과 죽음의 공포 아래에 놓여 있을지라도 회복에 대한 산 소망을 가지는 것은 이 신실하신 하나님의 언약이 있기 때문이다.

특히 어느 날인가 '여자의 후손'으로 하여금 '사탄의 머리를 상하게 하는 약속'은 여자의 후손으로 오시는 살아 계신 하나님의 아들이신 예수 그리스도의 사탄에 대한 영원한 승리를 예고하시는 것이다. 따라서 하나님 은혜의 능력을 통하여 아담은 '여자의 후손'에 관한 하나님의 언약을 확실히 '아멘!' 하고 믿었다. 그 증거로서 그는 자신에게 죽음의 선고가 내려지는 그 심판의 자리에서, 그가 자기 아내에게 지어 준 이름은 '모든 산 자의 어미'라는 뜻을 가진 '하와(단어의 의미는 '생명')'이었다. 그것은 죽음을 선고하시는 하나님께서 사랑으로 은혜를 베푸사 반드시 다시 그들을 살리실 분이심을 확실

히 믿는, 자신의 확고한 신앙을 나타내는 몸짓이었다.[4)]

하나님께서 아담과 그 아내를 위하여 가죽옷을 지어 입히셨다는 말씀은 하나님께서 범죄한 인간들을 위하여 직접 창조하시고 좋아하셨던 그 어떤 동물을 손수 죽이셨다는 것을 의미한다. 하나님의 아픔이 깊이 감추어진 표현이다. 인간에 대한 측량할 길 없는 하나님의 사랑과 은혜가 이 속에 감춰져 있다. 하나님의 치유는 여기서 비로소 구체적으로 시작된 것이다. 인간의 허물과 죄악을 가리기 위해 죽임을 당한 그 동물이 무엇인지 우리는 잘 알지 못한다. 그러나 성경에 나타난 첫 동물 제사가 아벨의 제사인데, 그때 드린 제물이 '어린 양'이라고 했다(창 4:4). 모세 이후 속죄제의 제물이 주로 양으로 바쳐졌고, 인류의 대속자요, 구속주이시며, 약속된 '여자의 후손'으로 오신 예수 그리스도께서 "세상 죄를 지고 가는 하나님의 어린 양(요 1:29)"으로 비유되고 있음을 볼 때, 아마도 죽임 당한 그 동물은 양이었을 것이다. 마지막 날 라오디게아 교회에 나타나신 주님의 모습은 '창조의 근본이신 이'의 모습으로 오셔서 미지근한 성도들의 행위를 책망하시면서, 흰옷을 사서 벌거벗은 수치를 가리라고 하신다(계 3:14-18). 인간의 벌거벗은 수치를 보이지 않게 하는 흰옷은 무엇으로 가능하게 되는가! 그것은 "어린 양의 피에 그 옷을 씻어 희게 하는 것(계 7:14)"이라 했다. 그러므로 인간의 죄와 허물을 가리는 '가죽옷'이나 '흰옷'의 의미는 하나님의 어린 양이신 '예수 그리스도의 보혈'을 의미한다. 이것은 바로 범죄한 인간의 죄를 구속하시는 것이며, 죄의 질병으로 인한 죽음을 치유하시는 하

---

4) 델리취, 『창세기』, 고영민 역 (서울: 기독교문화사, 1988), p.112.

나님 자신의 처절한 아픔을 의미한다. 그러므로 참 치유자이신 하나님의 도구로서 치유사역에 쓰임을 받고자 하는 사람은 이 하나님의 아픔과 사랑의 의미를 바로 깨달아야 할 것이다.

하나님의 사랑과 자비의 희생으로, 그 독특하신 독생자 예수 그리스도의 보혈로 우리가 살아나듯이, 우리의 사랑과 희생으로 인해 또 다른 이가 산 소망을 얻고 치유된다면, 비로소 우리는 참 치유자이신 하나님의 치유의 손에 들린 작은 도구일 것이다.

2. 노아와의 언약과 치유

노아 시대의 상황

에덴동산에서 영생을 누릴 수 있었던 인간들은 아담의 타락 이후 평균 900세 가량의 수명을 영위하고 죽었다. 창세기 5장에는 아담 자손의 계보가 기록되어 있는데, 아담은 130세에 자기 형상과 닮은 아들 '셋'을 낳았고, 마침내 930세로 죽었다고 명시되어 있다(창 5:5). 그리고 그 계보는 노아와 그의 아들 셈과 함과 야벳의 이름을 기록함으로 끝을 맺는다(창 5:32). 결국 이 계보 속의 인물들이 비록 900여세를 살았다 하더라도 모두 죽어 갔다. 정녕 그들은 하나님의 심판으로 죄의 삯을 치르고 모두 죽어 갔던 것이다. 900여세를 살았다는 것이 무한 영생하시는 하나님의 관점에서 볼 때는 하루살이에 불과했다(벧후 3:8). 그러나 평균 900여세를 살았다는 것은 오늘날 우리 인간들의 관점에서 보면 대단한 장수를 누리며 살았던 것이다.

창세기 6장 이후 11장까지를 살펴볼 때, 노아 이전에는 인간들이 900여세의 비교적 동일한 평균수명을 누리고 살았으나, 노아 이후에는 인간의 평균수명이 계속적으로 감소되었음을 볼 수 있다. 즉, 아담에서부터 노아 때까지의 인간 수명을 살펴보면, 아담 930세(창 5:5), 셋 912세(창 5:8), 에노스 905세(창 5:11), 게난 910세(창 5:14), 므두셀라 969세(창 5:27), 노아 950세(창 9:29)을 향수하고 죽었음을 볼 수 있다. 이들은 평균 900세 이상을 살았다. 그러나 노아 이후로는 인간의 수명이 단계적으로 계속 줄어들어, 셈 600세, 셀라 433세, 벨렉 239세, 아브라함 175세, 야곱 147세, 그리고 모세 120세임을 볼 수 있다.

인간 수명이 이렇듯 점차 감소된 원인은 무엇이었을까? 우리들은 수명이 줄어들기 시작한 노아의 시대를 살펴봄으로써 그 실마리를 풀 수 있을 것이다.

노아 당시의 시대적 상황은 타락한 인간들의 생활 형편을 적나라하게 반영하고 있다. '하나님의 아들들'이 '사람의 딸들'과 결혼하여 사람의 죄악이 세상에 가득하게 되었고, 그 마음의 생각하는 모든 계획이 항상 악함을 보게 되었다(창 6:1-6). 즉 '하나님의 아들들'은 '셋 족속에 속한 자들이거나, 경건한 사람들'이며, 또한 '사람의 딸들'은 '가인 족속', 또는 '불경건하여 하나님의 자녀와는 대조되는 나머지 인류'로 간주된다.[5] 이 두 계열의 사람들도 노아 시대에 와

---

5) '하나님의 아들들'과 '사람의 딸들'에 대한 해석은 성경의 난제 중의 하나이다. 학자들 은 세가지 가능성을 제시하는데, 첫째, 고대의 왕들과 후궁전의 여자들, 둘째, 타락한 천 사들과 사람의 딸들, 셋째, 가인의 후손과 셋의 후손. 일반적으로 교회에서는 델리취 등 의 신학자의 견해인 세 번째 견해를 널리 받아 들인다.(참조: 양승훈. 『창조에서 홍수까지』.(서울: CUP, 2014.), pp.231-233.)

서 구분이 없을 정도로 혼합되어, 그들은 하나님께서 좋아하시고 기뻐하시는 뜻대로 살지 않고 악을 더욱 행하게 되었다(창 6:2). 그러므로 하나님께서는 땅 위에 사람 지으셨음을 한탄하시고 마음에 근심하사 노아의 가족을 제외한 모든 인간과 땅 위의 모든 생물을 지면에서 쓸어버리셨다(창 7:21-23). 더욱이 인간들의 극심한 영적 부패로 말미암아 '하나님의 영'이 사람과 영원히 함께하지 아니할 것임을 선언하셨다(창 6:3). 따라서 하나님께서는 인간들을 향해 그들의 날은 120년이 되리라고 하셨던 것이다(창 6:3).

'그들(사람)의 날, 120년'에 대한 해석은 크게 두 가지 주장으로 나뉜다. 하나는 하나님의 대홍수 심판이 120년 후에 있을 것으로, 하나님의 이 저주적 선언 이후로부터 인간의 멸망까지 수명을 누릴 기간이 120년이 될 것이라는 견해이다. 또 다른 견해는 인간이 장수하면서도 부패한 삶을 살기 때문에 앞으로는 인간의 평균수명이 120세 정도로 감소될 것에 대한 예언으로 보는 견해이다. 양쪽 주장이 모두 일리가 있다고 본다. 즉 전자의 견해는 노아의 나이 480세 되었을 때, 홍수 심판에 대한 선고가 있었고, 홍수의 심판은 그의 나이 600세 때 일어났으므로 120년 동안 모든 인류에게 회개할 기회를 주기 위함이라는 견해이다.[6]

그러나 필자는 다음의 네 가지 이유로 후자의 견해, 즉 노아 이후 인간이 누릴 수 있는 수명의 평균적 한계가 120세 정도로 줄어들 것에 대한 하나님의 선고라는 견해를 지지한다.

첫째, 구약 본문상의 고찰로서, 성경 기록상 노아의 나이 480세

6) 델리취, 「창세기」, 고영민 역, p.146.

때에 홍수 심판에 대한 선고가 주어졌다는 직접적인 언급이 어디에도 없다는 점이다. 또한 문장 구조상 창세기 5장 마지막은 노아가 500세 된 후에 셈과 함과 야벳을 낳았다고 기록하고 있다. 그리고 창세기 6장 1-7절에는 모든 인류의 부패상을 지적하고, 이어 10절에는 다시 세 명의 아들이 태어난 것을 언급하고 있다. 그리고 세 아들이 태어난 그때에 하나님 보시기에 모든 혈육 있는 자의 포악함이 땅에 가득하므로 그 끝날이 이르렀기로 하나님께서 드디어 온 인류와 땅을 멸하기로 결정하셨다(창 6:13). 그리고 노아에게는 방주를 지을 것을 명령하셨다(창 6:14). 즉, 문맥상으로 볼 때 '노아의 아들들이 태어날 당시'를 정점으로 인간들의 부패상이 극에 달했음으로, 그 후에 하나님의 심판에 대한 선고가 주어졌다는 점이다. 따라서 홍수 심판의 선고와 집행 때까지의 유예기간은 100년이 된다. 100년 동안에 노아는 홍수를 대비한 모든 준비를 하였고, 인간들에게 '의의 전파자'로서 회개를 촉구했음이 분명하다(벧후 2:5).

둘째, 신약적 고찰로서, "하나님께서는 인류의 모든 족속을 한 혈통으로 만드사 온 땅에 살게 하시고 그들의 연대를 정하시며 거주의 경계를 한정하셨다(행 17:26)."는 기록을 찾아볼 수 있다. 즉, 하나님께서 과거 어느 때인가 인간의 연대를 결정한 때가 있었다는 것이다. 그러므로 하나님께서는 아담을 통해서 인류의 모든 족속을 한 혈통으로 만드셨지만, 노아 때에 와서 다시 노아를 통해 한 혈통으로 이루어 가게 하셨고, 그 후손들에게는 평균수명의 연한이 120년 정도가 될 것을 예고하셨다고 볼 수 있는 것이다.

셋째, 성경 외의 문헌적 증거로서, 중국의 고전으로 오래전부터 전해 내려오는 『황제내경(黃帝內徑)』에 의하면, "황제(黃帝)가 말하기를, 상고(上古)에 진인(眞人)이 있었는데 천지를 제계하고 음양을 파악하여 정기를 호흡해서 신(神)을 지켜 기육이 완전해져서 수명이 천지의 운행에도 끝이 없으니 이 길을 택하여 살아왔고, 중고(中古)에는 지인(至人)이 있어서 비록 몸은 세상에 거하지만 정신은 세속을 떠나 살아, 천지 사이를 돌아다니며, 그 수명이 충만하여 강해진 자니, 또한 진인에 속하였다. 다음은 성인(聖人)이 있었는데 … 또한 100여세를 살았다. … 그 다음에 현인(賢人)이 있었는데 … 음양을 좇아 사시사철을 분별하여 … 역시 수명이 극도에 이르렀다.[7]라고 기록하고 있다.[8] 이것은 마치 창세기 5장에서 11장까지에 나타난 인생의 모습을 기록한 것 같아 보인다. 즉, 상고의 진인(眞人)은 에덴동산의 타락 전의 아담처럼 보이며, 지인(至人)은 타락 후의 아담에서부터 노아에 이르는 셋 계보의 사람들 같으며, 다음 성인(聖人) 때에는 노아의 후손들의 모습이며, 그 다음 현인(賢人)은 천수(天壽: 120세)를 누리는 아브라함 시대를 보는 듯하다. 또한 중국 고대 서적으로 인간의 수명을 논하고 있는 『연수서(延壽書)』에 의하면, "인간은 만물의 영장으로, 수명이 본래 4만 3천 2백여 일이다(人者物之靈世壽本四萬三千二百餘日)."[9]라고 기록하고 있는데 이것은 곧 인간의 천명(天命)은 약 120세라는 것이다.[10] 그리고 이 문헌에서는 "그러므로 현명한 스승을 만나 장수의 비결을 배워서 믿음으로 구하면

---

7) 허준, 『한글국역 동의보감』 구본홍 감수 (서울: 한국교육문화사, 1995), p.6.

8) 黃帝内經·素向·上古天眞論篇第一 內經講義 程士德 編(上海: 上海科學技術出版社. 1983), p.177. (黃帝日: 余聞上古有眞人者, 提契天地, 把握陰陽, 呼吸精氣, 獨立守神, 肌肉若一, 故能壽敝天地, 無有終時, 此其道生. 中古之時, 有至人…去世離俗…游行天地之間…此蓋益其壽命而强者也, 亦歸於眞人. 其次有聖者…可以百數. 其次有賢人者…逆從陰陽, 分別四時…亦可使益壽而有極時)

9) 손영규, 『황제내경과 성경』 (서울: 예영커뮤니케이션, 2014), p.41.

10) 허준, 『한글국역 동의보감』, p.7.

인간은 120세, 곧 천수(天壽)를 누릴 수 있다.”고 기록하고 있다.[11)]
따라서 대홍수 이후 노아의 후예들에게 전해 내려온 최종적 인간의
평균 한계 수명은 120세였음을 짐작할 수 있다.

넷째, 현대 과학적 고찰로서, 오늘날 모든 생물은 완전히 성숙
하는데 필요한 기간의 6배가 그 생물의 평균수명이라는 것이다. 독
일의 학자 C. W. 뷔란트는 ‘척추동물에서 그 발육기의 6배가 그 수
명이다.’라는 설을 제창하여, 일반적으로 성인이 될 때까지의 햇수
(성장기)의 6배가 대략 그 개체의 수명의 한계라고 했다.[12)] 프랑스
학자인 프루랑도 동물의 수명은 성숙에 소요되는 기간의 6배라는
것을 통계적으로 산출해 내었는데, 예컨대 코끼리는 성숙하는데 약
25년이 소요되므로 그 수명은 150년, 말은 5년이므로 30년이며, 낙
타는 4년이므로 그 수명은 24년이라고 했다. 그러므로 인간의 성숙
기는 약 20세이므로 120년이 대충 그 수명의 한계가 된다는 것이
다.[13)] 미국 워싱턴대학의 노만 울프 교수는 동물의 세포분열 능력
이 수명을 좌우한다고 주장한다. 즉 세포분열 수의 2배가 수명이라
는 것이다. 여덟 번 세포분열을 하는 고양이는 15-16년을 살고, 20
번 분열하는 말(馬)은 40년을 산다. 이와 같이 볼 때 약 50에서 60
번까지 세포분열하는 인간의 잠재 한계 수명은 120년이 된다고 주
장한다.[14)] 프랑스 보르도 제2대학 핵물리학 연구소의 가브리엘 시
모노프 교수는 인간은 태어나서 죽을 때까지 머리카락이 최대한 길
었다 빠지는 과정을 25회 거치는데, 한 올이 최대한 길어지는 데 걸

---

11) 같은 책., p.8.
12) 이길상, 「성서에서 본 식생활과 건강법」 (서울: 기독교문화사, 1988), p.313.
13) 같은 책..
14) 이영돈, 「생로병사의 비밀」 (서울: KBS 문화사업단), p.207.

리는 시간은 5년, 따라서 인간이 누릴 수 있는 한계 수명이 125년 정도가 된다고 주장한다.[15]

이상과 같은 이유로 창세기 6장 3절의 '그들(사람들)의 날은 120년이 되리라.'는 하나님의 말씀을 해석함에 있어서, 하나님께서는 사람의 죄악이 세상에 가득함과 그 마음으로 생각하는 모든 계획이 항상 악할 뿐임을 보시고(창 6:5), 또한 모든 혈육 있는 자의 행위가 부패함(창 6:12) 때문에, 나의 영(靈)이 영원히 사람과 함께하지 아니할 것임을 선언하시고(창 6:3), 그들을 땅과 함께 멸하리라고 하셨다(창 6:13). 그리고 하나님께서는 이전 인간들이 누리던 것과 또 다른 환경을 펼치셔서 전과 같이 900여세나 장수할 수 있게 하지 않으시고, 그 평균수명의 한계를 120세로 제한하셨다고 볼 수 있다.

인간의 '평균 한계 수명 120년'이라는 것은 인간의 평균수명이 120년이 된다는 것을 의미하는 것이 아니다. 이것은 하나님의 홍수 심판 이후에 현저히 달라진 지구환경 속에서 홍수 이전에는 900여세를 누리던 인간의 평균수명이 현저히 감소되기 시작해서 결국 그 한계적 평균수명이 120세 정도에 머무를 것을 의미한다. 물론 이것도 '하나님께서 정하신 삶의 법칙'을 잘 따를 때 가능한 것이다. 사실 인간들은 자신의 교만함과 사악함으로 하나님의 법칙에 따라 더불어 사는 지혜를 잃어버림으로써 그나마 평균적 한계 수명인 천수(天壽: 120년)도 누리지 못하고 있다(참조, 시편 90편).

---

15) 같은 책..

그렇다면 인간의 수명은 어떤 요인으로 계속 줄어들기 시작했을까? 성경의 기록을 통해서 살펴보기로 하자.

인간 수명의 변화

홍수 전후의 인간 수명

아담의 타락 이후 그 죄악의 결과로 모든 인간은 그 육체가 죽어 갔다. 성경에서는 홍수 이전의 아담 후손 중, 가인의 후손과 셋의 후손에 대해 언급하고 있다. 창세기 4장에서는 가인의 후손들에 대해 기록하고 있는데, 그들은 성(城)을 쌓기도 하고(창 4:17), 또는 장막에 거주하며 가축을 치기도 하였으며(창 4:20), 악기를 연주하는 자도 생겨났고(창 4:21), 구리와 쇠로 여러 가지 기구를 만드는 자도 있었으며(창 4:22), 일부다처(一夫多妻) 하는 자도 있었으며(창 4:23), 심지어 그들의 선조 가인과 같이 살인자도 생겨났다(창 4:23). 그러나 그들이 몇 년을 살다 죽었는지는 침묵하고 있다.

창세기 5장에서는 하나님께서 의로운 아벨 대신에 아담에게 준 셋의 계보가 기록되고 있다. 그 후손들은 여호와의 이름을 부르는 자들이었고(창 4:26), 하나님과 동행하며 살다가 죽음을 보지 않고 하나님께서 데려가시는 자도 있었으며(창 5:24), 하나님께서 저주하신 땅에서 안위하는 자도 태어났다(창 5:29). 이 셋의 후손들의 평균 연령은 900세 가량이었다.

노아 홍수 이후, 살아남은 후손들의 수명은 노아를 시점으로 하여 급격히 감소하기 시작했다. 따라서 아담의 의로운 아들 셋으로부터 노아에 이르기까지 셋 가계의 수명과, 노아의 의로운 아들 셈으로부터 이스라엘 건국의 아버지요, 믿음의 조상이 되는 아브라함과, 나아가 출애굽의 선봉이요 하나님의 말씀을 처음으로 기록하고 있는 모세까지, 그 수명의 비교는 많은 의미를 가지고 있다고 본다.

노아 홍수 전후로 인간들의 수명이 현저하게 차이를 나타내는 이유는 무엇인가? 더욱이 홍수 이전의 인간 수명은 평균적으로 비교적 비슷하게 살았으나, 홍수 이후에는 왜 계속적으로 급격히 감소되어 갔는가? 그 요인들은 무엇일까?

(표2) 노아 홍수 전 후 사람들의 수명 비교표

노아 홍수 이전 사람들 (창세기 5장)		노아 홍수 이후 사람들 (창세기 11장)	
아담	930세	셈	600세
셋	912세	아르박삿	438세
에노스	905세	셀라	433세
게난	910세	에벨	464세
마할랄렐	895세	벨렉	239세
야렛	962세	르우	239세
에녹(승천)	(365세)	스룩	230세
므두셀라	969세	나홀	148세
라멕	777세	데라	205세
노아	950세	아브라함	175세(창 25:7)
		이삭	180세(창 35:28)
		야곱	147세(창 47:28)
		요셉	110세(창 50:26)
		모세	120세(창 34:7)

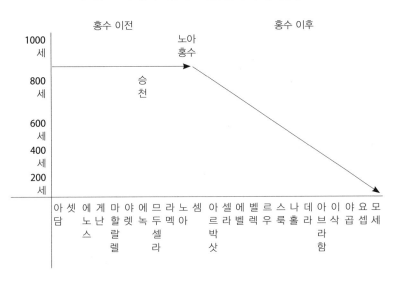

(표3) 노아 홍수 전 후 사람들의 수명 변화도

인간 수명의 변화를 초래한 요인들

① 하나님의 영(靈)과 정욕

여호와께서 이르시되 나의 영이 영원히 사람과 함께 하지 아니하리니 이는 그들이 육신이 됨이라 그러나 그들의 날은 백이십 년이 되리라 하시니라(창 6:3).

사회 건강의 척도는 가정의 건강, 곧 부부의 건강 상태에 달려 있다. 하나님의 축복 속에서 결혼하여 이루어지는 가정이야말로 창조 규례에 속하여 하나님의 사랑을 받는 복되고 건강한 가정이다. 그러나 안목의 정욕에 따라 이뤄지는 잘못된 결혼은 하나님께서 기뻐하지 않으시며, 결국 '하나님의 영' 곧, '성령'이 떠나가시므로 그 가정은 파괴되고 만다. 하나님의 영이신 '성령의 떠나심'이야말로 가정을 파괴하고 인간 수명의 감소를 초래하게 하는 결정적 요인들 중의 하나인 것이다.

노아 당시 '하나님의 아들들'은 '사람들의 딸들'의 아름다움을 보고, 하나님께서 좋아하시는 것이 아니라, 자기들의 좋아하는 모든 여자로 아내를 삼았다(창 6:1, 2). 그 결과 부패되고 패역한 가정을 가지게 되었고, 그 사회는 썩어져 갔다. 땅에 속하여 썩어져 가는 정욕을 좇은 부패한 인간들은 항상 그 마음에 악한 생각을 품기 마련이다. 따라서 모든 혈육 있는 자의 포악함이 땅에 가득하므로 그 끝 날을 자초하고야 말았다(창 6:13).

오늘날 가정의 파괴율이 심각할 정도로 높아 가고 있다. 결혼의 순결과 도덕성이 여지없이 무너져 내리고 있다. 사람의 딸들의 아름다움을 보고 자기들의 좋아하는 모든 자로 아내를 삼는 일에서 그치지 않고, 그들의 여인들도 순리대로 쓸 것을 바꾸어 역리를 쓰며, 남자들도 순리대로 여자 쓰기를 버리고, 서로를 향하여 음욕이 불 일듯 하여, 남자가 남자와 더불어 부끄러운 일을 행함을 계속하고 있다(롬 1:26-27).

사람들은 마음에 하나님 두기를 싫어하므로 하나님께서 그들을 그 상실한 마음대로 내버려 두사 합당하지 못한 일을 하게 하셨다(롬 1:28). 그들이 이 같은 일을 행하는 자는 사형에 해당한다고 하나님께서 정하심을 알고도 자기들만 행할 뿐 아니라, 또한 그런 일을 행하는 자들을 옳다고 하는 것이다(롬 1:32).

하나님의 말씀은 우리들의 몸이 하나님께로부터 받은, 하나님의 영이 거하시는 '성령의 전(고전 6:19)'이라고 가르친다. 따라서 음행하는 자에게는 하나님의 영이신 성령이 떠날 수밖에 없다. 그에게는 다만 질병과 죽음이 찾아올 따름이다.

② 환경의 대 변화

칠 일 후에 홍수가 땅에 덮이니 노아 육백 세 되던 해 둘째 달 곧 그 달 열이렛날이라 그날에 큰 깊음의 샘들이 터지며 하늘의 창 문들이 열려 사십 주야를 비가 땅에 쏟아졌더라(창 7:10-12).

가. 궁창 위의 물

대홍수 때에 하늘의 창들이 열려 '궁창 위의 물(창 1:7)'이 사십 주야 비가 되어 땅에 쏟아졌다. 그렇다면 홍수 전 '궁창 위의 물'은 하늘에서 어떤 형태로 있었으며, 그 역할은 어떠했을까?

이 하늘 위의 물이 낮은 대기의 기체에 의해서 창공에 계속 유지되도록 하고, 태양, 달 그리고 별 등의 빛에 투명하게 되도록 하기 위하여 이 '궁창 위의 물'은 지구를 전체적으로 둘러싸고 있는 덮개 모양으로 거대한 수증기 담요의 형태로 존재했을 것이다(창 1:7, 14-16).[16] 그것이 계절과 위도에 따라 약간의 차이를 가지겠지만, 지구의 기후를 전체적으로 따뜻하고 부드럽게 보존할 수 있었다고 본다. 그리고 이것이 바람, 비 그리고 폭풍들의 근본 원인을 이루는 거대한 공기의 순환 형태를 억제할 수 있었을 것이다.[17] 그러므로 오늘날과 같은 형태의 강우(降雨)도 없었을 것이다(창 2:5-6).

또한 수증기 덮개 형태의 궁창 위의 물은 온실효과를 최대 최적으로 나타내어 전체 지구의 기온을 골고루 온화하게 유지하게 했을

---

16) 헨리 모리스, 「현대과학의 성서적 기초」, 이현모 역, p.331.
17) 같은 책..

것이다(오늘날에도 대기중 대류권에는 수증기 층이 약 2인치 두께로 지구 위에 균일하게 분포된 상태로 온실효과와 압력효과를 나타내고 있다.[18] 그 증거들로 온화한 기후에만 살 수 있었던 파충류인 공룡들의 화석이 세계 전역에서 발견되었으며, 특히 오리주둥이형 공룡들[코리토사우루스, 파라사롤로푸스, 람베오사우루스 그리고 아나토사우루스]의 화석 묘지가 알래스카 북극권 위에서 발견되었다.[19] 또한 시베리아에서 발견된 맘모스의 동사체의 위장에는 아열대 식물들이 들어 있었다. 그리고 동토 그린란드에서 야자수와 고사리의 화석들이 발견되기도 했다.[20] 이러한 것들은 과거 그 어느 때, 전 지구가 오늘날과는 확연히 다른, 온화한 기후를 가졌던 때가 있었음을 증명한다.)

'궁창 위의 물'인 수증기 덮개는 매우 효과적인 방패로 작용해서 많은 강력하고 유해한 우주 방사선을 막아 왔을 것이다. 그러한 방사선들은 인간의 유전 체계에 많은 물리적 충격을 주는 원인으로 알려져 있고, 해로운 돌연변이와 일반적인 생물학적 쇠퇴를 일으키는 경향이 있다(오늘날에도 대기권의 성층권[지상 20-50km]에는 약 50-140m 가량 두께의 오존층이 지구 전체를 둘러싸고 있어서 유해한 자외선 및 우주 방사선 등을 막아 주는 역할을 하고 있다).[21] 그러므로 노아 홍수 이전, 원시의 '궁창 위의 물'은 폭풍과 강우의 억제효과, 온실효과, 방사선 여과기능 등으로 지구환경을 하나님께서 창조한 '심히 좋은 환경'으로 유지하게 하는데 지대한 역할을 담당했음이 틀림없다.

18) 같은 책., p.340.
19) 기쉬 듀안, 「놀라운 창조이야기」, 한국창조과학회 역 (서울: 국민일보사, 1993), p.92.
20) 같은 책., p. 98.
21) 김영길, 「자연과학」 (서울: 새능, 1990), pp.84-85.

나. 큰 깊음의 샘들

대홍수 이전에는 오늘날과 같은 형태의 비가 내리지 않았으므로 (창 2:5-6), 원시의 강들은 홍수 이전의 바다의 순환 망을 통하여 순환되고, 특별히 물을 가열시켜 유지되는 흐름과 더불어 깊은 지하 저장소에서 샘들을 통해 나오는 물로 채워졌을 것이다.[22]

대홍수 당시에는 이러한 '큰 깊음의 샘들'이 터지며, '하늘의 창문들'이 열려 큰 비가 땅에 쏟아졌다고 기록하고 있다(창 7:11).

그렇다면 어떻게 큰 깊음의 샘들이 터졌을까? 이것은 그 당시 화산 활동을 비롯한 땅의 대 변혁을 의미한다고 볼 수 있다. 오늘날 지구 전역에 걸쳐 과거에 큰 지각변동 및 화산활동이 있었음을 보여 주는 많은 증거가 있다. 더욱이 바다 밑에 현존하는 거대한 화산대와 화산 분화구는 대륙의 형성과 밀접한 연관을 가지고 잠자고 있음을 볼 수 있다. 대홍수 당시에는 '하늘의 비'뿐만 아니라, 땅 속에 있던 '큰 깊음의 샘들'도 터져 나와 지구를 뒤덮었음이 분명하다.

다. 대홍수

대홍수 사건은 노아 나이 600세 되던 해 둘째 달, 곧 그 달 열이렛날에 순식간에 홀연히 시작되었다(창 7:11). 그날에 큰 깊음의 샘들이 터지며, 하늘의 창문들이 열려 40일 밤낮 동안 비가 땅에 쏟아졌다(창 7:11-12). 이것은 땅의 대 변혁과 하늘의 대 변혁을 의미한다. 즉, 전 세계적인 화산 및 지각 활동과, 전 세계적인 대홍수의 시작을 의미하는 것이다. 따라서 지구의 표면, 대기형태, 지구의 지

---

22) 헨리 모리스, 「현대과학의 성서적 기초」, p.336.

리, 수리, 지질, 지상 등등에 있어서 엄청난 변화가 일어났음을 의미한다. 동시에 이전에 없었던 모든 생물의 파괴가 일어났으므로 대부분의 파괴된 동식물은 퇴적물에 묻혀서 후에 암석화하고 화석의 광대한 매장 터로 보존되었음에 틀림없다.[23]

대홍수의 결과 땅위의 인간들과 지면의 모든 생물들 중, 노아의 식구들과 방주 안에 들어온 생물들 외에는 모두 죽었다(창 7:21-23). 따라서 이 대홍수가 전 지구적으로 임했다는 것은 자명한 것이다(창 7:17-22).

대홍수 이후의 세계는 홍수 전과는 엄청난 변화가 일어났다. 수증기 덮개 모양의 '궁창 위의 물'이 땅으로 쏟아져 내림으로 폭풍과 강우현상이 일어나게 되었고, 온실효과는 대부분이 사라졌다. 따라서 지구는 더는 전 지역적으로 온화한 기온을 유지할 수 없게 되어 기온이 하강하기 시작하였다. 그리고 양극 지방은 언제나 얼음과 눈으로 덮여 거대한 빙하와 만년설을 이루었다. 아마도 이러한 대격변[24]으로 말미암아 지구의 회전축도 오늘날과 같이 23.5도 가량 기울어졌을 것으로 추정된다.

따라서 사계절이 뚜렷이 구분되어 나타나게 되었고(창 8:22), 남·북 회귀선이 통과하는 지역은 서서히 사막화 현상이 일어나게 되었다. 따라서 인간과 생물의 생태계에 엄청난 변화가 초래되었다. 아울러 우주로부터 강력하고 유해한 우주 방사선들의 유입은

---

23) 같은 책., p.374.
24) 대 격변에 관해서는 여러 가지 해석들이 존재한다. 대 격변이 '노아의 홍수' 단회로 이루어진 것인가? 아니면 대 격변이 지구상에 여러 번 존재 했던가? 하는 논의들이다. 즉 다중격변론에서는 지구역사 상 수많은 격변들이 일어났으며, 노아의 홍수는 그중 최후의 대 격변이었다고 보는 견해이다. 필자도 이러한 다중격변론에 동의한다.(참조, 양승훈, 「창조와 격변」 (서울: 예영커뮤니케이션, 2006), pp.467-542.)

인간의 유전 체계에 많은 물리적 충격을 주는 원인으로 작용하여 여러 가지 해로운 돌연변이와 일반적인 생물학적 쇠퇴를 가져오게 하였다고 본다.[25)]

그러므로 대홍수의 결과, 지구환경의 대 변환으로 인간의 수명은 그 환경에 적응할 수 있는 데까지 계속적으로 감소되어 왔음을 분명히 알 수 있다.

③ 식생활의 변화

인간의 건강과 수명에 큰 영향을 주는 인자는 여러 가지가 있다. 그 중에서도 질병을 일으켜 수명을 단축시키는 여러 인자들 중에서 우리의 생활양식과 연관된 환경인자의 영향이 대부분을 차지하고 있으며, 환경인자 중에서 식생활이 80% 이상을 차지한다. 따라서 그릇된 식생활은 건강을 해치게 되고 그 결과 수명을 단축하게 된다.

가. 육식과 피의 식용

하나님께서 아담과 하와를 창조하시고 에덴동산 안에서 "온 지면의 씨 맺는 모든 채소와 씨 가진 열매 맺는 모든 나무를 너희에게 주노니 너희 먹을거리가 되리라(창 1:29)."고 하시므로 하나님께서 인간들에게 주신 제1차 식품은 각종 씨앗(곡물)과 과일이었다. 아울러 땅의 모든 짐승과 새와 땅에 기는 모든 것들에게도 푸른 풀을 음식물로 주셨다(창 1:30).

---

25) 헨리 모리스, 「현대과학의 성서적 기초」, pp.332-333.

아담과 하와가 범죄한 후 에덴동산 밖으로 쫓겨났을 때에는 땀을 흘리며 노력하여야 얻을 수 있는 밭의 채소를 제2차 식품으로 주셨다(창 3:18-19). 그러므로 아담 이후 사람들과 동물들은 채식을 하게 되었고, 이러한 식생활은 노아 방주 안에까지 내려온다.

창세기 9장에서는 온 인류에게 내린 대홍수 심판 후에 노아의 일가만이 살아남게 되었다. 하나님께서는 그 가족들에게 복을 주시면서 "생육하고 번성하여 땅에 충만하라(창 9:1)."고 하셨다. 그것은 아담과 하와에게 말씀하신 창세기 1장에서 "생육하고 번성하여 땅에 충만하라, 땅을 정복하라, … 모든 생물을 다스리라(창 1:28)."는 것과는 달리, 모든 생물이 너희를 두려워하며 무서워하리니 이는 이것들을 너희 손에 붙이었음이라고 하셨다(창 9:2). 왜냐하면 모든 산 동물을 너희의 먹을거리로 주노니 채소같이 음식물로 삼으라고 하셨기 때문이다(창 9:3). 그러나 고기를 그 생명이 되는 피째 먹지 말 것이니, 이 명령을 어길 때에는 어기는 그에게서 그 생명을 찾으리라고 명하셨다(창 9:4,5). 이 말씀은 사람이 그때 처음으로 육식을 시작했다고 확증하지는 않으나, 다만 하나님께서 그때 처음으로 사람이 이전에 하나님의 뜻을 거슬러 육식을 행했을 일들을 처음으로 인정하셨거나, 허락하셨다는 사실을 확증하고 있다. [26] 분명한 것은 육식이 하나님에 의해서 공식적으로, 대홍수 이후에 인간들에게는 복된 것으로, 제3차 식품으로 허용되었다는 사실이다(창 9:1-3). 그러나 그 동물의 피는 '생명이 되는 피'로서 그 식용을 금하고 있다는 사실이다. 이 금기는 이를 어기는 자의 죽음과도 연결되어 있음을

---

26) 델리취, 「창세기」, 고영민 역, p.165.

본다(창 9:4-6).

우리는 여기서 놀라운 연관성을 발견하게 된다. 창세기 2장에서 하나님께서는 아담과 하와에게 에덴동산의 모든 실과를 음식으로 허용하시면서, 유독 '선악을 알게 하는 나무의 열매' 만큼은 먹는 것을 금하셨다. 그리고 그 금기는 그것을 어기는 자의 죽음과 연결되어 있었다(창 2:17). 이제 창세기 9장에서는 모든 인류가 죽고, 오직 노아의 가족만이 하나님의 은혜로 구원을 받고, 다시금 인류의 새로운 조상들로 시작되었다. 그때에 하나님께서 그들에게 복을 주시며 허용하신 음식이 육식인데 금단의 조항이 '선악을 알게 하는 나무의 열매'와 같이 '피와 함께 먹는 육식'을 금지하셨다. 그런데 그 역시 이를 어기는 자의 죽음과 연결되어 있다는 사실이다.

그렇다면 '피'의 의미는 무엇이며, '피의 식용'이 왜 좋지 않은 것인가? '피'는 '생명'이라고 말씀하신다(창 9:5; 레 17:14; 신 12:23). 그러므로 피의 금식은 생명 경시를 금하시어 가혹성과 잔인성을 방지시킨 것이었다.[27] 만일 피를 즐겨 먹게 되면, 또한 그 성격이 차츰 냉혹하고 잔인하게 되어져서, 쉽게 흥분하고, 쉽게 자극을 받아 남의 생명을 빼앗을 수 있는 맹수와 같은 비인간성을 가지게 된다는 사실이다.[28] 이 금지는 한편으로 동물 제사에 대해 의심할 여지 없이 언급하고 있는데, 동물 제사는 그 후에 명령의 주제가 되었고, 특별히 그 제사에서는 생명의 좌소(座所)와 혼으로서 피가 드려졌다(레 17:11, 14). 이러한 견지에서 볼 때, 제사는 자기 자신의 내적인

---

27) 같은 책., p.165.
28) 이길상, 『성서에서 본 식생활과 건강법』, p.23.

생명, 즉 생명의 본질 자체를 하나님께 바치는 것을 나타낸다.[29]

의학적인 관점에서 볼 때도 피의 식용은 바람직하지 못함을 알 수 있다. 동물이 죽을 때는 신체 모든 부분이 일시적으로 죽어 그 기능이 정지되는 것이 아니고, 뇌신경 계통 같은 기관이 먼저 죽고, 그 지배를 받고 있는 부분이 점점 기능을 정지한다. 즉, 피부 세포 같은 기관은 즉시 죽지 않고 얼마 동안은 살아 있는 것이다. 그러므로 동물이 죽은 후에라도 조직 세포 내에서의 노폐물의 생산은 일정 시간 계속된다. 그러나 이러한 물질을 중화 분해하여 배설하는 간장이나 신장 기능은 이미 정지되었으므로 단백질의 이상 분해 물질로 유독한 노폐물인 푸토마인 등이 시체의 혈관 내의 피에 섞여 존재하게 된다. 이러한 것을 사람이 많이 먹게 될 때, 심한 중독 증상을 일으켜 건강에 치명적인 손상을 일으킬 수 있기 때문이다.

또한 피 속에 있는 영양분은 너무 진해서 이들을 많이 섭취할 때, 우리 몸속의 콩팥을 자극하여 콩팥이 위축되거나 출혈성 신염 등을 일으키기도 하며, 또한 피 속의 과잉 생산된 질소 성분을 처리하느라고 콩팥이 빨리 늙게 되어 배설 장애를 일으키고 갖가지 성인병을 유발하게 된다.

또한 동물의 생피를 먹게 되는 경우, 그 동물은 자신의 생명의 위험을 느껴 심한 위기감으로 아드레날린 등의 호르몬이 분비되어 호흡이 가빠지고 심장 박동이 빨라지게 되는데, 따라서 모든 신진대사 작용이 빨라져서 보통 때보다 몇 배나 더 많은 독소와 노폐물이 생기게 된다. 이것들이 동물의 피 속에 과량 존재하게 되므로 생

---

29) 델리취, 『창세기』, 고영민 역, p. 165.

피를 먹을 때 높은 영양 물질은 습취할 수 있겠지만 아울러 많은 독소도 함께 먹게 되는 결과를 초래한다. 각종 동물의 피와 고기가 스테미나 식으로 널리 애용되고 있는 바, 이것들을 과잉 섭취하면 그 분해 과정에서 생겨나는 유독한 여러 산류(酸類)는 성선(性腺)을 자극하여 이상적 흥분을 일으키게 되고, 과도한 성생활의 추구와 비정상적이고 변태적인 쾌락을 도모하게 되어 회복할 수 없는 성적 타락과 범죄를 초래하는 원인이 된다.[30]

피와 고기를 즐기는 자는 생명의 존엄성을 망각하기가 쉽다. 따라서 점차 다혈질의 성격과 잔학하고 냉혹한 성격을 가지게 되어 다른 사람의 생명을 가볍게 여기는 파괴적인 모습의 사람으로 전락하게 된다.

그러므로 대홍수 이후에 지구의 환경적 대 변환으로 육식이 사람들에게 복된 음식물로 주어진 것일지라도, 하나님께서 지으시고 생명을 주신 생물에 대한 존엄성은 잃지 말아야 할 것이다. 오늘날 건강의 비결은 적절한 육식 속에서도 존재하는 것이다. 아울러 피를 먹는 자는 반드시 죽으리라는 하나님의 경고의 말씀에 대한 의미를 바로 깨달아야 할 것이다.

나. 음주

이것이 노아의 족보니라 노아는 의인이요 당대에 완전한 자라 그가 하나님과 동행하였으며 세 아들을 낳았으니 셈과 함과 야벳이라(창 6:9-10).

---

30) 이길상, 「성서에서 본 식생활과 건강법」, pp.23-24.

노아가 농사를 시작하여 포도나무를 심었더니 포도주를 마시고 취하여 그 장막 안에서 벌거벗은지라 가나안의 아버지 함이 그의 아버지의 하체를 보고 밖으로 나가서 그의 두 형제에게 알리매 (창 9:20-22).

노아가 술이 깨어 그의 작은 아들이 자기에게 행한 일을 알고 이에 이르되 가나안은 저주를 받아 그의 형제의 종들의 종이 되기를 원하노라(창 9:24-25).

의인이며 당대에 완전한 자요, 하나님과 동행한 노아가 대홍수 이후에 농부로서 포도 재배를 시작했다고 성경은 기록하고 있다(창 9:20). 따라서 그가 포도주를 빗게 됨으로써 가정 비극의 한 장을 열게 되었다. 인류의 첫 시조인 아담의 가정에서도 '선악을 알게 하는 나무의 열매'를 따 먹음으로써 범죄하게 되었다. 그의 가정에는 아들들 간에 처참한 살인 사건이 일어나 살인자 가인에게는 저주가 내려졌다(창 4:11). 대홍수 이후 인류의 첫 시작이 되는 노아의 가정에서도 노아의 실수로 인해 그의 자손들이 저주를 받는 비극이 초래되었다(창 9:25). 아담과 노아 가정의 비극은 많은 유사점을 내포한다. 물론 함 자손의 저주가 노아의 음주 때문이었다는 것은 아니지만, 그렇다고 전혀 무관한 것이 아니며, 더욱이 노아 자신이 술에 취해서 하체를 드러내게 된 행위는 바람직하지 못한 그의 실수임에는 틀림이 없다.

술 취함은 사람으로서 가장 수치스럽게 만드는 지름길 중의 하나이다. 아브라함 때에 와서는 의인 롯도 술에 취하여 자기 딸들과 동침하게 되는 실수를 저지르고야 만다(창 19:30-33). 사람이 처음 술을 마실 때는 순순히 내려가서 별 이상이 없을지라도, 나중에는 술이 술을 부르게 되고, 마침내는 술이 사람을 삼키게 되어, 사람은 제 정신을 잃고 인간의 도리를 지키지 못할 뿐만 아니라 죄를 짓게 되는 것이다(잠 23:31-35).

의학적 측면에서도 알코올은 당질과 지방질과는 달라서 간장 이외의 장소에서는 거의 변화를 받지 않는다고 보고되고 있다. 즉, 알코올은 간에서 분해되어 아세트알데히드라는 물질로 되고, 다음에 이것이 초산으로 되며, 나중엔 탄산가스와 물로 분해된다. 이 과정에서 생성되는 것이 수소인데, 이것은 간에서 전분질이 지방으로 변할 때 필요로 하는 것이므로 술을 많이 마시게 되면 결국은 간에서 지방을 많이 만들어 주는 과정을 도와주는 일을 하게 된다. 이때 생긴 지방은 간세포에서 합성되는 단백질에 쌓여 리포단백질로 되어 혈액 안에 들어가므로 혈액 중에도 지방질이 증가하게 된다. 또한 아세트알데히드를 분해시키는 효소계의 능력이 저하되어, 알데히드가 쌓이면 세포의 일부가 죽게 되고 마침내 간경화증이 되기도 한다.

특히 술을 자주 마시게 되면 습관성이 생기게 되고, 정신적인 기능이 마비되어 이해력, 판단력, 주의력 등이 저하된다. 그 결과 자기중심적이고, 이기주의적인 성격으로 변하게 되어, 도의심이나 수치심이 둔해지고, 의지도 박약해지고, 인내력도 없어지며, 마침내 의식 전면이 상실되는 것이다.[31]

---

31) 같은 책., pp.131-132.

재앙이 뉘게 있느뇨 근심이 뉘게 있느뇨 분쟁이 뉘게 있느뇨 원망이 뉘게 있느뇨 까닭 없는 상처가 뉘게 있느뇨 붉은 눈이 뉘게 있느뇨 술에 잠긴 자에게 있고 혼합한 술을 구하러 다니는 자에게 있느니라(잠 23:29-30).

대홍수 이후, 하나님의 은혜로 구원을 받은 노아의 가정에서도 노아가 포도나무를 심고 포도주를 즐기므로 음주의 습관이 생겨났다. 이것이 마침내 뱀같이 물고, 독사같이 쏘아(잠 23:32), 그들의 생명을 단축시키는 한 요인으로 작용했음이 틀림없다. 그러므로 하나님께서는 말씀하신다.

술 취하지 말라 이는 방탕한 것이니 오직 성령으로 충만함을 받으라(엡 5:18).

언어의 혼잡 - 바벨탑

최초의 인류, 아담과 하와가 타락하게 된 근본 원인은 '교만의 아비'인 사탄의 유혹에 의해 '하나님과 같이 되려는' 교만한 마음으로 하나님의 말씀을 불순종하게 된 것이었다. 노아의 후손들도 홍수 심판이 있은 지 얼마 되지 않아서, 시날 평지에 모여 성과 대를 쌓아 그 꼭대기를 하늘에 닿게 하여 그들의 이름을 내고, 온 지면에 흩어짐을 면하기를 시도하였다(창 11:4). 그들은 다시금 첫 범죄자 사탄처럼 그들의 자리를 하늘까지 높이려 했고, 그들의 이름을 높여 하나님과 같아지려고 시도했다(창 11:4). 더욱이 대홍수 이후,

하나님께서는 노아와 그 아들들에게 복을 주시면서, 생육하고 번성하며 땅에 가득하여 그중에서 번성하라 하셨는데(창 9:1, 7), 그들은 땅에 흩어져 번성하기를 거부하고 온 지면에 흩어짐을 면하려고 하였다(창 11:4). 그 결과 그들의 언어는 혼잡하여졌다(창 11:9). 따라서 인간의 정신문화적 교류는 단절하게 되었고 그들 가운데 불안, 걱정, 공포, 나쁜 감정, 시기, 증오, 의심 그리고 다툼 등이 일어나게 되었다. 이러한 정신적 질병은 인간의 건강에 가장 나쁜 요소 중의 하나가 된다. 미국 코넬대학의 올프 교수의 연구에 의하면 정신적 스트레스가 육체적으로 질병을 일으키어 두통, 천식, 위궤양, 십이지장궤양, 고혈압, 심장병, 비뇨생식기의 이상, 당뇨병, 피부병 그리고 암 등을 유발시킨다고 보고하고 있다.[32]

> 그러나 노아는 여호와께 은혜를 입었더라 이것이 노아의 족보니라 노아는 의인이요 당대에 완전한 자라 그는 하나님과 동행하였으며 세 아들을 낳았으니 셈과 함과 야벳이라(창 6:8-10).

의로운 노아의 후손들에게도 어느덧 미혹의 영인 마귀는 찾아와 '교만한 마음'을 심어 준 것이다. 언제나 의롭고 완전한 자라 일컬어지는 자의 모습 속에 마귀는 '교만'이라는 질병의 씨앗을 심고 자라게 한다. 노아의 후손들의 '언어의 혼잡'과 그로 인한 모든 정신적 스트레스들은 '교만'이라는 질병이 자라난 가시적 실체이다. 건강은 여기서 또 힘을 잃는다.

---

32) 같은 책., pp.249-253.

조혼(早婚): 성적 성숙(性的成熟)

노아 홍수 이후 인간들의 수명이 계속적으로 감소되어 가는 것과 연관하여 좀 색다른 양상을 관찰할 수 있다. 즉, 인간들이 첫 아이를 가지게 되는 연령이다. 노아의 홍수 이전에는 평균적으로 60-100세 가량에서 첫 태생을 낳은 반면에, 노아 홍수 이후로는 그들의 수명이 계속 감소되는 가운데서도, 나이는 거의 일정하게 30세 가량 때에 첫 태생을 낳았다는 사실이다. 이것은 142쪽의 표 4[33]와 표 5[34]에서 확인할 수 있다.

이것으로 짐작할 수 있는 것은 홍수 이후에는 그 이전에 비해 조혼(早婚)의 관습이 생겨난 것 같다. 아마도 대홍수로 노아의 가족 이외의 인간들이 멸절을 당한 터요, 또 기온의 강하로 인해 실내 생활의 시간이 길어짐에 따라 조혼하게 된 것으로 미루어 짐작할 수 있다. 따라서 다산(多産)이 축복으로 생각하던 때에, 조혼으로 일찍 성생활을 시작하게 됨은 자녀의 수가 많아지게 되며, 한 세대의 연령의 간격이 짧아짐을 의미한다. 그러므로 사람들은 조숙(早熟)하게 되고, 이것은 조로(早老)하게 되는 확실한 원인이 되며, 결국은 조사(早死)하게 된다.[35]

고대(古代)로부터 전해져 오는 중국 고대 건강서인『양생서(養生書)』에서도 언급하기를, "대체로 40세 전에 성생활을 많이 하게 되면 40세가 지나서 바로 쇠퇴함을 느끼게 된다. 쇠퇴가 시작되면 질

---

33) 델리취,「창세기」 고영민 역, p.130.

34) 같은 책, p.131.

35) 이길상,「성서에서 본 식생활과 건강법」, p.43.

(표4) 노아 홍수 이전 사람들의 생애표(창세기 5장)

이름	히브리어 성경 본문		
	첫 태생의 탄생 시의 나이	나머지 생애	전체 생애
아담	(130)세	800년	930세
셋	105세	807년	912세
에노스	90세	815년	905세
게난	70세	840년	910세
마할랄렐	65세	830년	895세
야렛	162세	800년	962세
에녹(승천)	65세	(300)년	(365)세
므두셀라	187세	782년	969세
라멕	182세	595년	777세
노아	500세	450년	950세

(표5) 노아 홍수 이후 사람들의 생애표(창세기 11장)

이름	히브리어 성경 본문		
	첫 태생의 탄생 시의 나이	나머지 생애	전체 생애
셈	100세	500년	600세
아르박삿	35세	403년	438세
셀라	30세	403년	433세
에벨	34세	430년	464세
벨렉	30세	209년	239세
르우	32세	207년	239세
스룩	30세	200년	230세
나홀	29세	119년	148세
데라	70세	135년	205세

병이 일어나기 쉬우므로 만일 치료하지 않고 방심하면 결국 구할 수 없게 되고 만다."라고 기록하고 있다.[36]

노아에 대한 치유

하나님의 은혜

이르시되 내가 창조한 사람을 내가 지면에서 쓸어버리되 사람으로부터 가축과 기는 것과 공중의 새까지 그리하리니 이는 내가 그것들을 지었음을 한탄함이니라 하시니라 그러나 노아는 여호와께 은혜를 입었더라(창 6:7-8).

성경에서 '은혜'란 말이 이곳에서 처음으로 나온다. 이 얼마나 놀라운 말인가! '은혜'라는 단어는 여호와 하나님이 타락한 인간을 대하는 것을 서술할 때, 용서받지 못한 죄인에게 거저 주시는 자비로운 태도를 뜻한다.[37] 즉, 이것은 인류의 전멸을 초래할 인간의 전적 부패로부터 노아를 구별시키시는, 하나님께서 값없이 주시는 은총의 표현이다.[38] 노아가 '의로운 사람'이었다(창 6:9)라고 단정하지만, 그러나 이 '의로움' 때문에 '은혜'를 받는 것은 아니다. 만일 하나님의 은혜가 노아를 억제시키지 않았다면, 멸망 받은 다른 인간들의 죄악과 마찬가지로 그의 마음의 큰 죄악이 다른 이들과 같게

---

36) 허준, 「한글국역 동의보감」 구본홍 감수 (서울: 한국교육문화사, 1995), p.23.

37) 팔머 로벗슨, 「계약신학과 그리스도」, 김의원 역, p.117.

38) J. J. Davis, *Paradise to Prison: Studies in Genesis* (Grand Rapids: Baker Book House, 1975),. p.117: 김영철, 「노아 홍수」 (서울: 여수룬, 1990), p.52.

그 사악함을 크게 드러냈을 것이다.[39) 따라서 그러한 하나님의 선택은 오직 하나님의 은혜로우신 뜻에서만 그 이유를 찾게 된다. 그분은 그 가공할 심판 직전에도 장차 자신의 구원사역(치유사역)을 다시 계속하시려고 노아를 선택하셨다.[40) 이것은 구원에 대한 하나님의 계획의 특이성에서 나타난다. 사도 바울에 의해 강조된 것처럼 은혜에 의하여 믿음으로 말미암아 얻는 구원의 경험은 허물과 죄로 죽었던 인간들에게 하나님의 선물로서 오게 된다(엡 2:1-2, 8-10). 그러므로 "노아는 여호와께 은혜를 입었더라."는 말씀에서 하나님의 자비는 진노 가운데서 인류의 보존과 회복을 보증하면서 보여지고 있는 것이다.[41) 따라서 하나님의 형상을 가진 인간에 대한 하나님의 사랑은 하나님의 엄중한 공의의 집행과정 중에서도 치유하시는 모습으로 은혜를 베푸신다.

"노아는 여호와께 은혜를 입었더라."는 히브리어 성경 본문의 직역적 표현은 "그러나 노아는 여호와 눈 속에 있는 은혜(사랑)를 발견했다."이다.[42) 즉, 노아는 하나님의 눈에서 인간들을 향하신 '하나님의 은혜' 곧, '하나님의 사랑'을 발견했다는 사실이다. 노아가 하나님의 은혜를 입은 것은 그가 하나님의 눈에 담긴 측량할 길 없는 그 사랑을 바라보게 된 것이며, 인간들이 그들의 죄악으로 멸망해 가는 것을 불쌍히 여기는 하나님의 그 안타까운 마음을 읽을 수

---

39) D. G. Barnhouse, *Genesis* (Grand Rapids: Zondervan Publising house, 1970), p.50: 김영철, 「노아 홍수」 (서울: 여수룬,1990), p.52.

40) G. Von Rad, *Genesis*, trans. J. H. *Marks* (London: SCM press, 1961), p.114: 김영철, 「노아 홍수」 (서울: 여수룬,1990) p.53.

41) 델리취, 「창세기」, 고영민 역, p.151.

42) KJV, "But Noah found grace in the eyes of the Lord"
ASV, "But Noah found favor in the eyes of Jehovah"로 번역하고 있다.

있었기 때문이다. 성경은 이러한 기록(창 6:8) 후에 노아가 의로운 자였다(창 6:9)라고 언급하고 있다. 즉, 노아의 의로움은 노아 자신에게서 기인된 것이 아니다. 그것은 전적으로 하나님에게서 시작되고 있었다. 하나님의 은혜는 하나님의 사랑에서 시작된 것으로, 그분께서 우리 인간들을 먼저 사랑하신 것이다(요일 4:7-10). 노아는 하나님의 눈에서 그 비밀을 발견함(은혜를 입음)으로써, 하나님께로부터 '의롭다'는 인정을 받게 된 것이다. 노아가 의인이요 당대에 완전한 자로서 하나님과 동행하는 자이기에(창 6:9), 하나님의 은혜를 입은 것(창 6:8)이 아니라, 노아가 하나님께 은혜를 입었기에(창 6:8), 그는 의인이자 당대에 완전한 자로 간주되어서 하나님과 동행할 수 있었던 것이다(창 6:9).

죽음의 문턱에서 하나님의 은혜를 입을 수 있는 비결은 무엇일까? 그것은 우리들의 눈이 하나님의 눈과 마주쳐, 그 하나님의 눈속에 있는 그분의 깊고 뜨거운 사랑을 발견하는 것이다. 죽음을 이기고 생명으로 나아가는 길, 곧 생명의 근원이신 하나님께로 나아가는 길이 그곳에 있기 때문이다. 노아는 그 길을 발견했던 것이다.

그 길은 오늘날 우리에게는 '진리요, 생명의 길'인 예수 그리스도 안에 뚜렷이 열려 있다(요 14:6). 하나님의 측량할 길 없는 은혜가 아닐 수 없다. 전인건강의 길도 여기에서 비롯된다고 할 것이다.

노아의 방주

노아가 하나님의 은혜를 입은 구체적인 내용은 무엇인가? 그것은 곧 노아 자신과 그의 전 가족과 그리고 그에게 속했던 모든 생물이 죽음에서 생명을 건졌음을 의미한다. 그럼 그들이 어떻게 생명을 건질 수 있었는가? 그것은 예비 된 방주로 들어가게 되므로 가능했다.

방주의 크기는 길이가 300규빗, 넓이가 50규빗, 높이가 30규빗이었다. 따라서 규빗의 최소 길이(규빗의 정확한 기준은 불확실하지만, 권위자들이 제시한 가장 최소의 길이가 대략 44.5cm[17.5인치]이다.)를 적용시켜 볼 때 약 140입방피트가 된다. 이 크기는 현재 미국 철도 화물 차량 522대 정도의 크기로 추정된다. 그러므로 현재 세계에서 공기로 호흡하는 모든 동물을 그 종류대로 1쌍씩 모은다면, 그리고 동물의 평균 크기를 양(羊)의 크기로 가정한다면(실제로 모든 동물의 평균 크기가 양의 크기보다 작다. 그리고 모든 동물을 반드시 어미의 형태로 실을 필요도 없다.) 철도 화물 차량 150개면 충분할 것이다. 따라서 노아의 방주에는 오늘날의 동물들을 위한 방으로 넉넉했을 뿐만 아니라, 이미 멸종된 동물들과 그 먹이까지도 다 수용할 공간이 충분히 있었다고 본다.[43]

방주는 튼튼한 잣나무로 만들어졌고, '역청'으로 방수가 되었다. 여기에서 쓰인 '역청'은 단순히 '가리는 것(covering)'을 의미한다. 그리고 이것은 레위기 17장 11절에 나오는 '속죄'를 뜻하는 히브리어와 똑같다. 그리고 이 방주는 바다에서 움직이는 것보다 오히려 안전하게 떠 있을 수 있도록 설계되어 있어서 바닷물에 의해 부서지거나, 물이 새어들어 오거나, 뒤집어져 파선할 수 없도록 안전하게 지어졌다.[44]

방주 안에는 모든 생물들을 위한 먹을거리가 충분히 저축되어

---

43) 존 휘트콤, 「성경적 창조론」, 최치남 역 (서울: 생명의 말씀사, 1993), p.114.
44) 헨리 모리스, 「창세기의 대사건들」, 이희숙 역 (서울:생명의 말씀사,1984), p.114.

있었다. 그 먹을거리가 식물성(植物性)임에 틀림없다고 본다. 왜냐하면 방주에 탄 모든 생물들이 그 생명의 보존을 위해 탑승되었지, 인간이나 다른 동물들의 먹이로 탑승된 동물은 전혀 없기 때문이다(창 6:19-20). 그리고 방주에 나와서야 비로소 인간들에게 육식이 공식적으로 허용되었기 때문이다(창 9:3). 어떤 학자들은 육식 및 초식동물들이 방주 안에서 함께 있었기 때문에 초식동물이 육식동물의 먹이가 되지 않게 하기 위해 하나님께서 방주 안의 모든 동물들을 동면(冬眠) 상태에 있게 하셨다고 주장하기도 한다. 그러나 그러한 의견은 설득력이 떨어진다. 왜냐하면 하나님께서는 노아와 언약을 세우시면서, "너와는 내가 내 언약을 세우리니 너는 네 아들들과 네 아내와 네 며느리들과 함께 그 방주로 들어가고 혈육 있는 모든 생물을 너는 각기 암수 한 쌍씩(정결한 것은 일곱 쌍씩) 방주로 이끌어 들여 너와 함께 생명을 보존하게 하되(창 6:18-19)", "너는 먹을 모든 양식을 네게로 가져다가 저축하라 이것이 너와 그들의 먹을 것이 되리라(창 6:21)."고 하셨기 때문이다. 동면하는 자에게는 먹을 양식이 필요가 없다. 그러나 하나님께서는 분명히 노아 가족과 방주에 들어 온 모든 동물을 위해 먹을 양식을 예비하여 그것을 먹고 방주 안에서 생명을 보존하라고 하셨던 것이다. 방주 안에는 육식동물이 따로 존재하지도 않았다. 먹을거리로서 식물(植物)이 적절히 놓여져 있게 하기만 하면 되었을 것이다. 따라서 노아와 그 가족들이 매일 먹이를 나눠 줄 필요가 없었음이 분명하다.

결국 노아의 방주가 의미하는 것은 무엇인가? 노아의 방주는 죽음에서 구원받음을 의미한다. 곧 '노아의 방주'는 '구원의 방주'이며, '생명의 방주'이었다. 그 방주의 크기는 모든 택함을 입은 자들이 들어가기에 넉넉했다. 예수 그리스도의 품도 그의 백성들을 품으시기에 넉넉하다. 방주는 안전하게 지어졌다. 예수 그리스도께서는 가장 안전한 배이시다. 죽음의 풍랑이 예수님을 엄습해 올지라도 결코 예수님을 침몰시킬 수 없었다(마 8:24-26). 예수님 안에 있는 자는 그 누구나 그와 그 집이 구원을 받게 된다(행 16:31). 가족 중 한 개인의 의로움은 그의 전 후손들이 방주로 들어가게 하는데 기여하고 있다. 노아가 의로운 사람이므로 그의 전 가족이 구원을 받은 것과 같이, 방주를 바른 '역청'이 심판의 물이 방주에 들어오지 못하게 방주 전체를 가리기에 충분했던 것 같이, 예수 그리스도, '그 어린 양의 피'가 인간의 죄를 죽음의 심판에서 가리기에 충분한 것이다. 그러기에 세상의 그 어떤 것, 비록 죽음이라도 우리를 우리 주 그리스도 예수 안에 있는 하나님의 사랑에서 끊을 수 없는 것이다(롬 8:38-39).

또 방주 안에는 생명을 보존케 하는 먹을거리가 풍족히 준비되어져 있었다. 그 안에서 동면할 이유가 없는 것이다. 택함을 입은 모든 생명을 위한 모든 양식이 풍성히 주어진 것이다(창 6:21). 마찬가지로 예수 그리스도 안에서는 영생토록 있을 양식을 받아 누릴 수 있다(요 6:27). 이 양식은 썩는 양식이 아닌 것이니 곧 예수 그리스도 자신이 생명의 떡인 것이다(요 6:35). 그러므로 주님 안에 있는 자는 결코 주리지 아니할 터이요, 영원히 목마르지도 않을 것이다(요 6:35).

진실로 노아의 방주는 생명과 치유와 구원의 방주이었고, 그 방주는 우리 주 예수 그리스도 자신을 상징하는 것이었다.

노아 홍수와 물세례

> 그들은 전에 노아의 날 방주를 준비할 동안 하나님이 오래 참고 기다리실 때에 복종하지 아니하던 자들이라 방주에서 물로 말미암아 구원을 얻은 자가 몇 명뿐이니 겨우 여덟 명이라 물은 예수 그리스도께서 부활하심으로 말미암아 이제 너희를 구원하는 표니 곧 세례라 이는 육체의 더러운 것을 제하여 버림이 아니요 하나님을 향한 선한 양심의 간구니라 그는 하늘에 오르사 하나님 우편에 계시니 천사들과 권세들과 능력들이 그에게 복종하느니라(벧전 3:20-22).

베드로 사도에게 있어서 물로 인한 구원과 심판이라는 개념은 그리스도의 지상사역과 기가 막힌 병행을 이룬다. 심판과 구원은 물로 세례를 받는 것과 연관된다.[45)]

노아 홍수의 선상에서 세례 역시 부정적인 면과 적극적인 면이 동시에 있다. 부정적인 면에서 보면, 그것은 그리스도를 믿지 않는 모든 자를 심판해 버린다. 그들은 그리스도를 거부하고 믿지 않기 때문에 하나님의 진노를 스스로 쌓고 있는 셈이다. 적극적인 면에서 보면, 세례는 믿는 자의 구원을 위한 정결을 의미한다. 마치 홍수가 노아와 그 가족을 새 세상으로 데려간 것처럼, 세례는 구원의 새로운 세계로 우리를 인도해 간다. 세례 자체로는 아무도 구원할 수 없다. 이 의식은 '하나님을 향한 선한 양심'의 표시이다(벧전 3:21). 그러나 노아를 홍수의 물로 구하신 것 같이 하나님께서 이제

---

45) 리차드 L 프랫, 『인간존엄을 향한 하나님의 디자인』, 김정우 역 (서울: 엠마오, 1995), p.183.

자기 백성을 믿음으로 구원하신다. 이것은 곧 기독교 세례의식의 물로 상징된다. [46)]

구원에 이르는 믿음에 대한 표식으로서 세례는 심판을 향해 치닫는 세상으로부터 우리를 구별시킨다. 그리스도에 대한 우리들의 개인적 헌신과 그리스도와의 연합은 우리의 인생을 변화시킨다. 우리가 그리스도를 신뢰할 때, 하나님은 우리에게 넘치는 축복을 주시며 새로운 소망과 기회를 주신다. [47)]

그러므로 노아의 홍수는 그 물로 말미암아 하나님을 믿지 않은 자들에게는 죽음의 심판 도구로서 사용되었지만, 하나님을 믿고 따른 노아의 가족에게는 죽음을 건너 새로운 세계로 나아가게 한 새로운 의식으로 역사했던 것이다.

무지개 – 영원한 언약

노아의 홍수 때에 방주에 들어가지 못한 자들은 모두 땅과 함께 멸망 받았다. 그러나 하나님께서는 죄의 문제가 저주나 심판으로 치유되지 않음을 아신다. [48)] 그러므로 하나님께서는 방주에서 나온 모든 것과 영원한 언약을 세우셨는데, 다시는 홍수로 멸하지 아니할 것이며, 땅을 침몰할 홍수가 다시 있지 아니할 것이라는 언약이다(창 9:11). 따라서 하나님께서 자신의 언약을 인간 전체와 모든 생물과 세운 언약의 증거가 곧 '무지개'인 것이다.

하나님은 폭우와 천둥 번개로 상징되는 무서운 심판 가운데에

---

46) 같은 책., p.183.
47) 같은 책..
48) 팔머 로벗슨,『계약신학과 그리스도』, 김의원 역, p.119.

서도 은혜를 나타내기 위해서 아름다운 무지개를 설정하셨다. 아담 때에도 그의 죄에 대해 공의로 심판하시면서도 은혜의 가죽옷을 지어 입히시며 그 상처를 치유하셨다. 노아 때에도 폭풍우로 인간을 심판하시면서도 은혜의 무지개를 펼치신 것이다. 그리고 이 무지개의 표적은 인간뿐만 아니라 전 우주도 저주로부터의 최종 구원을 받게 될 것을 예표한다.[49] 노아 언약의 이런 보편적 특징은 현 시대에 세계적인 복음 선포에 대한 근거를 제공한다. 창조질서를 통해 전 인류에게 우주적인 증거를 지속하겠다는 하나님의 약속에 대해 사도 바울은 복음이 온 땅에 선포되어야 한다는 것을 하나님의 창조 속에 있는 우주적인 증거에 호소하고 있다(롬 10:18; 시 19:4).[50]

아울러 노아와 그 후손들은 이 무지개가 펼쳐지는 동안에는 창조 때에 아담과 하와에게 준 신성한 노동인 생육하고 번성하여 땅에 충만하게 되는 '문화명령'을 계속 행할 수 있다. 따라서 창조에서의 하나님의 목적과 구원에서의 하나님의 목적을 한데 연합시킴을 볼 수 있다.[51] 그리고 노아 홍수 이후 펼쳐진 무지개는 인간들이 그 전에는 결코 볼 수 없었던 경이롭고 신비한 것이었다. 물론 빛이 물방울을 통과함으로 생겨나는 프리즘 효과는 그 원리가 창조 때로부터 존재했겠지만, 노아 홍수 이전에는 궁창 위의 물 층이 두껍게 존재하여 마치 우유 빛 유리로 통과해 온 빛으로는 프리즘 효과를 나타내지 못하는 것과 같이 노아 홍수 이전에는 무지개를 지상에서

---

49) 같은 책., pp.128-129.
50) 같은 책., p.27.
51) 같은 책., p.116.

볼 수 없었을 것이다. 만일 인간들이 과거에도 종종 무지개를 보아 왔는데, 하나님께서 인간들에게 앞으로 결코 물로서 심판하지 않겠다는 하나님의 의지를 보여 주는 증표로서 무지개를 사용한 것이라면, 그 의미가 강하게 느껴지지 않았을 것이다. 그러나 과거에는 한 번도 볼 수 없었던 무지개가 궁창 위의 물 층이 걷힌 광활한 대우주 공간에 일곱 가지 색깔로 찬란히 나타났을 때, 이것을 처음으로 바라보는 노아의 가족들은 하나님의 위대하심과 그 언약의 신실하심을 깊이 느끼며 감격의 눈물을 흘리고 또 흘렸을 것이다.

하나님의 언약은 인간들이 흔히 볼 수 있는, 의심의 여지가 있는 것으로 맺어지지 않는 것이다. 특별히 삶과 죽음의 상징적 언약의 증표가 인간들이 늘 보아 오던 평범한 경험으로 나타난다면 어떻게 의심 많은 인간들이 하나님의 언약을 신뢰하고 따를 수 있겠는가! 그러므로 노아의 가족들은 난생 처음 보는 무지개를 통하여 전에는 경험할 수 없었던 대자연적 장관의 경험을 하였을 것이라 생각된다.

노아의 순종

노아는 의인이요 당대에 완전한 자라 그는 하나님과 동행하였으며(창 6:9).

'노아는 의인이다.'라는 의미는 '노아는 하나님께로부터 의롭다 여기심을 받았다.'라는 뜻이다(롬 8:33-34). 이것은 본질적으로 변화되었다는 것을 의미하는 것이 아니라, 법률적 선포로서 '의롭다고 간주되었다.'라는 법정적 선언인 것이다.[52] 따라서 노아는 그 당시 사람들 중에서 하나님의 은혜로 말미암아 '의로운 자'로 여겨졌다는 하나님의 선언인 것이다.

그렇다면 그의 '의(義)'는 완전한 자로서 하나님과 동행하는 삶 속에 반영되어져 나타나야 할 것인데, 과연 그 의(義)는 그의 어떠한 삶의 모습 속에 입증되어졌는가?

> 노아가 그와 같이 하여 하나님이 자기에게 명하신 대로 다 준행하였더라(창 6:22).

노아가 하나님께로부터 의롭다고 인정받음은 이와 같은 하나님께 대한 절대적 순종으로 인하여 온 것이 틀림없다. 아담은 하나님께서 그에게 명하신 것을 다 준행하지 않음으로써 '죄인'이 되었고, 영원한 생명 가운데서 '죽음'으로 전락하고 말았다. 그러나 노아는 자기에게 주어진 하나님의 명령을 온전히 준행함으로써 '의인'이 되었고, 모든 죽음 가운데서 '생명'으로 구원받았다.

> 네 하나님 여호와를 사랑하고 그의 말씀을 청종하며 또 그를 의지하라 그는 네 생명이시요 네 장수이시니(신 30:20).

한편 노아 한 사람의 순종은 그와 그 가족 모두가 구원받게 되었다는 사실이다. 가족 중의 한 개인의 의로움은 그의 전 후손이 방

---

52) 김근수, 「절망에서의 자유」(서울: 기독교문서선교회, 1995), p.227.

주로 들어가게 하는 데 기여하고 있다(창 7:1). 그러므로 노아와의 언약에 내재하는 또 하나의 원칙은 언약 관계에서 하나님은 가족을 다루신다는 사실이다.[53] 노아 한 사람의 순종으로 노아의 전 가족이 의인들로 인정되어 구원을 받은 것이다(롬 5:19).

노아의 순종과 의로움과 구원은 하나님의 언약 속에서 보존 되어져서 예수 그리스도에 와서 온전히 완성된다.

> 우리가 아직 죄인 되었을 때에 그리스도께서 우리를 위하여 죽으심으로 하나님께서 우리에게 대한 자기의 사랑을 확증하셨느니라 그러면 이제 우리가 그 피로 말미암아 의롭다 하심을 받았으니 더욱 그로 말미암아 진노하심에서 구원을 받을 것이니(롬 5:8-9).

> 곧 우리가 원수 되었을 때에 우리를 위하여 하나님의 아들, 예수 그리스도의 죽으심으로 말미암아 하나님과 화목하게 되었은즉, 은혜와 의의 선물을 넘치게 받는 자들이 한분 예수 그리스도로 말미암아 생명 안에서 왕 노릇 하게 되었고 영생에 이르게 된 것이다 (롬 5:18-21).

노아의 제사

노아가 여호와께 제단을 쌓고 모든 정결한 짐승과 모든 정결한 새 중에서 제물을 취하여 번제로 제단에 드렸더니 여호와께서 그

---

53) 팔머 로벗슨, 「계약신학과 그리스도」, 김의원 역, p.118.

향기를 받으시고 그 중심에 이르시되 내가 다시는 사람으로 말미암아 땅을 저주하지 아니하리니 이는 사람의 마음이 계획하는 바가 어려서부터 악함이라 내가 전에 행한 것 같이 모든 생물을 다시 멸하지 아니하리니(창 8:20-21).

노아가 의롭다함을 인정받은 자의 모습다운 또 하나의 입증은 그의 제사에서 찾아볼 수 있다. 물론 그의 제사 행위가 그를 의롭게 하였다는 것이 아니다. 하나님의 은혜로 의롭다고 간주된 노아가 어떻게 하나님 앞에 그 의로움을 나타내었는가 하는 것이다. 이것은 곧 병든 자가 병 낫기 위해 취한 행동이 아니라, 병 나음을 받은 자가 병을 치유한 자에게 감사를 어떻게 나타내었는가 하는 것과 같다.

노아는 참혹한 대심판 후에 그와 그 집이 구원받았음에 대한 감사 제사를 여호와께 드렸다. 이렇듯 은혜를 받은 자, 치유를 받은 자의 진정한 모습은 감사를 앞세우는데 있다. 그러므로 노아의 제사는 감사 제사였다. 정결한 짐승과 새 중에서 제물을 취하여 번제로 여호와께 드렸으며, 여호와께서는 그 제사를 흡족히 받으셨다. 절대적인 순종으로 드리는 제사는 감사를 앞세우며, 그 속에는 참 기쁨이 있다. 그것은 드리는 자의 기쁨과 받는 분의 기쁨이 함께 어우러져, 다시금 드린 자에게 복(福)으로 되돌려진다. 여기에 상처받은 자의 회복이 있고 치유가 있으며 건강도 되살아난다.

육식과 사형제도

모든 산 동물은 너희의 먹을 것이 될지라 채소 같이 내가 이것을 다 너희에게 주노라 그러나 고기를 그 생명 되는 피째 먹지 말 것이니라 내가 반드시 너희의 피 곧 너희의 생명의 피를 찾으리니 짐승이면 그 짐승에게서, 사람이나 사람의 형제면 그에게서 그의 생명을 찾으리라(창 9:3-5).

대홍수 이후 인간들에게 하나님께로부터 '육식'이 공식적으로 허용되었다. 이것은 분명히 인간의 생명을 유지하고 보존시키기 위한 하나님의 비상조치이자 복(福)된 제3차 식품인 것이다. 사실 왜 홍수 이후에 하나님께서 인간들에게 육식을 허용하셔야 했는지 우리는 정확히 알 수 없다. 아마도 홍수 이후 환경의 대변화로 인하여 언제 어디서나 양식을 구하기가 어렵게 되었기 때문일 것이다. 이제는 홍수 이전과 같이 늘 온화한 기후가 아닌, 심음과 거둠, 추위와 더위, 여름과 겨울, 낮과 밤이 쉬지 않게 됨으로써(창 8:22), 부득불 육식을 해야 할 상황이 되었기 때문인지도 모른다. 그러나 그것은 분명히 인간 생명을 모든 창조물보다 귀하게 여겼기 때문에 인간의 삶을 유지하기 위해 육식이 허용되었을 것이다. 동물간의 육식에 대해서도 아마도 노아 홍수 이후에 공식적으로 허용되었고, 약육강식의 시대가 본격적으로 전개된 것으로 추측된다.

한편 하나님께서는 인간을 살해한 생명은 인간의 손에 의해 보상받아야 한다고 요구하신다. 인간 속에는 하나님 자신의 형상이 있기 때문에 그 살인자는 죽어야 한다. 홍수 후에 노아와 그 가족들에게 "생육하고 번성하여 땅에 충만하라(창 9:7, 참고 창 9:1)."라는 종족보존의 초기 명령이 되풀이 되고 있다. 따라서 하나님의 이 명령이 실현되려면 인간은 타락한 세상에서 흔히 있는 인간과 동물의 살인적인 위험으로부터 보존되어야 한다. 인간을 살인한 생명을 보복한다는 것은 인간 생명의 신성을 강화하여 장래의 번성으로 종족을 보존하는 것이다.[54] 따라서 아담의 범죄 이후에 인간의 타락성이 멈춰지려면 죄에 대한 충분한 제재가 세워져야 했다. 하나님의 지혜로, 인간 살인자의 처형은 죄가 성행하는 것에 대한 주요 제재가 된다.[55]

그러므로 육식과 사형 제도는 홍수 이후에 인간의 생명을 유지하고 보존시키기 위한 한 방편임에 틀림없다. 그러나 이것은 창조의 원래적 질서와 규례는 아닌 것이다. 이것은 타락한 세상에서 인간의 건강과 생명을 유지시켜 가는 변형된 규례일 뿐이다. 그러므로 예수 그리스도 안에서 온전한 회복과 치유가 이루어질 새 하늘과 새 땅에서는 이러한 아픔은 사라질 것이다.

3. 아브라함과의 언약과 치유

아브라함의 언약과 축복

타락으로 말미암아 죄악으로 죽은 인간들을 향한 회복과 치유는 하나님의 언약 속에서 지속된다. 아담으로 시작된 이 하나님의 언약은 노아 때에 와서 인간의 생명을 보존시켜 나갈 것에 대한 약속을 확증했고, 아브라함에 이르러 구체적인 약속으로 실현된다. 즉

---

54) 같은 책., p.121.

55) 같은 책..

창세기 12장 1-3절의 '축복'의 의미는, 창세기 3장에서 11장까지의 '저주'에 대한 상쇄적인 반응으로도 볼 수 있는 것이다.[56] 이것은 곧 인간의 타락과 이에 대한 하나님의 심판과 저주 속에서도 하나님의 창조적 온전함에 대한 회복과 치유는 인간들에 대한 하나님의 사랑과 은혜로 나타날 것을 약속했던 것이다. 그것은 하나님의 나라가 이 세상에 세워진다고 하는 내용이 바로 아브라함을 구별하여 분리하시고 그를 통하여 '저주'를 '축복'으로, '질병과 죽음'을 '건강과 생명'으로 다시 회복하고 치유할 것에 대한 구체적인 약속이다. 그러므로 창세기 12장 1-3절은 인간의 타락과, 창세기 11장 1-9절은 사회적 타락에 의해 야기된 인간의 난국에 대해서, 하나님의 분명한 응답으로 나타났을 것이다.[57] 그러므로 회복과 치유에 대한 관건은 하나님의 부르심에 대해 어떻게 반응하는 가에 달려 있다.

"내가 네게 보여 줄 땅으로 가라(창 12:1)."라는 하나님의 명령에 대해 "믿음으로 아브라함은 부르심을 받았을 때에 순종하여 장래의 유업으로 받을 땅에 나아갈새 갈 바를 알지 못하고 나아갔으며(히 11:8)", 아브라함은 여호와의 말씀을 좇아갔으며, 그는 '복(福)'이 되었다(창 12:2-4). 그러나 아브라함은 그의 삶의 상황 속에서 하나님께서 주권적 명령으로 맺은 하나님과의 언약, 즉 구원을 이루시기 위해 베푸신 하나님의 '약속의 언약'에 대해 걱정하며 묻는다. "주 여호와여 내가 이 땅(하나님께서 약속한 땅)을 소유로 받을 줄 무엇으로 알리이까(창 15:8)?" 아브라함은 분명히 하나님의 말씀을 믿

---

56) W. J. 둠브렐, 『언약과 창조』, 최우성 역 (서울: 크리스챤서적, 1990), p.131.
57) 같은 책..

었다. 그러나 그는 강한 확인이 필요했던 것이다.[58]

하나님은 아브라함과 맺은 언약을 반드시 실현시키실 것에 대한 확인을 주셨다. 곧 그 시대 풍습에 따라 동물의 중간을 쪼개어 그 쪼갠 것을 마주 대하여 놓는다. 새는 죽이지만 쪼개지 않는다. 그리고 '연기 나는 풀무'와 '타는 횃불'이 쪼갠 고기 사이로 지나갔다 (창 15:17). 그 결과 "그날에 여호와께서 아브람과 더불어 언약을 세우셨다(창 15:18)." 동물이 쪼개져 하나님이 그 사이를 지나간 결과, 계약이 '세워지게(문자적으로는 잘려지게)' 된 것이다. 이 일로 그들은 자기 저주의 맹세를 세운 셈이다. 만일 이 계약의 약속을 어기게 되면 어긴 자의 몸도 조각으로 갈라지게 됨을 예표하는 것이다. 그것은 계약 수립 과정에서 죽기까지 서약함으로 '피의 약정'이 세워지게 됨을 의미한다. 계약의 쌍방은 계약관계에서 삶과 죽음으로 약속을 하는 것이다.[59]

이 약속의 언약은 아브라함과 그 후손에 대한 축복과 보존과 회복을 향한 하나님의 절대적 신실성을 나타내는 것이었다.

아브라함의 할례

아브람이 구십구 세 때에 여호와께서 아브람에게 나타나서 그에게 이르시되 나는 전능한 하나님이라 너는 내 앞에서 행하여 완전하라(창 17:1).

---

58) 팔머 로벗슨, 『계약신학과 그리스도』, 김의원 역, p.112.
59) 같은 책., p.134.

하나님이 또 아브라함에게 이르시되 그런즉 너는 내 언약을 지키고 네 후손도 대대로 지키라 너희 중 남자는 다 할례를 받으라 이것이 나와 너희와 너희 후손 사이에 지킬 내 언약이니라 너희는 포피를 베어라 이것이 나와 너희 사이의 언약의 표징이니라(창 17:9-11).

아브라함에게 처음 시행되어진 할례는 하나님의 백성에게 나타난 하나님의 언약의 표적이었다. 그것은 아브라함으로 말미암아 천하 만민의 '복의 통로'가 되게 하시겠다는 하나님의 영원한 언약에 대해, 하나님께서는 그의 종 아브라함에게 책임을 부과하신 것이다. 그리고 이 책임을 지키는 자에게는 '하나님의 백성'으로 복을 누리게 되겠지만, 거부하는 자에게는 그 계약적 공동사회 속에서 제명당할 것임을 경고한다.

할례를 받지 아니한 남자 곧 그 포피를 베지 아니한 자는 백성 중에서 끊어지리니 그가 내 언약을 배반하였음이니라(창 17:14).

곧 이 하나님과 사이의 언약의 표징을 거부하는 자는 '죽음'이 있을 것이다. 인류의 조상인 아담에게서 '선악을 알게 하는 나무의 열매'가 '삶과 죽음'의 갈림길의 관문이 되었던 것처럼, 믿음의 조상인 아브라함에게서 '할례'는 또한 '삶과 죽음'의 갈림길의 관문이었다. 아담은 '선악을 알게 하는 나무의 열매'라는 관문을 잘못 통과함으로써 그는 삶에서 죽음으로, 온전한 건강에서 질병과 사망의 음침한 골짜기로 들어섰으나, 아브라함은 '할례'라는 관문을 슬기롭게 통과함으로써 죽음에서 삶으로, 질병과 사망의 계곡에서 온전한 건강을 보장받는 '언약의 백성'으로 자리하게 되었다.

그렇다면 아브라함에게 처음 시행됐을 때의 할례의 의미는 무엇인가? 팔머 로벗슨은 다음과 같이 요약하고 있다.[60]

첫째, 할례는 계약의 표시로서 하나님의 은혜로 세워진 계약적인 공동체 속에 포함됨을 상징했다.

둘째, 할례는 깨끗해야 할 필요성을 나타냈다. 표피를 제거하는 위생적인 작업은 거룩한 하나님과 거룩하지 못한 인간 사이에 계약관계를 세우는데 정화의 필요성을 상징하였다(그들의 본성으로는 하나님의 백성이 될 자격이 없음을 이해했다면, 할례는 이스라엘 사람들을 겸손하게 했을 것이다. 그러나 후대 유대인들은 이를 잘못 이해했기에 겸손의 근원이 되어야 할 것이 그들에게는 자만의 근원이 되고 말았다.).

셋째, 처음에 실시된 할례는 청결의 필요성뿐 아니라 청결의 과정도 필요함을 상징한다. 인간은 본래 부정하기 때문만이 아니라, 순결을 얻기 위해 더러움을 제거해야 함을 나타내고 있다(여기에서 계약관계의 핵심은, 여호와가 이스라엘의 하나님이 될 것이므로, 백성들은 할례를 받아야 한다. 거룩한 이스라엘의 하나님은 또한 이스라엘도 거룩할 것을 요구하신다.).

넷째, 이 청결의 과정은 남자 성기의 포피를 제거함으로써 이루어진다. 종교적 청결의 상징으로서 인간 육체의 부분을 '잘라 버리는' 것은 정화 작업에는 심판이 필수적으로 따른다는 것을 제시한

---

60) 같은 책., pp.154-156.

다. 죄인은 할례에 의하여 죄를 씻는 심판을 통과하는 것이다.

다섯째, 처음 실시된 청결의 예식은 아브라함에게 종족 번식에 관한 특수한 의미를 주었다.

할례 예식은 그 종족이 죄를 지었기 때문에 깨끗이 해야 할 필요가 있음을 의미한다. 그리고 이 계약적 표적과 종족 번식과의 면밀한 관계는 하나님이 가족을 다루시고자 하심을 나타낸다. 구원역사 속에서 하나님은 가족에 대한 창조질서의 결속을 회복하려고 하신다. 할례는 몸을 깨끗하게 하는 것뿐만 아니라, 영혼 또한 하나님 앞에서 순결하게 하는 하나님과 그 백성 사이의 언약의 표징이었다.

위생적이고 의학적인 관점에서도 이것은 의미가 있어서 남자 생식기관의 표피를 제거함으로써 이스라엘 남자들에게는 위생적인 청결함으로 성병이나 외부 생식기 계통의 질병이 훨씬 줄었고, 이스라엘 여성들에게는 자궁경부암이 다른 민족들보다 훨씬 적게 나타났음을 의학적 보고로 알 수 있다. 따라서 이것은 후손들의 안녕과 보존과도 긴밀히 연관된 하나님 은혜의 표징이었다.

4. 모세와의 언약과 치유

율법과 치유

이르시되 너희가 너희 하나님 나 여호와의 말을 들어 순종하고 내가 보기에 의를 행하며 내 계명에 귀를 기울이며 내 모든 규례

를 지키면 내가 애굽 사람에게 내린 모든 질병 중 하나도 너희
에게 내리지 아니하리니 나는 너희를 치료하는 여호와임이라(출
15:26).

하나님께서 인간의 회복을 약속하시면서 그 언약이 누구에게나
유효하다고 말씀하시지 않으신다. 아브라함과의 '피로 맺은 언약'
을 통하여 '나는 너의 하나님이 되고, 너는 나의 백성이 되는' 약속
(출 6:7) 속에 있는 자들에게만이 이 언약이 유효한 것이다. 그리고
하나님께서는 하나님의 백성들의 건강을 보장하심에 있어서도 조
건을 제시하고 있음을 볼 수 있다. 그것은 곧 하나님의 말씀을 들
어 순종하고, 하나님이 보기에 의를 행하며, 하나님의 계명에 귀 기
울이며, 하나님의 모든 규례를 지킬 때에, 어떤 질병도 임하지 않
을 것을 약속하는 것이다(출 15:26). 따라서 모세 때에 와서 모든 하
나님의 명령과 계명과 규례가 구체적으로 성문화되었다. 그것은 모
세 율법으로 나타났고, 더 좁은 의미로는 '십계명' 속에 함축되었
다. 즉, 십계명은 하나님의 말씀과 계명과 규례의 핵심적 내용을 담
고 있는 것이다. 그렇다면 모세의 십계명은 건강과 치유와 어떤 상
관성을 갖는가?

십계명과 치유

십계명의 첫 번째 정신은 하나님과의 문제이다. 즉, 인간들이
하나님을 사랑하고 그 계명을 지키는 것과 연관되어 있다. 하나님
을 미워하고 그 계명을 준수하지 않는 자는 삼, 사대까지 응징을 받
을 것이지만, 하나님을 사랑하고 그 계명을 지키는 자에게는 천대

까지 하나님의 은혜를 입게 된다는 것이다(출 34:7). 진실로 우리들의 바른 건강은 하나님과의 바른 관계성과 또한 하나님을 어떻게 이해하는가에 달려 있다고 본다. 그것은 바로 '하나님의 존재'에 대한 문제이다.

믿음이 없이는 하나님을 기쁘시게 하지 못하나니 하나님께 나아가는 자는 반드시 그가 계신 것과 또한 그가 자기를 찾는 자들에게 상 주시는 이심을 믿어야 할지니라(히 11:6).

하나님을 기쁘시게 하는 것은 하나님의 존재를 믿는 것이다. 그러므로 하나님의 이름을 부르며 찾는 자들은 복을 받되, 천대까지 하나님의 은혜를 입는다. 참 건강과 회복으로서의 치유도 '하나님은 누구이신가? 그 하나님을 진실로 믿는가?' 하는 관점에서 첫 걸음을 디딜 수 있다. 이것은 아담에게서부터 인간들에게 주어진 '삶과 죽음'에의 갈림길의 관문이었다. 그리고 안식일 준수가 아담에게 복으로, 건강한 삶의 지침으로 주어졌는데, 모세 때 와서는 하나님의 계명으로 명령적 형태로 다시 언급되고 있음을 본다. 이것은 아담의 실낙원 이후, 이 안식일의 규례가 잘 지켜지지 않았음을 짐작할 수 있다. 안식일의 준수는 육체적, 영적 건강과 긴밀한 연관성을 가지기에 하나님께서 계명화하셨다고 본다.

십계명의 두 번째 정신은 인간과의 문제이다. 인간이 자신과 가정과 사회와의 관계를 어떻게 유지해야 할 것인가? 하는 것이 건강과 치유와 상관성을 가진다. 그러므로 십계명은 하나님과 인간, 인간 자신과 이웃과의 바른 관계를 정립하기 위한 바른 길잡이이다.

제5계명으로부터 이어지는 인간관계의 규례는 하나님의 주권적 위임자로서의 '부모'에 대한 공경을 귀중히 다룬다. 이 땅 위에서 장수의 첫 번째 비결이 하나님의 권위를 위임받은 이 땅 위의 주권자에 대한 공경과 연관되어 있음에 우리는 깊은 주의를 기울여야 한다.

> 자녀들아 주 안에서 너희 부모에게 순종하라 이것이 옳으니라 네 아버지와 어머니를 공경하라 이것은 약속이 있는 첫 계명이니 이로써 네가 잘되고 땅에서 장수하리라(엡 6:1-3).

율법의 육식에 관한 규례와 치유

하나님께서는 이스라엘 백성들이 노예생활을 하던 이집트 땅에서 나와 가나안 땅으로 들어가기 전, 시내산에서 레위기를 통하여 하나님과의 교제를 위한 기본적인 규례인 성결법을 제시하셨다. 즉 속죄와 화목을 위한 희생제사의 규례와 영적 성결을 요구하시면서 아울러 음식물에 있어서는 정결한 것과 부정한 것을 분리하여, 정결한 것만 섭취하도록 함으로써 그들의 영혼과 육신 모두의 성결을 원하심을 볼 수 있다. 그런데 성결 문제는 유독 육식에 관해서만 언급하고 있음을 발견하게 된다. 여기에는 무슨 의미가 있는 것인가?

> 모든 짐승 중 굽이 갈라져 쪽발이 되고 새김질하는 것은 너희가 먹되(레 11:3).

성결에 관한 규례를 육신적 건강과 관련하여 살펴볼 때, 우리들은 신학적 의미와는 또 다른 새로운 의미들을 발견하게 된다. 곧,

짐승의 식용에 대해서는 짐승 중, 소, 양, 염소 등은 식용으로 허락하시고, 돼지, 너구리, 사자 등의 동물은 먹지 말라고 기록하고 있다. 식용으로 허용된 동물은 굽이 갈라져 쪽발이 되고, 새김질을 하며, 채식하는 동물로서, 성질이 온순하며, 사육하기가 쉬워 식용으로 구하기 쉬운 동물임에 반해, 그렇지 못한 돼지 등의 동물은 불결하며, 기름기가 많고, 전염병이나 기생충 감염을 쉽게 일으키는 중간 숙주인 동물이거나, 또는 식용으로 구하기 어렵거나 위험한 사나운 맹수들이었다(레위기 11장 참조).

> 물에 있는 모든 것 중에서 너희가 먹을 만한 것은 이것이니 강과 바다와 다른 물에 있는 모든 것 중에서 지느러미와 비늘 있는 것은 너희가 먹되(레 11:9).

물에 사는 모든 동물성 음식물에 대해서는 지느러미와 비늘이 있어야 한다고 기록하고 있다. 조개, 굴, 게, 새우, 뱀장어 등은 물에서 나는 매우 맛이 있는 음식물들이다. 맛이 있다는 것은 이들 속에 여러 종류의 핵산이 많이 함유되어 있고, 영양가도 높아 우리들이 즐겨 먹는 음식물이다. 그런데 성경은 이런 것들의 식용은 금하고 있는데 무슨 이유가 있을까?

하나님께서 허락하지 않은 음식물로서 먹음직해 보이는 것의 내면에는 반드시 우리에게 해로움을 주는 요소가 많이 숨어 있음을 알아야 한다. 이런 것들에게는 맛을 내는 핵산이 많은 대신에 하나님이 허용하신 음식물보다 콜레스테롤이 상대적으로 매우 많이 함유되어 있다는 사실이다. 이런 동물의 음식물을 즐겨 먹으면 결과적으로 콜레스테롤을 많이 섭취하게 되어, 혈중 콜레스테롤의 농도가 혈액 100ml당 140-250mg 이상으로 높아지게 되고, 이들이 혈류의 속도가 느린 정맥이나 모세혈관의 벽에 달라붙어 혈관의 직경을 좁히고, 혈류의 유속을 감소시킴으로써 말초혈액 순환장애를 초래하여 고혈압을 유발하거나 만성권태감, 두통, 손발 및 어깨 결림 등의 증세를 일으킨다. 혈중 콜레스테롤이 동맥벽에 축적되면, 동맥경화증과 관상동맥질환 및 심근경색 등의 심장질환과 뇌혈관장애로 중풍 등을 일으키며, 당뇨병, 간질환, 알레르기질환, 내분비질환 및 각종 암등의 여러 가지 성인병을 유발하게 된다.[61]

반면 지느러미와 비늘이 있는 물고기(특히 깊은 물에 사는 등푸른 생선)는 핵산이 풍부할 뿐만 아니라 식물성 기름에 많은 불포화지방산을 많이 함유하고 있기 때문에(땅 위에서 살아가는 뭍짐승들의 기름은 모두 포화지방산으로 되어 있다.) 도리어 혈액 속에 있는 콜레스테롤의 농도를 감소시켜 고혈압, 동맥경화 및 암 등의 성인병 예방에 큰 역할을 담당하며 두뇌활동을 활성화시키기도 한다. 이 불포화지방산은 찬물에도 잘 엉기지 않으며, 세포벽의 탄력성을 증가시켜 세포의 노화현상을 지연시키고, 간의 지방대사에 중요한 역할을 담당한다. 따라서 불포화지방산이 부족하여 간의 콜레스테린 대사에 혼란이 오면 혈액 내 콜레스테롤의 양이 증가하여 혈관·순환계질환 및 암의 증가를 높이고 뇌의 활동도 방해한다. 또한 불포화지방산은 우리 몸의 생리기능을 조절하는 각종 효소의 구성 성분이 되기도 하는데 이것이 부족하면 효소의 활동이 저하되어 허약체질이 되

---

61) 이길상, 「성서에서 본 식생활과 건강법」, p.30.

고 만다.[62]

그러므로 구약에 나타난 육식에 관한 가르침에서 우리들은 육식에 따른 올바른 활용을 알 수 있다. 이로써 택하신 백성들의 건강을 증진시키고 장수하게 인도하시는 하나님의 지극하시고 적극적인 사랑을 깨닫게 된다.

5. 다윗과의 언약과 치유

하나님의 백성을 구원하려는 하나님의 목적은 구약에서는 다윗과의 언약에서 최고의 실현 단계를 맞게 된다. 이제 하나님은 한 개의 지역에 그의 왕권을 공공연히 세우신다. 이동하는 성소로부터 다스리기보다 하나님은 예루살렘의 시온산으로부터 통치하신다. 다윗 밑에서 이 왕국이 왔다고 말할 수 있는 것이다.[63]

다윗과 맺은 하나님의 언약은 그의 백성 가운데 '하나님의 왕국'이 오는 공식적인 약정으로서 기여한다. 그리고 그 약정의 핵심은 "네가 가는 모든 곳에서 내가 너와 함께 있다(삼하 7:9)."라고 하신 말씀과 같이 '임마누엘의 원칙'이 있는 것이다.[64] 따라서 이스라엘 자손들이 어디를 가든지 하나님께서는 그들과 함께 계셨으며, 이제 다윗을 통하여 영원한 왕국을 건설하시는 것이다. 먼저 하나님이 주권적으로 다윗 왕조를 세우시고, 그 다음 다윗 왕조가 하나님의

---

62) 같은 책., p.29.
63) 팔머 로벗슨, 「계약신학과 그리스도」, 김의원 역, p.231.
64) 같은 책., pp.231-234.

거할 집을 세우게 된다(삼하 7:13). 하나님은 다윗 계열의 왕권을 통해 왕으로서 그의 영원히 거할 집을 이스라엘에 유지시킬 것이다. 그리고 하나님은 다윗의 후손들이 이스라엘의 왕위에 영원히 앉게 될 것이라고 단언하신다.[65] 동시에 다윗 후손의 왕은 하나님과의 특별한 관계를 유지할 것이다. 하나님은 그의 아버지가 되고, 그는 하나님의 아들이 되는 것이다(삼하 7:14).

하나님께서 통치하시는 '다윗의 왕국'은 이스라엘 역사상 가장 강력한 능력으로 나타났다. 하나님의 성소가 예루살렘에 안정적으로 자리 잡고, 예루살렘 성은 모든 이방들 위에 우뚝 솟아 하나님의 백성들의 눈물과 슬픔이 사라지고 기쁨과 즐거움이 온 나라에 가득했다. 다윗의 마지막 유언 속에서도 다윗의 왕국은 하나님의 신실하신 언약 아래서 영원할 것을 노래하고 있다.

이는 다윗의 마지막 말이라 … 여호와의 영이 나를 통하여 말씀하심이여 그의 말씀이 내 혀에 있도다 이스라엘의 하나님이 말씀하시며 이스라엘의 반석이 내게 이르시기를 사람을 공의로 다스리는 자, 하나님을 경외함으로 다스리는 자여 그는 돋는 해의 아침 빛 같고 구름 없는 아침 같고 비 내린 후의 광선으로 땅에서 움이 돋는 새 풀 같으리라 하시도다 내 집이 하나님 앞에 이같지 아니하냐 하나님이 나와 더불어 영원한 언약을 세우사 만사에 구비하고 견고하게 하셨으니 나의 모든 구원과 나의 모든 소원을 어찌 이루지 아니하시랴(삼하 23:1-5).

---

65) 같은 책., p.235.

그러나 이스라엘 역사를 통해 '다윗의 왕국'은 다윗의 아들 솔로몬 왕 때부터 휘청거리기 시작하였고, 다윗의 손자 르호보암 때는 왕국이 두 쪽으로 분열하였다. 그리고 다윗이 왕위에 즉위한지 400여 년 만에 예루살렘 성은 무너지고 말았다. 이 땅 위의 '다윗의 왕국'은 영원히 지속하지 않고 끝나버렸다. 다윗 왕조와의 영원한 언약의 그 핵심은 왕권의 혈통이 깨지지 않는 데에 있는 것이다.[66] 그러나 그 왕권의 혈통은 더는 지속되지 못했다. 그렇다면 하나님과 다윗과의 맺은 언약은 신실하지 못했던 것인가? 이 문제에 대한 해결은 무엇인가?

구약 역사에서 다윗의 왕위 계승이 끊어진 것은 이스라엘 왕권의 예언적인 역할이라는 말로 평가될 수 있다. 즉, 하나님이 다윗 혈통을 통해 그의 주권을 실제로 나타내셨던 것에 반해, 이 인간 왕권은 동시에 하나님 왕권의 예표론적인 표현으로 기여하였다. 다윗의 통치는 다윗 왕권과 하나님의 왕권을 최종적으로 통합하는 메시아적 구원자의 실재를 그림자 형태로 예언하기 위한 것이었다.[67]

다윗의 약속에 대한 예언적인 확대는 이 지상에서 다윗의 왕국이 무너질 때 이들 예언자들은 더 위대한 날을 예언한다. 다윗의 왕위에 앉게 될 한 위대한 자가 올 것이다. 그는 그의 아버지 다윗의 왕위에 영원히 앉을 것이다.[68] 그는 임마누엘, 전능한 하나님, 하나님 자신이 될 것이므로 그의 왕위와 하나님 왕위를 합병한 것이다.[69]

---

66) 같은 책., p.252.
67) 같은 책..
68) 같은 책., p.253.
69) 같은 책., p.253: 암 9:11f; 호 1:11, 3:4f; 미 4:1-3, 5:2; 사 7:14, 9:6, 11:1-10; 렘 23:5-6, 33:15-26; 겔 34장, 37:24 참조

언약의 왕, 그분이 오시는 것은 하나님의 나라가 도래하는 것이다. 그분은 우리들의 모든 슬픔과 눈물을 닦아 주시고, 모든 약한 것과 병든 것을 물리치시고, 죽음의 권세를 깨뜨리시고, 무너지지 않는 영원한 하나님의 나라를 선포하실 것이다. 그리고 다시는 병들거나 죽지 않는 영원한 생명을 당신의 백성들에게 줄 것이다.

예수

주는
그리스도
살아 계신 하나님의 아들

병들고 상처 받은
몸과 영혼의
참 치유자

예수
우리 구주
우리의
소망

- 惠民 -

하나님 언약의 성취와 치유

형제들아 너희가 스스로 지혜 있다 하면서 이 신비를 너희가 모르기를 내가 원하지 아니하노니 이 신비는 이방인의 충만한 수가 들어오기까지 이스라엘의 더러는 우둔하게 된 것이라 그리하여 온 이스라엘이 구원을 받으리라 기록된 바 구원자가 시온에서 오사 야곱에게서 경건하지 않은 것을 돌이키시겠고 내가 그들의 죄를 없이 할 때에 그들에게 이루어질 내 언약이 이것이라 함과 같으니라(롬 11:25-27).

우리는 그리스도 안에서 그의 은혜의 풍성함을 따라 그의 피로 말미암아 속량 곧 죄사함을 받았느니라 이는 그가 모든 지혜와 총명을 우리에게 넘치게 하사 그 뜻의 비밀을 우리에게 알리신 것이요 그의 기뻐하심을 따라 그리스도 안에서 때가 찬 경륜을 위하여 예정하신 것이니 하늘에 있는 것이나 땅에 있는 것이 다 그리스도 안에서 통일되게 하려 하심이라 모든 일을 그의 뜻의 결정대로 일하시는 이의 계획을 따라 우리가 예정을 입어 그 안에서 기업이 되었으니 이는 우리가 그리스도 안에서 전부터 바라던 그의 영광의 찬송이 되게 하려 하심이라(엡 1:7-12).

1. 그리스도와 치유(회복과 치유로서의 구원)

성경에서 구원을 표현하는 기본적인 낱말들 모두가 '본래의 선한 상태' 또는 '선한 상황으로의 회복'을 함축하고 있다는 것은 매우 놀라운 사실이다. 성경에서 의미하는 '구원'의 뜻은 다음의 의미를 담고 있다.

첫째, '구속(redemption)'이라는 의미를 내포한다. 이것은 곧 죄인을 속박에서 해방시키는 것, 그리고 이전의 자유를 되돌려 준다는 의미이다.

둘째, '화해(reconciliation)'라는 의미를 지닌다. 이것은 싸우던 사이에서 화해하고 원래의 우정과 동맹관계로 되돌아간다는 의미이다.

셋째, '새롭게 함(renewal)'이다. 이것은 문자적으로는 '다시 새롭게 만듦'을 의미한다. 고장이 난 것을 이제 새롭게 고쳐서 원래의 상태로 회복시킨다는 의미이다.

넷째, 헬라어 '소테리아(sōteria)'라는 의미로서, 질병이나 위험 후의 '건강' 혹은 '안전'을 의미한다.

다섯째, '거듭남(regeneration)'이라는 의미로, 성경의 핵심적인 개념인, 죽음에 떨어진 후 다시 생명으로 회복하는 것을 의미한다. 그러므로 구원이란, 하나님의 온전하시고 선한 창조와 건강이 인간의 타락과 죄로 말미암아 부패하여 병들고 죽어버린 것으로 변했다 할지라도, 하나님의 사랑과 은혜로 말미암아 예수 그리스도의 구속의 피 공로로 하나님과 죄인 사이에 놓인 막힌 담을 허시고(엡 2:14), 화해하게 됨으로 주님 안에서 다시 '거듭남'으로 '본래의 선한 상태'로 회복되고 치유되어 완전한 건강을 되찾게 되는 것을 의미한다.[1]

2. 그리스도의 회복과 치유

하나님께서 창조하신 선한 창조계는 하나님 보시기에 심히 좋았다(창 1:31). 그러나 인간의 죄악으로 말미암아 전체 창조계는 부패되고 왜곡되어 창조의 건강은 질병과 죽음을 자초하게 되었다. 그러나 비록 인간의 죄악으로 온 천하 만물이 썩어질 것에 종노릇할 수밖에 없게 되었다고 할지라도 하나님의 원래 선하신 뜻은 파기될 수 없는 것이다. 그러므로 하나님께서는 첫 범죄자 아담 때로부터 회복을 위한 치유를 시작하셨다. 하나님께서는 아담 이후 다윗에 이르기까지 당신의 신실한 백성을 위해서 죄와 질병과 죽음으로부터 치유하시며 구원하시기 위한 언약을 맺으시고, 때가 차매 하나

---

1) 알버트 월터스, 『창조·타락·구속』, 양성만 역, p.80.

님이 그 아들을 보내사(갈 4:4) 온전한 회복을 시작하셨다. 하나님께서 맺은 모든 언약들이 독특하신 '그 아들' 안에서 모두 이루어지고, 회복되고, 치유되었다(요 19:30).

창조의 건강과 회복

문화명령과 복음전파명령

하나님께서는 아담과 하와에게 복을 주시며 생육하고 번성하여 땅에 충만하며, 땅을 정복하고 모든 생물을 다스리라는 '문화명령'으로서 '일'할 것을 명하셨다. 이 명령은 노아 때에 와서도 여전히 주어졌다. 왜냐하면 이 속에 삶의 보람이 있고 건강함이 깃들어 있기 때문이다. 그러나 타락한 세상 속에서 회복을 위한 하나님의 백성들에게 주어진 '일'은 예수 그리스도 안에서 새로운 대 위임명령으로 주어졌다.

> 예수께서 나아와 말씀하여 이르시되 하늘과 땅의 모든 권세를 내게 주셨으니 그러므로 너희는 가서 모든 민족을 제자로 삼아 아버지와 아들과 성령의 이름으로 세례를 베풀고 내가 너희에게 분부한 모든 것을 가르쳐 지키게 하라 볼지어다 내가 세상 끝날까지 너희와 항상 함께 있으리라 하시니라(마 28:18-20).

그리스도 예수의 시대에서 하나님의 백성들은 모든 민족으로 세례를 주고, 복음을 전하여 주님의 제자 삼는 것이 참 건강을 누리게 되는 신성한 일이요, 복 받는 길인 것이다. 그러므로 창조의 문화명령은 회복의 복음전파명령으로 완성된다.

안식일과 주일

하나님께서 창조의 일곱째 날, 그 창조하시며 만드시던 모든 일을 마치시고 이 날에 안식하셨다(창 2:3). 하나님께서 이 날을 복주시고 거룩하게 하셨다. 그러나 인간의 타락 이후, 이 날의 의미는 퇴색되고 또 왜곡되어졌다. 이방인들에게는 이 날이 먹고 마시고 즐기는 날로, 언약의 백성들에게는 또 하나의 멍에로 여겨졌다. 그러나 예수 그리스도께서는 이 안식일을 새롭게 회복시키셨다. 왜냐하면 예수님께서 이 안식일의 참 주인이시기 때문이다(막 2:28). 그러므로 신약의 성도들에게는 안식 후 첫날, 주님께서 모든 질병과 죽음을 이기시고 영원한 생명의 부활로 승리하신 날을 거룩하고 복된 날로 받아드리게 되었다.

주님 안에 있는 자의 참 건강과 치유는 이 '주님의 날'과 밀접한 연관을 가지고 있음을 깨달아야 한다. 그리스도 안에서의 참된 안식은 '주일'을 복되고 거룩하게 지킴에 좌우된다. 주님만이 안식일과 주일의 진정한 주인이시기 때문이다. 창조의 '안식일'은 이제 예수 그리스도 안에서 '주일'로 회복되고, 새 하늘과 새 땅에서 '영원한 안식'으로 완성될 것이다.

결혼과 신랑 예수

에덴동산 안에서 '좋지 못한 것'이 있었으니, 곧 아담이 '혼자 사는 것[獨處]'이었다(창 2:18). 그러기에 하나님께서는 아담에게 돕는 배필을 주시고, 하나님의 주례로 가정을 이루게 하셨으니, 이로서 하나님께서는 심히 좋아하셨다. 그러나 타락 이후에는 하나님의 창조규례 안에서 결혼과 가정을 이루는 일이 오염되고 왜곡되어졌다. 인간 스스로 안목의 정욕에 따라 자신들이 좋아하는 모든 자로 아내를 삼았고(창 6:2), 아내나 또는 남편을 여럿 두기도 하며(창 4:19; 요 4:18), 심지어 남자가 남자와 더불어, 여자가 여자로 더불어 부끄러운 일을 행하며, 저희 마음에 하나님 두기를 싫어하게 되었다(롬 1:26-28). 그 결과 타락한 인간들은 온갖 질병과 죽음에 내어버려지게 되었다.

그러므로 결혼의 신성함과 건전한 가정의 회복은 모든 질병과 죽음으로부터 회복되는 첩경이다(히 13:4 참조). 우리의 몸은 '하나님의 영(靈)'이 거하시는 '성령의 전'이므로 (고전 6:19), 우리 몸으로 짓는 음행은 하나님의 영이 거하실 수 없게 한다(창 6:3). 그러나 예수님을 참 신랑으로 맞이하는 하나님의 언약 안에 있는 모든 자에게는 하나님의 영이 거하시며, 여기에 참 희락과 평안이 깃든다.

에덴동산에서 아담과 하와를 주례하신 하나님께서 이제 어린 양의 혼인잔치를 다시 주례하실 날이 곧 올 것이다(계 19:6-9). 그러므로 모든 결혼의 신실함과 성실함은 예수 그리스도 안에서 완성되어진다. 모든 가정의 치유와 회복도 예수 안에서만이 온전해진다. 그러므로 창조의 규례에 따라 남편이 아내의 머리됨이 그리스도께서 교회의 머리됨과 같으니, 교회가 그리스도에게 하듯 아내들도 범사에 그 남편에게 복종하며, 남편이 아내 사랑하기를 그리스도께서 교회를 사랑하시고 위하여 자신을 주심 같이 해야 할 것이다(엡 5:22-25). 그리하여 창조의 결혼은 마지막 날 어린 양의 혼인잔치 때에 예수 그리스도를 신랑으로 맞아 온전히 완성되고 회복되어질 것이다. 왜냐하면 예수 그리스도께서만이 우리들의 참 신랑이 되시기 때문이다.

타락의 죽음과 회복

한 사람으로 말미암아 죄가 세상에 들어오고, 죄로 말미암아 사망이 왔다. 이와 같이 모든 사람이 죄를 지었으므로 사망이 모든 사람에게 왔다(롬 5:12). 그러나 하나님께서는 죄악으로 말미암아 병들고, 귀신들린 자들을 그냥 버려두지 않으셨다. 하나님께서는 그 크신 사랑과 은혜로 병들고 상처받은 인간들을 치유하시고 회복시키실 것을 하나님 자신의 신실하심으로 언약하셨다. 그 하나님의 언약은 아담으로 시작되어 예수 그리스도께 와서 완성되고 회복되어진다.

그리스도와 아담

① 교만과 겸손

인간의 범죄 함의 시작은 교만에 그 뿌리를 두고 있다. '선악을 알게 하는 나무의 열매'는 하나님의 창조주 되심과 인간의 피조물 됨을 상기시키는, 겸손을 일깨우는 표징이기도 했다. 아담과 하와는 하나님과 같이 되려는 교만의 아비인 사탄의 유혹에 빠짐으로 그들도 오만한 자의 자리에 앉고야 말았다. 교만은 하나님의 말씀에 귀를 기울이지 않는다. 하나님의 명령에 따르지도 않는다. 높아지면서 받는 복은 없다. 멸망이 있을 뿐이다.

우리 주 예수께서는 이 아담과 하와의 원초적 죄악인 교만을 물리치시고, 그 자만의 죄를 담당하시기 위하여 오셨다(요 1:29). 근본 하나님의 본체이신 그분께서 하나님과 동등 됨을 취할 것으로 여기지 아니하시고 오히려 자기를 비어 종의 형체를 가져 사람들과 같이 되셨다(빌 2:7). 사람의 모양으로 나타나신 그분은 자기를 낮추시고 죽기까지 복종하셨으니, 곧 십자가에 죽으셨다(빌 2:6-8). 그리스도 예수께서 우리들의 모든 죄와 질병과 죽음까지도 대신 담당하시고 죽으시므로 주님 안에 있는 우리들의 모든 죄도 깨끗케 된 것이다. 그러므로 우리들의 교만은 우리 주님의 겸손으로 치유를 받고 회복되었다. 타락은 이렇듯 교만과 거짓말과 탐심과 불순종의 죄들로 우리들을 질병과 죽음으로 빠뜨렸으나, 이제 다시 주님의 겸손과 사랑 안에서 모두 회복되고 치유를 받게 된 것이다.

② 왜곡된 하나님의 말씀과 참 생명의 말씀이신 예수

에덴동산에서 하와에게 찾아온 사탄이 하나님의 말씀을 왜곡하며 거짓말로 시험할 때 아담과 하와는 실패하여 모든 질병과 죽음을 자초하게 되었다. 광야에서 예수님께서도 사탄에게 왜곡된 하나님의 말씀과 거짓말로 시험을 받으셨다. 그러나 예수님께서는 참된 살아 있는 하나님의 말씀으로 그 사탄의 시험을 물리치고 승리하셨다(마 4:1-11).

악한 날에 마귀와의 싸움에서 우리들이 갖추어야 할 무기는 오직 하나 밖에 없다. 그것은 '성령의 검', 곧 '하나님의 말씀'뿐이다(엡 6:17).[2] 하나님의 말씀만이 모든 악한 것과 질병과 죽음의 권세를

---

2) 하나님의 전신갑주는 모두 방어용이다. 그러나 오직 공격 무기는 '성령의 검' 곧, '하나님의 말씀' 뿐이다(엡 6:13-17).

깨뜨린다. 그리고 우리들이 깨달아야 할 것은 '영원한 생명의 말씀'은, 곧 '그리스도 예수'라는 사실이다(요일 1:1-3). 그러므로 예수 그리스도 안에서 만이 참 생명이 있다.

그리스도와 노아

① 하나님의 영과 성령

노아 시대에 노아 가족을 제외한 모든 사람들은 육신의 정욕과, 안목의 정욕과, 이생의 자랑(요일 2:16)으로 부패되고 패역하여졌다. 따라서 여호와 하나님께서 "나의 영(靈)이 영원히 사람과 함께 하지 않겠다(창 6:3)."라고 말씀하셨다. 하나님의 형상을 입고, 육과 혼과 영을 가진 전인(全人)으로서의 인간은 '하나님의 영(성령)'이 함께하실 때에 참 인간의 모습을 나타낼 수 있다. '하나님의 영'이 함께하지 않는 사람은 '육신'일 뿐이다(창 6:3).

이제 예수님께서는 주님 안에 있는 우리들에게 말씀하신다.

> 내가 아버지께 구하겠으니 그가 또 다른 보혜사를 너희에게 주사 영원토록 너희와 함께 있게 하리니 그는 진리의 영이라 세상은 능히 그를 받지 못하나니 이는 그를 보지도 못하고 알지도 못함이라 그러나 너희는 그를 아나니 그는 너희와 함께 거하심이요 또 너희 속에 계시겠음이라(요 14:16-17).

노아 시대에 사람의 죄악이 세상에 가득하며, 그 마음의 생각의 모든 계획이 항상 악할 뿐임을 하나님께서 보시고 '하나님의 영'을 거두어 드리셨지만, 이제 하나님의 독생자 예수 그리스도에 의해서

'하나님의 영'이신 '성령'께서 다시 사모하는 자들에게 강림하셨다(행 2:1-4). 인간의 죄악으로 떠나버린 성령께서 우리 주 예수 그리스도로 말미암아 그분의 사랑을 입은 자들에게 오순절 날, 홀연히 하늘로부터 급하고 강한 바람 같은 소리로, 불의 혀처럼 갈라지는 것으로 임하신 것이다(행 2:1-3).

주님의 성령은 진정 회복시키는 영이요, 치유의 영이시다.

주의 성령이 내게 임하셨으니 이는 가난한 자에게 복음을 전하게 하시려고 내게 기름을 부으시고 나를 보내사 포로 된 자에게 자유를, 눈 먼 자에게 다시 보게 함을 전파하며 눌린 자를 자유롭게 하고 주의 은혜의 해(年)를 전파하게 하려 하심이라(눅 4:18-19).

예수님께서 말씀하셨다.

이 글이 오늘날 너희 귀에 응하였느니라(눅 4:21).

② 언어의 혼잡과 난 곳 방언

노아 홍수 이후, 노아의 후손들은 시날 평지에 모여 바벨탑을 쌓고 그들의 자리를 하늘까지 높이려 했다(창 11:4). 그것은 하나님께 대한 도전이요, 반역의 모임이었다. 그들은 한 언어를 가졌고, 한 뜻을 가졌기에, 견고한 성과 대를 쌓아 그들의 이름을 내고 하늘까지 높아져 온 지면에 흩어짐을 면하기를 시도한 것이었다(창 11:1-4) 그때에 여호와께서 강림하시어 그들의 언어를 혼잡하게 하여, 그들로 서로 알아듣지 못하게 만들어 온 지면에 흩으셨다(창

11:5-9). 인간의 교만으로 인한 언어의 혼잡은 서로 간의 대화가 소통되지 못함으로써 인간의 문화적 교류의 단절을 초래하게 하였고, 그들 가운데 불안, 걱정, 나쁜 감정, 시기, 증오, 의심, 공포 그리고 다툼 등을 야기시켰다. 언어가 병들면 정신도 병들기 마련이다.

주님이 승천하신 후, 120여 명의 성도들은 예루살렘의 한 다락 방에 모여 예수님께서 보내시겠다고 약속하신 성령(요 15:26)의 강림을 기다리고 있었다. 오순절에 하늘로부터 성령이 강림하시어 온 무리가 다 성령의 충만함을 받고 성령이 말하게 하심을 따라 다른 언어들로 말하기 시작하였다(행 2:4). 그때에 경건한 유대인들이 천하 각국에서 와서 예루살렘에 머물게 되었는데 성령으로 방언하는 자들의 소리를 그들의 난 곳 방언으로 듣게 되었다(행 2:5-8). 그리고 누구든지 주의 이름을 부르는 자는 구원을 얻게 되었다(행 2:21). 그 결과 큰 무리가 더하여, 저희가 사도의 가르침을 받아 서로 교제하며, 떡을 떼며, 오로지 기도하기를 힘쓰게 되었다(행 2:42).

그러므로 시날 평지에서 한 언어를 가진 한 족속들은 그들의 이름을 높이기 위해 모였으나, 여호와의 강림으로 각기 알아듣지 못하는 언어를 가지게 되었고, 그 결과 갈등과 번민의 마음을 가지고 세상으로 흩어졌다(창 11:1-9). 그러나 세계 각국에서 온 서로 다른 언어를 가진 자들은 예수님의 이름을 높이기 위해 예루살렘에 모였을 때, 예수님께서 약속하신 성령이 강림하심으로 말미암아 서로 알아듣는 언어로 방언을 받고, 기쁨과 순전한 마음으로 날마다 마음을 같이하여 성전에 모이기를 힘쓰며, 하나님을 찬미하며, 온 백성에게 칭송을 받게 되어, 구원받는 사람을 날마다 더하게 되었다(행 2:33-47).

예수님의 치유는 언어도 회복시키신다. 이제 우리들의 언어는 새 하늘과 새 땅에서 온전한 한 언어로 완성될 것이다. 그리고 그 언어는 영원히 여호와 하나님과 우리 주 예수 그리스도를 찬미하는 언어일 것이고, 우리들 사이에 다시는 서로의 말을 알아듣지 못함에서 오는 오해와 미움과 갈등과 번민 등은 존재하지 않을 것이다. 하늘, 우리 본향의 난 곳 방언만이 있을 것이기에!

그리스도와 아브라함

① 아브라함 언약과 새 언약

하나님과 아브라함 사이에 '피로 맺은 약정'은 언약을 파괴하는 자가 저주와 죽음으로 보응을 받는 것이었다(창 15:17). 결국 이 언약은 하나님과 이스라엘 백성과 맺은 언약으로서 이스라엘 백성의 삶과 죽음을 결정하는 중요한 언약이었다. 그러므로 이 언약은 이스라엘 역사를 통해서, 모세와 선지자들에 의해서도 주지되어 왔다 (신 28:26; 렘 7:33, 16:4, 19:7, 34장).[3] 그러나 이스라엘의 불순종과 우상숭배와 죄악들로 말미암아 이 언약은 파기되었고, 그 결과 이스라엘의 멸망에 대한 예언과 역사적 멸망을 구약성경은 기록하고 있다.

그러나 가장 흥미 있는 것은 신약성경은 이 '저주로부터의 구원'이라는 말로 '새 언약'을 해석하고 있다는 사실이다.[4] 예수 그리스도의 새 언약 수립에 대한 기록은 마태복음 26장 28절과 누가복음 22장 20절에서 살펴볼 수 있다.

---

3) 팔머 로벗슨, 「계약신학과 그리스도」, 김의원 역, p.141.
4) 같은 책., p.141.

예수님은 잡히시기 전날 밤, 최후의 만찬에서 제자들에게 잔을 주시면서 "이것은 죄 사함을 얻게 하려고 많은 사람을 위하여 흘리는 바 나의 피 곧 언약의 피니라(마 26:28)."라고 말씀하셨다. 예수님이 피를 '흘리는 것'은 구약에서의 희생제물의 언어를 반영하여 계약의 저주가 대속물 위에 얹어지는 과정을 나타낸다. 그리스도의 죽음을 '우리를 죄에서 속하기 위한 것(요일 4:10)'이라고 말한다. 그리스도는 언약의 저주로부터 구원을 마련하기 위해 그의 피를 흘리셨다.[5]

누가복음은 그리스도에 의해 세워지는 언약을 '새 언약'이라고 언급함으로 더 깊은 차원을 나타낸다.

> 이 잔은 내 피로 세우는 새 언약이니 곧 너희를 위하여 붓는 것이라(눅 22:20).

그리스도의 피는 옛 언약의 저주를 지워버릴 뿐만 아니라, 동시에 새 언약의 축복된 상태로 인도하고 있는 것이다.[6]

그리스도 피의 이러한 이중적인 의미는 구원의 언약이 처음 세워질 때 아담에게 하신 하나님 말씀의 이중적인 역할을 나타낸다. 창조 언약에서 저주의 형벌은 구원 언약에서의 축복의 말씀과 곧 연결되었다.[7]

예수 그리스도 안에서 하나님은 그의 약속을 성취하신다. 예수

---

5) 같은 책., p.148.
6) 같은 책..
7) 같은 책., p.149.

그리스도 안에서 모든 질병과 연약함과 죽음조차도 그의 언약적 저주의 희생으로써 십자가 위에서 드려진 그의 몸과 피를 통하여 회복되고 치유된다.

주님의 성만찬을 통해서 우리들은 주님의 '몸과 피'에 참여하므로 우리들의 모든 죄 사함을 얻고, 회복과 치유에의 소망 속에서 하나님의 사랑과 은혜를 확인할 수 있게 되는 것이다. 그러므로 우리는 믿음을 가지고 떡과 잔을 받음으로써 갈보리 언덕에 있었던 예수 그리스도의 희생으로 말미암아 새롭게 회복되고 치유되어 완전하게 됨을 기뻐해야 할 것이다.[8] 그리스도로 말미암은 '새 언약에의 참여'는 진정 우리의 영뿐만 아니라, 혼(정신)과, 몸, 곧 전인(全人)이 회복되고 치유됨을 의미한다.

② 할례와 세례

할례는 본질상 이스라엘과 하나님 사이의 언약적 표적(sign)이다. 이것은 곧 육체의 더러움을 상징하는 남성 생식기관의 포피를 절단하는 것으로써, 인간 본성에 내재하는 죄를 과감히 제거하는 것이었다.[9] 따라서 할례예식을 통하여 죄를 씻고 마음을 깨끗하게 하는 과정 속에서 거룩한 창조주 하나님과 거룩하지 못한 피조물 사이의 관계수립에 필요한 내부정화를 상징한 것이다.[10]

이제 예수 그리스도에 의해서 이 언약적 표적은 새 언약의 표적으로 완성되었다. 성결하게 하는 성령이 할례를 받지 않은 이방인

---

8) 콜린 우르크하르트, 『치유함을 받으라』, 이광호 역 (서울: 기독교문서선교회, 1988), p.205.
9) 팔머 로벗슨, 『계약신학과 그리스도』, 김의원 역, p.167.
10) 같은 책., p.157.

들에게도 강림하신 것으로 '마음을 아시는 하나님'이 할례자나 무할례자나 분간하지 않으심으로써 이방인들을 받아들이는 데 증거가 되셨다(행 15:8).[11] 그러므로 오직 '성령에 의한 마음의 할례(성령세례)'만이 인간을 깨끗하게 하며 하나님 앞에서 합당한 자로 만든다(롬 2:28-29).

옛 언약에서의 깨끗하게 하는 '할례예식'은 새 언약에서의 깨끗하게 하는 '세례예식'에서 성취를 보게 된다. 신약에서의 세례예식은 '그리스도와 연합'이라는 개념과 연결되어 나타난다. 그러므로 그리스도 안에서의 세례는 죄 사함의 확신과 하나님의 사랑과 믿음의 능력을 경험하게 함으로써 모든 질병과 죽음조차도 극복하고 하나님과의 관계성을 회복시키고 치유의 역사를 나타내게 한다.[12]

그리스도와 모세

① 옛 계명과 새 계명

예수께서 이르시되 네 마음을 다하고 목숨을 다하고 뜻을 다하여 주 너의 하나님을 사랑하라 하셨으니 이것이 크고 첫째 되는 계명이요 둘째도 그와 같으니 네 이웃을 네 자신 같이 사랑하라 하셨으니 이 두 계명이 온 율법과 선지자의 강령이니라(마 22:37-40).

모세 율법은 예수 그리스도 안에서 폐지된 것이 아니라 완전하게 되어졌다(마 5:17). 예수님께서 율법과 예언을 따라 이 세상에 오

---

11) 같은 책., p.161.
12) 박형렬, 「통전적 치유목회학」, (서울: 도서출판 치유, 1994), p.298.

심으로 모든 율법과 선지자의 모든 예언은 이루어졌다. 따라서 율법과 예언을 주신 하나님의 모든 목적이 예수 그리스도 안에서 완성되어진 것이다.

구약의 모든 율법과 계명을 완전하게 하신 그분께서 이제 다시 새 계명을 말씀하신다. 이 새 계명은 새로이 주시는 것이 아니요, 우리가 처음부터 가진 계명인 것이다(요일 2:8, 3:23; 요이 5장). 곧 '하나님 사랑·이웃사랑'이 그것이다. 그러나 부패하고 타락한 우리 심령이 어떻게 하나님을 사랑하고, 이웃을 사랑할 수 있단 말인가? 아담의 죄악과 불순종이 여전히 존재하며, 가인의 시기심과 미움이 언제나 우리들 속에서 자리하고 있는데 말이다.

진실로 우리들이 주님의 새 계명을 행할 수 있는 비결이 무엇인가? 그것은 "우리가 하나님을 사랑한 것이 아니요, 하나님이 우리를 사랑하사 우리 죄를 속하기 위하여 화목제물로 그 아들을 보내셨음(요일 4:10)"을 깨닫는 데 있다. 하나님의 사랑이 우리에게 이렇게 나타난바 되었으니 하나님이 자기의 독생자를 세상에 보내신 것은 그로 말미암아 우리를 살리려 하심인 것이다(요일 4:9). 그러므로 하나님께서 먼저 우리를 사랑하사 하나님을 사랑할 수 있는 마음을 주셨기 때문에, 우리가 그 사랑을 받아 하나님을 사랑할 수 있게 되었다. 더 구체적으로는 하나님께서 그 아들을 화목제물로 주시기까지 인간들을 사랑함으로써 '하나님 사랑'이 실현된 것이다. 그러므로 우리가 서로 사랑하는 '이웃사랑'에서 '하나님 사랑'은 열매를 맺는다. 왜냐하면 사랑하지 않는 자는 하나님을 알지 못하기 때문인데, 이는 하나님은 사랑이시기 때문으로 그리스도 안에서 완성되어진다(요일 4:8-9).

치유사역도 그리스도 안에서 '하나님 사랑 · 이웃사랑'으로 나타날 때 능력이 나타난다. 그러므로 예수 그리스도의 사랑을 기초로 하지 않고서는 어느 누구도 치유사역을 담당할 수 없다.[13] 우리는 새 계명인 이 사랑을 통해서 우리 이웃들의 삶 가운데 치유를 가져올 수 있다.

> 내 계명은 곧 내가 너희를 사랑한 것 같이 너희도 서로 사랑하라 하는 이것이니라(요 15:12).

② 육식에 관한 규례와 치유

예수님은 무슨 음식을 좋아하셨을까? 신약성경을 살펴보면 예수님의 식사 장면이 여러 곳에 나타난다. 예수님은 여러 계층의 사람들과 여러 곳에서 식사를 하셨다(마 9:10; 막 2:16; 눅 7:36, 11:37, 14:1, 24:30; 요 4:31, 1:4). 예수님께서는 그 당시 유대사회에서 통용되어지고, 구약성경에서 허용하는 식물성 및 동물성 음식물 모두를 드셨음이 분명하다. 그리고 대부분은 그 시대 서민들이 일반적으로 먹었던 소박한 음식을 드셨고, 특이하다면 생선(깊은 물에 사는 비늘과 지느러미가 있는 생선)을 구워 드신 기사가 여러 곳에서 보인다(눅 5:4, 24:42; 요 21:9). 또한 음식에 관한 여러 가지 이적을 보이셨는데 생선에 관한 이적이 많았음을 볼 수 있다(마 15:14; 막 8:7). 따라서 예수님은 채식만을 고집하는 채식주의자는 아니셨음이 분명하다. 예수님은 즐겨 생선을 드셨고, 더 나아가 하나님이 주신 모

---

13) 콜린 우르크하르트, 「치유함을 받으라」, 이광호 역, p.213.

든 음식물 그 자체는 깨끗하다 하시며 세상 모든 음식물에 대한 제한을 푸셨다(막 7:19). 사람을 더럽게 하는 것은 음식물 자체에 있는 것이 아니라 하나님께 불순종한 악한 마음에서 기인함을 강조하셨다(막 7:20-23).

초대교회 역사에 있어서 복음이 세계로 퍼져나가게 될 때, '유대인의 율법이 이방인에게도 그대로 지켜져야 할 것인가?' 하는 물음에 대해 예루살렘종교회의가 열렸다. 여기에서 레위기 11장 등에서 언급한 육식에 따른 음식물에 관한 성별(聖別) 규정은 이방인에게는 율법적 구속력으로 강요되지 않음을 선언했다(행 15:6-29). 또한 사도 바울은 모든 음식물은 하나님이 지으신 바요 깨끗하다(롬 14:20)라고 하면서, 믿음이 강한 자는 율법에 금지된 음식물도 그 자체가 더럽지 않다고 확신하기 때문에 어떤 음식이든지 먹을 수 있다고 했다(롬 14:2). 그리고 성경에서 '하라' 혹은 '하지 말라' 등으로 명확히 지시하지 않은 문제는 각자의 양심대로 해결하라고 말씀하셨다(롬 14:1-7). 사도 바울 당시 고린도교회 내에서는 우상의 제물로 바쳐졌던 짐승의 고기에 대한 논쟁이 심하게 다뤄졌다. 이때에도 사도 바울은 우상의 제물 그 자체가 불결한 것이 아니라 그 고기를 먹는 자의 마음자세가 중요하다고 말씀하셨다(고전 8:1-8).

그러므로 오늘을 살아가는 기독인들의 육식에 관한 결론적인 교훈은 이러하다.

첫째, 하나님께서 모든 산 동물도 채소와 같이 우리들의 음식물로 주시면서 생육하고 번성하라고 하셨다(창 9:3). 그러므로 모든 육식이 우리들에게 선하게 허용된 것으로 믿으며, 이 사실은 예수님께서도 확실히 언급하신 바임을 깨달아야 한다(막 7:19).

둘째, 하나님께서 우리에게 육식을 함에 있어서 동물의 피의 식용을 피하고(창 9:4), 짐승 기름의 식용을 피하라고(레 3:17, 7:25) 하시며, 고기를 많이 먹지 말고 절제할 것(잠 23:20)을 당부하셨음을 기억해야 한다. 왜냐하면 육식은 생명이 있는 동물을 잡아먹는 것으로써, 무절제하고 무분별하게 잘못 먹으면 정신적으로 이상성격을 가지게 되며, 육체적으로는 동맥경화, 고혈압, 당뇨병, 간질환, 알레르기질환 및 각종 암 등의 여러 가지 질병에 빠져 건강을 해치고 필경 죽게 되기 때문이다. 그러므로 이 경고의 말씀을 오늘날에도 살아 있는 하나님의 말씀으로 믿어야 할 것이다.

셋째, 채소가 육식에서 초래할 수 있는 여러 해독의 역할을 담당한다는 것이 의학적으로도 증명되고 있다. 그러므로 육식을 할 때는 채소를 충분히 함께 먹음을 원칙으로 알고 행해야 할 것이다.

넷째, 레위기 11장에서 언급하고 있는 육식에 대한 성별(聖別)의 말씀은 종교적인 의미뿐만 아니라, 실제로 하나님의 백성들의 건강을 위한 적극적인 하나님의 사랑의 표현이며, 의학적으로도 합당한 말씀이다. 그러므로 오늘날에도 우리들이 육식을 할 때에는 절제하며 분별하여 각자의 신체적 여건에 따른 건강의 회복 및 증진에 필요한 것인가를 알아보고 섭취해야 한다. 또한 육식을 함에 있어서 경제적, 문화적, 윤리적 그리고 종교적 상황에 따라 덕을 세우며, 나아가 하나님을 영화롭게 하는 일인가 살펴보아야 한다. 그리고 각자 신앙 양심에 따라 행함에, 육식에 대한 규례를 오늘날에도 규범이 되는 살아 있는 하나님의 말씀으로 받아, 우리의 건강을 위한 하나님의 지극하신 사랑의 교훈으로 삼아야 할 것이다.

다섯째, 모든 음식물은 하나님께서 창조하시고 우리들을 위해 마련해 놓으신 것으로써, 모두가 깨끗한 것이다(막 7:19). 따라서 이 것들을 충만한 기쁨과 뜨거운 감사로 받고 취할 때 진정 우리들의 영혼과 육체가 강건하여지며, 모든 질병을 이기고 건강하고 장수하게 되어, 하나님께 영광과 찬미를 드리는 아름다운 성도의 삶을 살게 될 것이다.

그리스도와 다윗

다윗 왕국은 하나님의 언약이 지상에서 이뤄지는 구체적인 예표로서 나타났다. 다윗 왕국이 이 땅에서 세워짐으로 세 가지의 축복을 누리게 되었다.

첫째, 이스라엘을 악으로부터 보호하기 위해 있었다.

둘째, 유대 역대 왕들은 백성들을 위한 번영을 보장해야 했다.

셋째, 다윗 집안은 백성들 가운데 하나님의 특별한 임재가 계속 유지되기 위해 특별히 하나님으로부터 세움을 받았다. 그러나 구약은 하나님의 언약으로 세워진 다윗 왕국이 영원히 지속되지 못하고 슬픈 종말을 맞게 됨을 기록하고 있다.[14]

과연 다윗 왕국에 주어진 위의 세 가지 축복은 끝나고 말았는가?

신약은 예수 그리스도께서 바로 다윗 왕국의 최종 상속자라고 말함으로써 이 문제에 답하고 있다. 마태와 누가는 그리스도가 다윗의 후손이라는 것을 밝히기 위해 긴 족보를 소개하고 있다(마

---

14) 리차드 L 프랫, 「인간존엄을 향한 하나님의 디자인」, 김정우 역, pp.194-195.

1:1–17; 눅 3:23–38).[15]

예수님은 다윗 왕국의 최종적 후계자로서 이루 말할 수 없는 왕국의 축복을 가져왔다. 보호와 번영과 현존이라는 왕국의 축복은 구약으로 중단되지 않았다. 이것들은 모두 예수 그리스도 안에서 완전히 이루어졌다. 그러나 이 축복은 예수님께서 두 단계로 내려주신다는 사실을 알아야 한다. 그는 보호와 번영과 하나님의 현존의 축복을, 초림뿐만 아니라 재림 때에도 가져오심으로써 하나님의 언약을 온전히 이루실 것이다.[16]

창조의 건강함이, 아담과 하와의 범죄로 인한 타락과 더불어 질병과 사망이 왔다. 그럼에도 불구하고 하나님의 신실하신 뜻과 뜨거운 사랑은 변개될 수 없기에, 하나님은 아담으로부터 회복을 위한 치유를 시작하셨다. 다시 온전한 건강을 회복시키시겠다는 하나님의 언약은 아담으로부터 시작되어 노아, 아브라함, 모세, 다윗을 거쳐 예수 그리스도께 와서 비로소 완성된다.

3. 그리스도의 치유사역

예수께서 모든 도시와 마을에 두루 다니사 그들의 회당에서 가르치시며 천국 복음을 전파하시며 모든 병과 모든 약한 것을 고치시니라 무리를 보시고 불쌍히 여기시니 이는 그들이 목자 없는 양과 같이 고생하며 기진함이라 이에 제자들에게 이르시되 추수

---

15) 같은 책., p.194.
16) 같은 책., pp.194-195.

할 것은 많되 일꾼이 적으니 그러므로 추수하는 주인에게 청하여
추수할 일꾼들을 보내어 주소서 하라 하시니라(마 9:35-38).

하나님의 치유사역은 어디에서 온전히 회복되고 완성되어 나타
나는가? 그것은 모든 약한 것과 질병과 죽음을 이기시고 살려 주
는 영(靈)이 되시며(고전 15:45), 길이요, 진리요, 생명이신 예수 그
리스도(요 14:6)에게서 우리들은 발견하게 된다. 이것은 곧, 첫 아
담의 죄악으로 말미암아 이미 죽고 다시 소생 못할 우리 인간들에
게 하나님의 언약에 따라 새로운 생명과 영생을 주시는 '나의 주님
이시요, 나의 하나님(요 20:28)'이신 마지막 아담 예수 그리스도(고전
15:45), 그분 안에서, 그분의 사역 안에서, 우리들은 발견할 수 있게
된다.

그러므로 예수님의 사역은 총체적 치유사역(Holistic Healing
Ministry)의 온전한 모델이 된다. 예수님의 사역의 내용은 가르치
며, 천국 복음을 전파하며, 모든 질병과 약한 것을 치유하는 것이었
다(마 9:35). 그리고 주님의 사역의 동기는 인간들을 불쌍히 여기는
연민의 감정이었다(마 9:36). 주님께서는 주님의 이 같은 사역이 당
신의 제자들과, 또 그 제자들의 제자들과 함께 주님께서 다시 오실
그날까지 지속적으로 이어질 것을 명령하셨다(마 9:37-38).

예수께서 나아와 말씀하여 이르시되 하늘과 땅의 모든 권세를 내
게 주셨으니 그러므로 너희는 가서 모든 민족을 제자로 삼아 아
버지와 아들과 성령의 이름으로 세례를 베풀고 내가 너희에게 분
부한 모든 것을 가르쳐 지키게 하라 볼지어다 내가 세상 끝날까

지 너희와 항상 함께 있으리라 하시니라(마 28:18-20).

이 말씀은 주님께서 이 세상을 떠나시면서 제자들에게 부탁하신 대 위임명령(The Great Commission)으로서 주님 제자의 삶을 살기를 원하는 모든 기독인들에게 주신 말씀이다. 이 말씀이 주님께서 부탁하신 전체 사역을 의미한다면, "예수께서 열두 제자를 불러 모으사 모든 귀신을 제어하며 병을 고치는 능력과 권위를 주시고 하나님의 나라를 전파하며 앓는 자를 고치게 하려고 내보내시며 이르시되 여행을 위하여 아무 것도 가지지 말라 지팡이나 배낭이나 양식이나 돈이나 두 벌 옷을 가지지 말며 어느 집에 들어가든지 거기서 머물다가 거기서 떠나라(눅 9:1-4)."는 이 말씀은 특별히 치유사역을 하고자 하는 제자들에게 부탁하시는 특수 위임명령(The Specific Commission)이라고 할 수 있다.

신약의 사복음서에는 예수님의 치유 기적 사건이 72회 기록되어 있다. 마태복음에 25회, 마가복음에 18회, 누가복음에 24회 그리고 요한복음에 5회가 기록되어 있다. 이들 복음서에서 예수님의 치유 기적은 총 41회(중복 기록 제외)로서, 사복음서의 총 절수 3,781절 중에서 468절이 주님의 치유사역을 기록하는데 소요되고 있다. 이는 주님의 생애와 활동을 기술하는데 소요된 총 절수의 1/8(12%) 분량에 해당된다.[17]

---

17) 이명수, 「치유선교론」, 박행렬 역, p.23.

(표6) 총체적 치유체계[18]

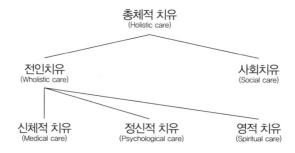

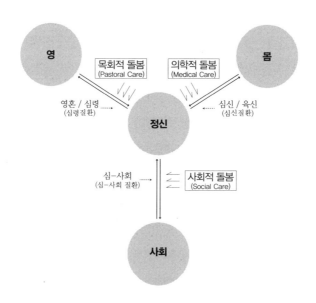

18) 이명수, 「치유선교론」, p.63.

예수님의 치유 목적 – 메시아로서의 예수님의 자아인식

> 그 때에 맹인의 눈이 밝을 것이며 못 듣는 사람의 귀가 열릴 것이
> 며 그 때에 저는 자는 사슴 같이 뛸 것이며 말 못하는 자의 혀는
> 노래하리니 이는 광야에서 물이 솟겠고 사막에서 시내가 흐를 것
> 임이라(사 35:5-6, 42:7).

이는 메시아가 세상에 오실 때에 인간들과 세상에 일어날 현상
에 대한 선지자 이사야의 예언이다. 신약시대에 와서 "오실 그 이
(메시아)가 당신이오니까 우리가 다른 이를 기다리오리까(마 11:3; 눅
7:19)?"라는 이 질문은 세례 요한이 그의 제자들을 예수님께 보내어
묻게 한 말이다. 이에 대하여 예수님께서는 '내가 메시아이다.'라고
직접적으로 말씀하시지는 않았으나, 자신이 메시아이신 것을 자신
이 행하신 사역을 통해 분명히 말씀하셨다(마 11:4-6; 눅 7:22, 23).

> 예수께서 대답하여 이르시되 너희가 가서 듣고 보는 것을 요한에
> 게 알리되 맹인이 보며 못 걷는 사람이 걸으며 나병환자가 깨끗
> 함을 받으며 못 듣는 자가 들으며 죽은 자가 살아나며 가난한 자
> 에게 복음이 전파된다 하라 누구든지 나로 말미암아 실족하지 아
> 니하는 자는 복이 있도다 하시니라(마 11:4-6; 눅 7:22-23).

> 그러나 내가 하나님의 성령을 힘입어 귀신을 쫓아내는 것이면 하
> 나님의 나라가 이미 너희에게 임하였느니라(마 12:28; 눅 11:20).

그 당시 의사였던 누가의 증언을 보면 "마침 그 때에 예수께서 질병과 고통과 및 악귀 들린 자를 많이 고치시며 또 많은 맹인을 보게 하신지라(눅 7:21)."라고 기록하고 있다. 그러므로 예수님의 기적적인 치유들은 예수님이 메시아이시며, 하나님의 나라가 메시아가 오심으로 이미 도래하였고, 그분은 죄를 용서할 수 있는 권세를 가지신 하나님의 말씀과 언약으로 약속된 '그 메시아'이심을 입증하고 있다. 진정 예수님의 치유사역은 예수님 자신이 메시아이심을 입증하는 확고한 증거인 것이다.[19]

예수님의 질병관

예수님의 생각과 가르침 속에는 이 세상이 공존할 수 없는 두 개의 나라, '하나님의 나라'와 '사탄의 나라'로 나타나 있다.[20] 전자는 "하나님이 지으신 그 모든 것을 보시니 보시기에 심히 좋았더라(창 1:31)."고 하신 것과 같이 그 나라는 조화를 이루어 온전하고 좋았던 '하나님의 나라'이다. 그러나 후자는 창조 이후에 질병과 고통과 죽음이 하나님의 나라에 침입한 '사탄의 나라'로 보았다. 이 두 나라는 결코 양립할 수 없는 적대적 관계(창 3:15)에 있기 때문에 여자의 후손으로 오신 메시아로서의 예수님은 분노와 적개심을 가지고 '사탄의 나라'를 멸하시기 위하여 싸우셨다.[21] 예수님이 질병과 죄에 대해 그토록 민감하게 반응한 한 가지 확실한 이유는 인간들

---

19) 같은 책., p.26.
20) 같은 책., p.27.
21) 같은 책..

이, 예수님께서 전 존재로 대항하고 있었던 이질적인 영들(사탄과 귀신들)에게 저항할 수 없이 지배를 받기 때문임을 그분이 인식하고 있었다는 것이다. 그리고 그것들을 쫓아내는(몸과 마음과 영의 건강을 되찾는) 유일한 방법은 하나님의 영, 즉 성령에 의지하는 것이었다.[22]

그러므로 예수님의 치유사역의 기적들은 어둠이 빛 앞에서 말끔히 물러가듯이 사탄의 권세가 성령의 능력으로 여지없이 쫓겨 가고, '하나님의 나라'를 확장시키는 확실한 증거들로 나타나 있다. 물론 오늘날 질병을 일으키는 원인들이 다양한 양상으로 존재하지만 근본적으로 질병과 죽음의 권세는 '사탄의 활동'으로 시작되었기 때문이다.

예수님의 치유 동기

예수님의 치유에 대한 고찰에 있어서 가장 중요한 것은 예수님의 치유의 대상이나 치유의 방법이 아니라, 오히려 치유의 동기이며, 이유이다. 이는 만일 우리가 그리스도인으로서 예수님의 성육신을 믿을 경우 질병에 대한 예수님의 태도는 곧 질병에 관한 하나님의 태도를 드러내 줄 것이기 때문이다.[23]

예수님께서 병자들을 치유해 주셨던 가장 중요한 치유 동기는 '불쌍히 여기시는 마음'이었다. 예수님께서는 그들에게 깊은 관심을 가지셨으며, 그들이 고통을 당할 때 그들과 함께 고통을 당하신 것

---

22) M.T. 켈시, 『치유와 기독교』, 배상길 역 (서울 기독교서회, 1986), p.74.
23) 같은 책., p.100.

이었다. 즉, 불쌍히 여기심의 가장 근원적 의미는 바로 고통을 당하는 사람들과 함께 고통을 당하는 것이다. 예수님은 바로 '하나님의 사랑의 구현자'이셨던 까닭에 자연히 그를 찾아 온 병자들의 모든 질병들을 치유해 주심으로써 더는 고통을 당하지 않게끔 하셨다.[24] 이러한 불쌍히 여기심은, 또 한편으로 불순종하여 고난과 죽음에 처하게 된 하나님의 백성들을 그래도 불쌍히 여기시고 다시금 용서하시는 하나님의 마음이며, 자신의 독생자 예수를 대속의 제물로 주시기까지 돌보시는 하나님의 사랑의 표현이기도 했다(요 3:16; 롬 5:8; 엡 2:4).

그러므로 우리들의 몸과 마음과 영의 전인적 건강을 되찾을 수 있는 길은 하나님의 영이신 성령에 의지하는 길이다. 이 성령 충만을 받는 비결은 오직 하나님이 우리들을 사랑하심과 같이 우리가 서로 사랑하는 삶의 모습을 보일 때에 가능하다는 것을 주님은 자신의 삶을 통해 가르치셨다. 진실로 사랑은 능력 있는 미덕일 뿐만이 아니라 몸과 마음과 영의 치료제인 것이다.[25]

그러므로 치유사역에 참여하는 모든 자들은 병들어 고생하며 유리하는 자들에게 주님의 마음으로 그들을 불쌍히 여기며, 그들과 함께 고통을 나누어야 할 것이다. 그리고 주님께서 보여 주신 그 사랑으로 돌보아야 할 것이다.

예수님께서 병자들을 치유해 주셨던 또 다른 이유는 질병과 고통과 죽음을 하나님의 나라에 대항하는 사탄의 역사로 보셨다는 것

---

24) 같은 책., pp.100-101.
25) 같은 책., p.74.

이다. 온 천하를 주고도 바꿀 수 없는, 하나님의 형상대로 창조된 (창 1:27), 존귀한 생명(마 16:26; 막 8:36; 눅 9:25)을 가진 인간이 사탄에 의하여 고통을 받고 희생당하는 것을 볼 때 분노를 느끼셔서 (요 11:33), 이 세력들을 꾸짖기도 하시고(눅 4:41), 비난하시고 쫓아내셨던 것이다(막 1:25; 5:8; 9:2). 예수님께서는 결코 질병을 옹호하지 않으시고 오히려 질병과 대항하여 싸우셨다. 예수님의 이러한 태도의 밑바탕에 깔려있는 사고는 질병을 앓고 있는 사람들이 악한 세력의 영향이나 지배 아래 있다는 것이었다. 사탄, 귀신들, 파괴적이며 비창조적인 것들, 하나님의 영이나 성령을 거스리는 것들과 같은 악한 세력들은 병자들을 지배하고 있거나 적어도 그들에게 부분적인 영향력을 끼치고 있는 것으로 간주되었다. 예수님께서는 그 자신의 본성상 이러한 악한 세력들에 맞서시고, 이러한 악한 세력들에 대하여 적대심을 지니고 계셨던 까닭에 그 악한 세력들을 굴복시키시고 이로써 사람들을 자유롭게 하시기를 원하셨다. 예수님께서는 하나님의 창조적 권능의 구현자로서 바로 이 질병을 근절시키기 위하여 십자가를 지셨던 것이다.[26] 그러므로 모든 기독 의료인들은 질병과 죽음의 세력에 대해서는 분노를 가지고 대항해 싸워야 한다. 그러기 위해 더욱 열심히 모든 질병들을 연구하고, 질병 퇴치를 위한 훈련에 애쓰며 수고하여야 할 것이다.

마지막으로 예수님께서는 사람들이 그들 자신의 죄를 회개하는 것을 도우시기 위하여 그들을 치유해 주셨다. 예수님께서는 죄와

---

26) 같은 책., pp.101-103.

질병의 관계를 깊이 인식하고 계셨으며, 또한 사람들을 온전함에 이르게 하는 자극물에 대한 사람들의 욕구를 깊이 인식하고 계셨다. 그러나 주님은 결코 죄를 질병의 유일한 원인이나 가장 중요한 원인으로 간주하시지는 않으셨다.[27] 예수님은 질병의 첫째 원인이 하나님과 그의 길을 미워하였던 세상에 풀려 있는 악의 세력이라고 생각했던 것처럼 보인다.[28]

예수님의 치유 자세

예수님의 치유 자세는 첫째, 먼저 찾아가는 자세이다. 예수님 께서는 모든 도시와 마을에 두루 다니시면서 병들고, 상처를 받은 인간들에게 손수 찾아가셨다(마 9:35; 눅 8:1-2). 이것은 하나님께 서 범죄하여 죽게 된 아담과 하와에게 먼저 찾아와 치유하시던 바로 그 모습이셨다(창 3:9). 예수님이 하나님의 아들인 메시아로 오셨 기에 그분은 하나님의 본성을 대변하는 분으로서 그분의 치유 행위 역시 하나님의 본성으로부터 나온 것들이었다.[29] 그러므로 예수님 의 치유 자세는 모든 도시와 마을을 두루 찾아 가시는 모습이셨다. 따라서 예수님의 제자의 삶을 살아가길 원하는 기독 치유자의 모습 도 "내게 와서 도움을 청하라!"라기보다는 "내가 무엇을 도와주길 원합니까?" 하고 먼저 묻는 모습이요, 먼저 찾아가는 자세이어야 한다. 병든 자가 의사에게 찾아가는 것이 아니라, 의사가 병든 자

---

27) 같은 책., p.105.
28) 같은 책., p.108.
29) M. T. 켈시, 『치유와 기독교』, 배상길 역, p.69.

를 찾아가는 모습이다. 진정 치유자의 모습이 '찾아가는 자세'일 때에 치유자의 교만은 자리할 곳이 없다. 겸손으로 함께하는 하나님의 은혜와 축복은 능히 병든 자를 일으켜 세운다. 치유사역의 기본적인 모습은 '찾아가는 사역'임을 잊어서는 안 될 것이다.

예수님의 치유의 자세의 또 다른 모습은, 주님은 한 사람을 치유하기에 앞서서 그 사람이 선한가, 또는 악한가, 그가 회개를 하였는가, 또는 개전(改悛)의 기미를 보이고 있는가를 따지지 않으셨다. 주님은 그들을 있는 그대로 사랑하였으며, 그들로 질병과 고통의 불행에서 벗어나도록 돕기를 원하셨다. 예수님은 죄와 질병에 사로잡혀 있는 사람을 향한 하나님의 자비를 표현하기 위하여 행동하셨던 것이다.[30]

예수님의 치유의 의미와 목표

예수님의 치유의 의미와 목표는 '하나님의 나라 건설'이다.[31] 예수님의 말씀은 '하나님의 나라'를 선포하는 것이었다. 하나님의 나라는 사망이나, 애통하는 것이나, 곡하는 것이나, 아픈 것이 다시 있지 않은 곳이다(계 21:1-4). 그분의 치유의 기적은 '하나님의 나라'의 전진하는 세력 앞에서, '사탄의 나라'의 궤멸을 의미하고, 이것은 빛 앞에서 어두움이 쫓겨 가는 것과 같은 것으로서, 하나님 나라의 회복과 확장을 의미한다. 따라서 예수님의 치유 행위들은 하나님 나라에 대한 직접적 증거로 일컬어졌다. 예수님께서는 '나의

---

30) 같은 책., p.110.
31) 이명수, 「치유선교론」, 박행렬 역, p.40.

치유는 하나님의 나라가 세상에 임하고 있다는 징표'라고 명확하게 말씀하셨다(마 12:27-28).[32]

그러므로 치유사역의 궁극적인 목표는 타락하고 병든 인간과 사회를 회복하여 '새 하늘과 새 땅'을 건설하는 데 있다. 그러나 하나님의 나라는 이미 우리들에게 임했지만 아직 완성된 것은 아닌 것이다. 그렇다면 아직도 질병과 사망의 고통 속에 거하는 우리들에게, 이미 임하신 하나님의 나라는 무엇인가? 그것은 예수 그리스도, 당신 자신이신 것이다. 그러므로 첫 아담의 타락과 더불어 병들어 죽은 우리들을 하나님의 은혜로 살리시고, 영원한 생명을 주시는 분이 예수 그리스도, 바로 그분이심을 고백할 때, 우리는 이미 '하나님의 나라'를 우리 안에 소유하는 것이다.

전인치유는 예수 그리스도를 통한 하나님의 나라 백성이 되는 관문이요, 하나님의 나라는 전인치유의 완성인 것이다.

예수님의 지상사역의 특징

예수께서 모든 도시와 마을에 두루 다니사 그들의 회당에서 가르치시며 천국 복음을 전파하시며 모든 병과 모든 약한 것을 고치시니라(마 9:35).

예수님의 지상사역은 세 가지로 크게 요약된다. 첫째, 가르치시는 일. 둘째, 천국 복음을 전파하시는 일. 마지막으로 모든 병과 약

---

32) M.T. 켈시, 「치유와 기독교」, 배상길 역, p.68.

한 것을 고치시는 일이 그것이다(마 9:35). 아울러 예수님께서는 당신께서 훈련시킨 열두 제자들을 세상에 내어 보내시면서 예수님께서 행하신 일을 위임하셨다.

> 예수께서 열두 제자를 불러 모으사 모든 귀신을 제어하며 병을 고치는 능력과 권위를 주시고 하나님의 나라를 전파하며 앓는 자를 고치게 하려고 내보내시며(눅 9:1-2).

그러므로 오늘날 예수님의 제자가 된 우리들의 사역도 이러해야 한다. 예수님 제자의 삶을 살기를 원하는 자라면, 그의 직업이 어떠하든지 하나님 나라의 복음을 전파하고, 가르쳐야 한다(딤후 4:1-2; 행 5:42). 예수 그리스도의 이름으로 모든 귀신을 내어 쫓으며, 병든 자를 위해 병 낫기를 기도해야 한다(약 5:14-16). 만일 그가 하나님께로부터 병을 고치는 은사를 받았다면 마땅히 병든 자를 치료하고 돌보아야 한다. 동시에 하나님의 말씀을 가르치고, 천국 복음을 전파해야 할 것이다. 어떤 이가 기독 외과의사로 부름을 받았다면 그는 환자의 질병을 수술하고 또한 하나님의 말씀을 가르치고 전파해야 할 것이다. 만일 기독 간호사로 부름을 받았다면 그는 환자를 간호하고 또한 하나님의 나라를 전파하고 가르쳐야 할 것이다. 그러므로 '치유선교' 사역에 있어서 '치유'와 '선교'가 분리될 수 없는 것이다.

예수님의 치유사역의 특징과 방법

성경에는 예수님께서 그의 공생애 3년간에 있어서 모두 41건의 치유의 기적을 행하셨다고 기록하고 있다. 예수님의 치유의 특징은 대부분 만성적인 질병이었고, 현대의학으로는 치유하기 힘든 것들이었다. 또한 예수님의 치유는 주권적이며, 즉각적이고, 전인적이었다(마 9:22, 15:28, 17:18).[33] 그의 치유 방법은 축귀술, 말씀, 기도, 안수, 환자 자신 및 친척들의 믿음, 진흙 바름 등이었다. 그분은 신체의 질병뿐만 아니라 정신과 영의 병을 포괄하여 개별적으로 또는 집단적으로 온전하게 치유하셨다. 그러므로 우리들은 하나님께서 질병 치료를 위해 다양한 치료 방법을 주셨다는 사실에 감사해야 한다. 그러나 우리들은 소위 믿음이 강하다는 사람일수록 하나님께서 주신 다양한 치료 방법을 활용하기에 주저하는 경향이 있다. 육신적인 질병에 대해서 의사에게 치료를 받거나 약물을 사용하는 것은 자신의 믿음이 연약한 증거로 여기고 꺼려하는 경우를 종종 보게 된다. 그러나 유념해야할 것은 '의학'도 하나님께서 우리들에게 주신 아름답고 귀한 '선물'이라는 사실이다.[34]

무엇보다도 인간 치유에 대한 가장 중요한 주님의 치료 방법은 당신의 귀하신 몸을 사용하셨던 것이다.

그는 근본 하나님의 본체시나 하나님과 동등됨을 취할 것으로 여기지 아니하시고 오히려 자기를 비워 종의 형체를 가지사 사람들

---

33) 박형렬, 「통전적 치유목회학」, p.189.
34) 칼빈(John Calvin)은 "의학이란 하나님으로부터 받은 선물"이라고 했다(폴 토우르니에, 「성서와 의학」, p.306.).

과 같이 되셨고 사람의 모양으로 나타나사 자기를 낮추시고 죽기까지 복종하셨으니 곧 십자가에 죽으심이라(빌 2:6-8).

예수님은 하나님의 뜻에 복종하사 인간들의 죄와 허물을 사하시기 위해, 인간의 모든 질병과 죽음의 권세를 치유하시고 물리치기 위해 십자가에 죽으셨다. 십자가에서 흘리신 귀하고 보배로우신 피가 인간의 모든 죄와 질병과 죽음까지도 치유하신 것이다. 이것은 이미 첫 범죄자이며, 인류 최초의 환자였던 아담과 하와에게, 한 동물의 생명을 취하사 그 피와 가죽으로 그들의 죄와 허물과 질병을 가리고 치료하셨던 하나님의 사랑과 은혜의 완성을 의미한다.

예수 그리스도의 보혈!

이것이야말로 인간들의 모든 질병과 죽음조차도 치유하는 가장 확실한 양약(良藥)이요, 치료제인 것이다.

예수님의 치유 대상

예수님의 일차적 치유 대상은 인간들이었다. 특히 목자 없는 양과 같이 고생하며 기진한 무리들이었다.

무리를 보시고 불쌍히 여기시니 이는 그들이 목자 없는 양과 같이 고생하며 기진함이라(마 9:36).

또한 갇히고, 병들고, 억압받고 소외된 자들이었다.

주의 성령이 내게 임하셨으니 이는 가난한 자에게 복음을 전하게
하시려고 내게 기름을 부으시고 나를 보내사 포로 된 자에게 자
유를, 눈 먼 자에게 다시 보게 함을 전파하며 눌린 자를 자유롭
게 하고 주의 은혜의 해를 전파하게 하려 하심이라 하였더라(눅
4:18-19; 사 61:2-4).

진실로 우리들은 모든 계층의 사람들을 치유 대상으로 삼아야
할 것이다. 그러나 치유사역에 동원할 수 있는 인적 및 물적 자원
은 극히 제한되어 있기 때문에 일차적인 대상을 사회 소외계층으로
하고 그것을 점진적으로 확장시킴을 전략으로 함이 바람직할 것이
다.[35]

---

35) 이명수, 『치유선교론』, 박행렬 역, p.41..

9장

그리스도의 초림과 치유

하나님이 우리를 구원하사 거룩하신 소명으로 부르심은 우리의
행위대로 하심이 아니요 오직 자기의 뜻과 영원 전부터 그리스도
예수 안에서 우리에게 주신 은혜대로 하심이라 이제는 우리 구주
그리스도 예수의 나타나심으로 말미암아 나타났으니 그는 사망
을 폐하시고 복음으로써 생명과 썩지 아니할 것을 드러내신지라
(딤후 1:9-10).

1. 그리스도의 초림과 치유

아담의 타락 이후 인간에게 찾아온 질병과 죽음은 일차적으로
하나님과의 관계성의 단절에서 오는 심판의 결과이다.

그 다음으로 우리들을 언제나 죄의 법 아래로 사로잡아 가는 사탄의 역사(役事)이다.

마지막으로 타락 이후 왜곡되고 깨어진 인간 속성의 변질과, 인간 관계성의 단절과, 자연과의 부조화 및 질서를 잃어버림으로 해서 온 결과이다.

그러므로 인간의 전인적 치유의 근본적 과제는, 첫째, 하나님과의 관계 회복이며, 둘째, 사탄과의 관계 단절이며, 셋째, 인간 구성 요소의 균형, 인간 상호간의 조화, 그리고 인간을 둘러싸고 있는 사회와 자연과의 질서 회복과 유지이다. 이러한 과제들은 이제 그리스도 예수께서 이 땅에 오심으로 온전한 치유를 약속하신 하나님의 언약이 이루어졌다.

그리스도 안에 거하게 된 자에게는 하나님과 그들 사이에 가로막혔던 단절의 담이 마지막 아담이신 예수 그리스도의 보혈로 허물어졌다(엡 2:14). 그리스도의 십자가로 말미암아 하나님과의 화목이 이루어졌다(엡 2:16). 주님께서 우리들의 허물과 죄를 위해 십자가에 달리셨기에 우리들의 죄와 허물이 사함을 받았다(엡 1:7). 또한 모든 질병과 사망을 이기시고 다시 살아나셔서 우리들에게 영원한 생명을 가져다 주셨기에 우리들의 산 소망이 되셨다(벧전 1:3). 주님의 권세와 능력으로 사탄의 세력을 물리치심으로 모든 질병과 귀신들이 물러가고 죄의 갇힘과 억눌림에서부터 해방되었다(롬 6:18, 22). 주님께서 육신으로 오셔서, 가르치시고, 천국 복음을 전파하시며, 모든 약한 것과 질병을 고치셨음으로(마 9:35) 주님 안에 있는 자들은 유혹의 욕심을 따라 썩어져 가는 구습을 따르는 옛 사람을 벗어 버리고 새 사람이 되었다(엡 4:21-24). 주님께서는 부활 승천 하신 후에 성령으로 임하셔서 우리들과 늘 함께 계시며, 우리들을 돌보시고 치유하신다(마 28:20).

(표7) 건강 · 질병 · 치유의 순환 도표[1]

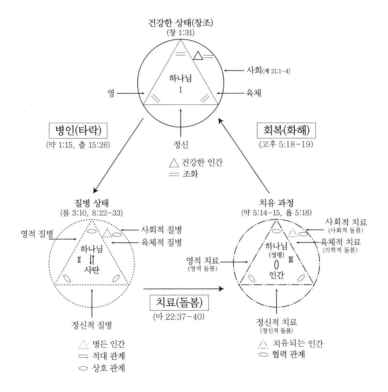

1) 이명수, 「치유선교론」, 박행렬 역 (서울: 나임, 1995), p.61.

그러나 주님의 초림과 재림 사이를 살아가는 오늘날, 주님의 제자가 된 삶을 살아가기를 원하는 우리들에게 여전히 빈곤과 질병과 죽음의 시련이 그대로 남아있는 것은 무엇 때문인가? 주님의 은혜로 죽었던 나사로가 다시 살아난 후 또 다시 죽은 이유는 무엇인가? 오늘날 불치, 난치병으로 죽음 직전에 있는 자들이 성령의 역사로 다시 회복되고도 또 다시 죽어야 할 이유는 무엇인가? 예수 그리스도의 오심으로 하나님의 나라가 이 땅에 도래하였고, 하나님의 치유에 관한 약속이 온전히 이루어졌다고 하면서도, 그리고 그리스도 안에서 새 사람이 되었다고 하면서도, 여전히 환란과 핍박과 질병과 죽음이 우리들에게 존재하고 있다면, 그리스도 예수 안에서 오늘을 살아가는 우리들이 누리는 하나님 나라의 축복이란 무엇인가? 그리스도 예수께서 무엇을 온전히 이루시고, 회복시키시고, 치유하셨다는 말인가?

우리들은 그리스도의 초림 이후에 누리게 된 하나님 나라의 축복이 일차적으로 영적이라는 사실을 유념해야 한다.[2] 우리들이 분명히 알아야 할 것은 예수님을 믿음으로써 현세에서 우리의 영혼이 잘되고, 범사가 잘되고, 강건해진다는 것을 주님께서 보증하시지 않으셨다는 사실이다(요한삼서 2장 참조). 그것은 주님의 바램이요, 사도들의 바램이요, 우리 성도들의 바램일 수 있다. 그리스도는 현 단계에서 모든 물리적인 악으로부터 우리를 보호하신다고 약속하지 않으셨다. 오히려 주님께서는 "사람들이 나를 박해하였으니

2) 리차드 L. 프랫, 「인간존엄을 향한 하나님의 디자인」, 김정우역, p.197.

너희도 박해할 것이다(요 15:20)."라고 하시며, 주님을 따르는 자들은 고난과 핍박을 받으리라고 경고하셨다. 더구나 그리스도의 왕권은 현재의 물질적 부와 건강을 보증하지 않았다. 빈곤과 질병의 시련은 우리들에게 그대로 남아 있는 것이다.[3]

그러나 우리들이 질병과 사망, 빈곤과 멸시, 폭력이나 권력자, 핍박과 설움, 현재 일이나 장래 일, 귀신이나 사탄, 그리고 높음이나 깊음이나 다른 아무 피조물이라도 두려워하지 않고 도리어 넉넉히 이길 수 있는 것은 우리 주 예수 그리스도 안에 있는 하나님의 사랑이 있기 때문이다(롬 8:35-39). 그것은 만왕의 왕이신 우리 주님께서 이 모든 사망의 세력에 대해서 이미 승리를 확보해 놓으신 까닭이다(고전 15:55-57). 그러므로 주님 안에 있는 우리들을 하나님의 보호하심으로부터 빼앗아 갈 자가 아무도 없다(롬 8:38, 39).

우리는 하나님의 약속으로만 믿어 왔던 나의 왕, 나의 주시며, 영원한 생명이신 예수님을 이제 귀로 듣고, 눈으로 보고, 우리 손으로 만질 수 있기에, 우리들은 다시 오셔서 온전한 회복을 이루실 '재림 예수'를 소망하며 이 모든 어려움을 인내할 수 있는 것이다.

현재는 초림으로 오신 주님께서 주님을 믿고 따르는 우리에게 영적인 축복을 보장하시지만(벧전 1:9), 다시 오실 그때에는 그분의 보호와 번영, 임재의 축복이 육체적인 데까지 온전히 이를 것이다.[4] 그리하여 그때에는 우리들의 모든 질병과 약함과 억눌리고 간

---

3) 같은 책., p.97.
4) 같은 책..

힌 모든 것들이 온전히 치유될 것이다(계 21:1-4). 그러므로 주님의 초림과 재림 사이를 살아가는 우리들은 때로는 우리들이 원치 않는 질병이나, 예기치 못했던 사고들에 의해서 상처를 입고 육신적으로 죽어 가게 될지라도 우리들은 염려하거나 두려워할 이유가 없다. 주님 안에 거하게 된 우리들에게 사망이 왕 노릇할 수 없기 때문이다(롬 5:21). 그러므로 예수님께서는 주님 안에서 육신적으로 죽은 자들을 향해 '죽었다.'라고 하지 않으시고, '잠들었다.'라고 하신 것이다(요 11:11). 그러므로 우리들은 주님 안에서 사랑하는 이들이 여러 가지 이유로 불치병이나, 난치병이나, 심각한 사고를 당하여 고통하거나, 때로는 그 육신이 죽어 우리 곁을 떠나간다 할지라도 슬퍼하지 않을 수 있다. 영원한 생명의 주인 되시는 우리 주님이 다시 오시는 날, 그들을 다시 온전한 모습으로 만날 것을 확신할 수 있기에, 우리들은 도리어 슬픔 대신 기쁨을 노래할 수 있는 것이다.

평강의 하나님이 친히 너희를 온전히 거룩하게 하시고 또 너희의 온 영과 혼과 몸이 우리 주 예수 그리시도께서 강림하실 때에 흠 없게 보전되기를 원하노라(살전 5:23).

2. 하나님의 나라와 그리스도

하나님께서는 타락하여 범죄한 인간들에게 회복과 치유와 구원의 언약을 주셨다. 그 언약은 첫 아담으로부터 시작되어, 노아, 아브라함, 모세, 다윗을 거쳐 드디어 마지막 아담이신 예수 그리스도께 와서 온전히 이루어졌음을 살펴보았다.

그리스도 예수께서는 이 땅에 오셔서 온 세상을 향해 '하나님의 나라'를 선포하셨다.

회개하라 천국이 가까이 왔느니라(마 4:17).

그러므로 '메시아 사역'이란 '그 나라를 시작하는 사역'이다.[5] 예수님은 하늘에서부터 온 은혜로운 특징을 갖지 않은 이적을 행하시는 것을 한결같이 거부하셨다. 진정한 표적은 그 나라를 나타내는 표적이요, 하나님의 왕권을 나타내는 표적이어야 한다. 그러므로 이 능력은 양면을 가지고 있다. 즉, 하나님의 원수들에게는 정복과 파괴와 심판하는 능력을 가지고 있으며, 하나님의 백성들에게는 자유와 치유와 구원하는 능력을 가지고 있는 것이다.[6]

그러므로 하나님의 나라를 구성하고 있는 축복은, 첫째, 소극적인 축복으로서, 모든 악으로부터의 해방이다. 따라서 가장 중요한 것은 죄 용서를 받는 것이다. 둘째, 적극적인 축복으로서, 하나님의 자녀가 되는 양자의 축복과 생명을 얻는 것이다. 우리 인간들이 하나님의 양자가 되어 그 나라를 상속받아 소유함으로 얻는 축복이며, 또한 이 생명은 즐거움의 근원이신 하나님과 교통하므로 지배를 받는 것이다.[7]

---

5) 게르할더스 보스, 「하나님의 나라」, 정정숙 역 (서울: 한국개혁주의 신행협회, 1987), p.67.
6) 같은 책., p.42.
7) 같은 책., p.93.

'하나님의 나라'는 인간들을 통치하시는 하나님, 혹은 그 나라의 신적인 성격을 강조하며, 하나님께서 그 나라에 있어서 핵심적 위치를 차지하는 나라이다. 따라서 하나님께서는 결코 하늘 높은 곳에 초월해 계시면서 고통을 받는 비참한 인간들과 그의 우주를 저버리시는 그런 창조주가 아닌 분이시다.[8]

그러므로 하나님께서는 하나님의 백성들을 치유하고 구속하기를 원하신다. 헤르만 리델보스(Dr. Herman Ridderbos)는 다음과 같은 말로 하나님 나라의 구속적 초점을 명백히 제시하였다. "하나님의 나라(Basileia)는 그리스도 안에서 성취되고 절정에 도달할 구원에 대한 위대한 신적사역이며, 교회(Ekklesia)는 하나님께서 선택하시고 부르셔서 그 나라의 축복 속에 참여하는 백성이다."[9]

예수 그리스도께서는 역사(歷史) 가운데서 그의 피조 된 우주에 대한 하나님의 주장들을 구체화하시고, 계시하시고, 유효하게 하시고, 법적으로 기반을 닦으시고 이행하신다. 그러므로 예수 그리스도는 하나님과 세상을 위한 그의 뜻과 행동을 대표한다.[10] 아울러 예수님의 세상을 위한 그의 뜻과 행동은 그 치유사역을 통해 예수님이 '메시아'이신 것을 계시하고 있다.

예수께서 대답하여 이르시되 너희가 가서 듣고 보는 것을 요한에

---

8) Robert Recker, *The Redemptive Focus of The Kingdom of God*(Grand Rapids: 칼빈신학교 종신교수 취임연설문, 1979): 리델보스 외 3명, 「구속사와 하나님의 나라」 (서울: 반석문화사, 1992), p.18.

9) Herman Ridderbos, *The Coming of The Kingdon* (Philadelphia: Presbyterian & Reformed, 1962), p. 354: 리델보스 외 3명, 「구속사와 하나님의 나라」, p.24.

10) Robert Recker, *The Redemptive Focus of The Kingdom of God* (Grand Rapids: 칼빈신학교 종신교수 취임연설문, 1979): 리델보스 외 3명, 「구속사와 하나님의 나라」, p.40.

게 알리되 맹인이 보며 못 걷는 사람이 걸으며 나병환자가 깨끗함을 받으며 못 듣는 자가 들으며 죽은 자가 살아나며 가난한 자에게 복음이 전파된다 하라(마 11:4-5; 눅 7:22; 사 35:5-6).

그러나 내가 하나님의 성령을 힘입어 귀신을 쫓아내는 것이면 하나님의 나라가 이미 너희에게 임하였느니라(마 12:28; 눅 11:20).

예수님의 기적적인 치유들은 예수님이 하나님의 언약을 따라 오실 것으로 약속된 '그 메시아'이시며, 하나님의 나라가 도래했음을 나타내는 증표인 것이다.

하나님 나라의 도래는 하나님의 왕국의 현재성, 현재-미래성, 미래성을 보여 주는 성경적 하나님의 왕국관에 입각할 때, 치유선교의 방향과 그 최종 목표가 설정될 수 있으며, 이 최종 목표 하에서, 치유선교에 있어서 동시적 양면성의 복음전파와 치유활동의 통합적인 원리를 발견할 가능성에 접하게 되는 것이다.[11]

첫째, 하나님의 왕국의 현재성은 예수님으로 말미암아 이미 우리에게 주어진 선물들 가운데 하나인 '치유'를 치유선교 활동에서 모든 인간들에게 선물로 나누어 줄 의무를 지워준다.[12]

둘째, 하나님의 왕국의 현재-미래성은 단절을 의미하는 것이 아니고, 새 하늘과 새 땅을 향해 움직여 가는 역사성을 보여 주는

---

11) 김연수, 「하나님의 왕국과 치유선교」 (석사학위논문: 아세아연합신학대학, 1988), p.6.
12) 같은 책..

것이다. 따라서 더 좋은 세상을 위해 일해야만 한다는 점에서, 하나
님의 왕국이 완전하게 이루어지도록 하기 위한 이 땅에서의 인간들
의 전인적 치유와 건강한 사회를 위한 활동들이 중요성을 갖게 하
는 것이다.

셋째, 새 하늘과 새 땅을 보여 주는 하나님 왕국의 미래성은 치
유선교에 있어서 하나님의 왕국을 선포해야 하는 예언자적 역할을
담당해야 할 것을 요구한다.

하나님의 나라는 '이미' 왔으나, '아직은 아닌' 것이다. 그런 까닭
에 지금 하나님의 나라는 '오심의 도상'에 있다.[13] 그러므로 총체적
치유사역의 방향은 궁극적인 새 하늘과 새 땅에 대한 소망을 가지
고, 복음을 세상 끝까지 전파하면서, 현재 임해 있는 하나님의 왕국
이 좀 더 완전해지고, 확장되는 일에 목표를 두고 최선의 치유사역
을 하는 것으로 설정되어야 할 것이다.[14]

---

13) Robert Recker, *The Redemptive Focus of The Kingdom of God*(Grand Rapids: 칼빈신학교 종신교수 취임연설문, 1979); 리델보스 외 3명, 『구속사와 하나님의 나라』 (서울: 반석문화사, 1992), p.49.

14) 존 칼뱅, 『기독교강의 요약』, 이형기 역 (서울: 크리스챤 다이제스트사, 1987), pp.347-52: 김연수, 『하나님의 왕국 과 치유선교』 (석사학위논문: 아세아연합신학대학), p.7.

"그런즉 누구든지 그리스도 안에 있으면
새로운 피조물이라
이전 것은 지나갔으니 보라 새 것이 되었도다."
고후 5:17

화평은
용서함으로 오는 것을

용서함은
나를 온전히 죽이므로 오는 것을
비로소 사랑도 시작되는 것을

살아 계신 하나님의 아들
예수 그리스도시여
당신이 이 땅에 오심은
－ 지극히 높은 곳에서는 하나님께 영광이요
땅에서는 기뻐하심을 입은 사람들 중에 평화 －
인 것을

당신을 영접함으로

이 가난한 가슴에
이렇게 기쁨이 샘솟는 것을
이렇듯 화평이 넘쳐나는 것을

사랑도 비로소 배우게 된 것을

－ 惠民 －

Part 4

완성과 온전함
WHOLENESS

하나님의 나팔 소리 천지 진동할 때에
예수 영광 중에 구름 타시고
천사들을 세계 만국 모든 곳에 보내어
구원 받은 성도들을 모으리

나팔 불 때 나의 이름
나팔 불 때 나의 이름
나팔 불 때 나의 이름
부를 때에 잔치 참여하겠네

– 찬송가 180장 1절 –

10장

그리스도의 재림과 치유

또 죽은 자들 가운데서 다시 살리신 그의 아들이 하늘로부터 강
림하실 것을 너희가 어떻게 기다리는지를 말하니 이는 장래의 노
하심에서 우리를 건지시는 예수시니라(살전 1:10).

온 우주는 하나님의 말씀에 의해 무(無)로부터 완전하고 건강하
게 창조되었다. 그러나 인간의 범죄로 인해 하나님의 말씀이 저주
로 임할 때, 선하게 창조된 온 피조세계는 모든 영역에서 변하게 되
었다(창 3:14-19). 일군의 미생물은 병원균의 모습으로, 일군의 식
물은 엉겅퀴와 가시덤불의 형태로, 뱀을 포함한 모든 가축과 들의
모든 짐승들이, 심지어 인간들마저도 필경은 흙으로 돌아가게 되는
모습으로 변하게 되었다(창 3:14-19). 땅과 하늘도 불사르기 위하여
간수하신 바 되었다(벧후 3:7). 완전한 것이 불완전한 모습으로, 선

한 것이 악한 것으로, 썩지 않을 것이 썩을 것으로, 생리적인 것이 병리적인 것으로, 그리고 죽지 않을 것이 죽을 것으로 변한 것이다. 이 모든 변화는 하나님의 말씀으로 무(無)에서부터 천지만물이 본질상 순식간에 창조된 것과 같이, 하나님의 저주적 선언으로 순식간에 홀연히 다 변화되었다.

이것이 사실이며 가능한 일이었을까? 성경은 무엇이라고 말씀하고 있는가? 우리들은 썩지 않을 것이 순식간에 홀연히 다 썩어질 것으로 변했음을 알기 위해서, 하나님의 언약에 따라 온전한 회복이 이루어질 때, 썩을 것이 썩지 아니할 것으로 순식간에 홀연히 다 변하게 되는가? 하는 것을 살펴봄으로 가능할 것이다.

> 보라 내가 너희에게 비밀을 말하노니 우리가 다 잠잘 것이 아니요 마지막 나팔에 순식간에 홀연히 다 변화되리니 나팔 소리가 나매 죽은 자들이 썩지 아니할 것으로 다시 살아나고 우리도 변화되리라 이 썩을 것이 반드시 썩지 아니할 것을 입겠고 이 죽을 것이 죽지 아니함을 입으리로다 이 썩을 것이 썩지 아니함을 입고, 이 죽을 것이 죽지 아니함을 입을 때에는 사망을 삼키고 이기리라고 기록된 말씀이 이루어지리라 사망아 너의 승리가 어디 있느냐 사망아 네가 쏘는 것이 어디 있느냐 사망이 쏘는 것은 죄요 죄의 권능은 율법이라 우리 주 예수 그리스도로 말미암아 우리에게 승리를 주시는 하나님께 감사하노니(고전 15:51-57).

하나님께서는 사도 바울을 통하여 분명히 말씀하신다. 최후 심판의 날, 마지막 나팔이 울려 퍼지면서 그리스도께서 재림하실 그

때에 큰 변화가 전 우주에 있을 것이라고!

그러므로 첫째, 이것은 비밀에 속한 일이다. 그러므로 이 변화의 비밀을 알게 된 자들만이 믿고 깨닫게 될 것이다.

둘째, 이 변화는 순식간에 홀연히 임할 것이다.

셋째, 이 변화는 온 세계가 다 변화할 것인데 모든 피조물이 다 변화하게 될 것이다.

넷째, 이 변화는 썩을 것이 썩지 아니할 것으로, 죽을 것이 죽지 아니할 것으로 변할 것이다. 이미 죽은 자들도 다시 살아나되 썩지 아니할 것으로 다시 살아날 것이다. 또한 살아 있는 자들도 다시 죽지 아니할 것으로 변화할 것이다.

다섯째, 이러한 변화가 일어나게 되는 것은 하나님의 측량할 길 없는 은혜로 가능하다.

마지막 아담 되신 우리 주 예수 그리스도께서 '살려 주는 영(고전 15:45)'으로 오셔서 죄와 사망의 권세를 깨뜨리고 승리하심으로 말미암아 우리에게도 이김을 주신다. 그리스도의 재림으로 하나님의 치유에 대한 언약은 온전히 이루어질 것이다. 모든 연약함과 질병도 물러가고 사망의 권세도 사라질 것이다. 인간의 영과 혼과 육의 전인적 치유가 온전히 이루어질 것이며, 온 우주 만물도 새롭게 변화될 것이다.

모든 만물은 하나님의 말씀으로 지어졌고, 인간의 죄악으로 말미암아 썩지 않을 것이 썩을 것으로 변화하였고, 노아의 홍수로 말미암아 세상이 멸망하였으되, 이제 하늘과 땅이 그 동일한 말씀으로 불사르기 위하여 간수하신 바 되어, 하나님의 약속을 믿지 않은 경건하지 아니한 사람들의 심판과 멸망의 날까지 보존하여 두신 것이다(벧후 3:5-7). 그러나 말세에 빈정대며 조롱하는 자들이 와서 말하기를, "주께서 강림하신다는 약속이 어디 있느냐 조상들이 잔 후로부터 만물이 처음 창조될 때와 같이 그냥 있다(벧후 3:4)."라고 외쳐 된다. 그리고 그들은 하늘과 땅과 모든 만물이 하나님의 말씀으로 창조되었고, 또한 인간의 죄악으로 말미암아 변화되고 왜곡되었다는 사실을 일부러 잊으려 하는 것이다(벧후 3:5).

우리들을 위하여 '다시 오리라.' 하신 주님의 약속(요 14:3)에 대하여 어떤 이들은 더디다고 생각할지 모르나, 사실은 더딘 것이 아니라, 오직 우리들을 위하여 오래 참으사 아무도 멸망하지 아니하고 다 회개하기에 이르기를 원하시는 하나님의 자비하신 사랑이 있기 때문이다(벧후 3:9).

그러나 주님의 날은 반드시 도둑과 같이 갑자기 올 것이다(벧후 3:10). 현재 그리스도께서는 우리에게 영적인 축복을 보장하시지만, 그가 다시 오실 때에는 그의 보호와 번영, 임재의 축복이 육체적인 데까지 분명히 이를 것이다.[1] 그리스도께서 재림하실 때에는 모든 질병과 슬픔은 사라지고, 하나님의 온전하게 하시는 언약의 말씀이 완전히 이루어질 것이다.

그러므로 우리들의 모든 희망은 오직 예수 그리스도에게만 있다. 그분의 재림과 최후의 심판으로 그리스도의 다시 오심을 믿고 기다리는 모든 자에게 모든 질병과 사망의 권세는 사라지고 하나님의 총체적 치유사역은 완성될 것이다. 그러므로 우리들은 거룩한

---

1) 리차드 L 프랫, 『인간존엄을 향한 하나님의 디자인』, 김정우 역, p.197.

행실과 경건함으로 하나님의 날이 임하기를 바라보고 간절히 사모해야 한다(벧후 3:11, 12). 그 심판의 날에 하늘과 땅은 불에 타서 녹아지려니와 우리는 주님의 약속대로 의(義)가 있는 곳인 새 하늘과 새 땅을 바라볼 것이다(벧후 3:12, 13). 그러므로 그리스도 예수 안에서 인간과 온 우주 만물도 다시금 하나님의 선하신 뜻대로 온전히 회복되고 치유되는 총체적 치유(Holistic Healing)가 완성될 것이다.

그러므로 사랑하는 자들아 너희가 이것을 바라보나니 주 앞에서 점도 없고 흠도 없이 평강 가운데서 나타나기를 힘쓰라 또 우리 주의 오래 참으심이 구원이 될 줄로 여기라(벧후 3:14-15).

"다시 저주가 없으며
하나님과 그 어린 양의 보좌가 그 가운데 있으리니
그의 종들이 그를 섬기며 그의 얼굴을 볼 터이요
그의 이름도 그들의 이마에 있으리라
다시 밤이 없겠고 등불과 햇빛이 쓸 데 없으니
이는 주 하나님이 그들에게 비치심이라
그들이 세세토록 왕 노릇 하리로다"

계 22:3-5

11장

새 하늘과 새 땅
치유사역의 궁극적 목표

그 때에 이리가 어린 양과 함께 살며 표범이 어린 염소와 함께 누우며 송아지와 어린 사자와 살진 짐승이 함께 있어 어린 아이에게 끌리며 암소와 곰이 함께 먹으며 그것들의 새끼가 함께 엎드리며 사자가 소처럼 풀을 먹을 것이며 젖 먹는 아이가 독사의 구멍에서 장난하며 젖 뗀 어린 아이가 독사의 굴에 손을 넣을 것이라 내 거룩한 산 모든 곳에서 해 됨도 없고 상함도 없을 것이니 이는 물이 바다를 덮음 같이 여호와를 아는 지식이 세상에 충만할 것임이니라 그 날에 이새의 뿌리에서 한 싹이 나서 만민의 기치로 설 것이요 열방이 그에게로 돌아오리니 그가 거한 곳이 영화로우리라(사 11:6-10).

이 아름답고 평화스러운 정경은 예수 그리스도가 왕으로 다스리

는 나라, 곧 완성된 하나님의 나라의 모습을 담고 있는 한 폭의 그림이다.[1)]

이 예언적 표현은 '이리와 양', 그 두 대적이 완전히 화해할 것을 보여 주며, 사자는 더는 피를 갈망하지 않을 것이며 황소와 마찬가지로 풀을 먹으며 만족할 것을 나타내고 있다.[2)] 이 정경에 있는 묘사가 과연 상징적 비유일까? 아니면 이상향으로 꿈꾸는 하나의 꿈속의 유토피아일까?

하나님께서는 이 세상을 창조할 당시, 땅의 모든 짐승과 공중의 모든 새와 생명이 있어 땅에 기는 모든 것들에게 모든 '푸른 풀'을 식물로 주셨다(창 1:30). 그리고 인간들에게도 씨 맺는 모든 채소와 씨를 가진 열매 맺는 모든 나무를 식물로 주셨다(창 1:29). 그러므로 첫 창조의 에덴동산에서는 이리와 표범과 염소, 송아지와 사자, 그리고 암소와 곰이 어울려져 함께 풀을 뜯었을 것이다. 이사야서 11장의 예언은 타락 이후 원수가 되고, 부조화하며, 병리적이며, 무질서한 자신과 이웃과 환경과 하나님과의 사이가, 처음 창조 동산에서와 같이 완전히 회복되고 치유될 것을 분명하고 구체적으로 표현하고 있다고 본다.

또 내가 새 하늘과 새 땅을 보니 처음 하늘과 처음 땅이 없어졌고

---

1) 델리취, 『이사야(상)』, 최성도 역 (서울: 기독교문화사, 1987), p.302.에서, 교부들과 루터와 칼빈 그리고 베트링가와 같은 주석가들은 동물의 세계에서 따온 이러한 비유들을 상징적으로 받아 들였다. 반면에 현대의 합리론주의자들은 이 비유들을 문자 그대로 받아들이고는 그 전체를 하나의 아름다운 꿈과 소망으로서 간주해 버렸다. 그러나 그것은 예언으로서 그 실현이 시간과 영원사이의 경계의 차안에서 기대되어지는 것이며, 바울이 로마서 8장에서 나타내는 것처럼. 구원의 역사에 예정된 과정에 있는 총체적 연결이 되고 있다(헹스덴 베르크, 움브라이트, 호르만, 드레쉴러).

2) 같은 책., p.302.

바다도 다시 있지 않더라 또 내가 보매 거룩한 성 새 예루살렘이 하나님께로부터 하늘에서 내려오니 그 준비한 것이 신부가 남편을 위하여 단장한 것 같더라 내가 들으니 보좌에서 큰 음성이 나서 이르되 보라 하나님의 장막이 사람들과 함께 있으매 하나님이 그들과 함께 계시리니 그들은 하나님의 백성이 되고 하나님은 친히 그들과 함께 계셔서 모든 눈물을 그 눈에서 닦아 주시니 다시는 사망이 없고 애통하는 것이나 곡하는 것이나 아픈 것이 다시 있지 아니하리니 처음 것들이 다 지나갔음이러라(계 21:1-4).

인간의 타락과 죄악으로 말미암아 썩지 아니할 것이 썩을 것으로, 죽지 아니할 것이 죽을 것으로 변화된 이후에, 하나님께서는 하나님의 은혜와 사랑으로, 창조하신 모든 선한 것을 회복하시기 위해 치유하기 시작하셨다. 그리고 반드시 다시금 썩지 않고, 죽지 않을 것으로 회복시키실 것에 대한 신실한 언약을 맺으셨다. 그 언약의 성취와 완성으로 처음 하늘과 처음 땅은 없어지고, '새 하늘과 새 땅'이 전개될 것이다. 그 하나님의 나라에서 우리들은 하나님의 백성이 되고, 하나님은 친히 우리와 함께 계셔서 우리들의 눈에서 눈물을 씻기실 것이다. 그곳에는 다시 질병이나 사망이나, 애통하여 우는 것이나 아픈 것이 완전히 사라질 것이다(계 21:1-4). 그곳에는 '선악을 알게 하는 나무'가 없다. 유혹할 것도 유혹을 받을 것도 없다. '여호와를 아는 지식'이 그곳에 충만하기 때문이다(사 11:9).

그러므로 '새 하늘과 새 땅'에서 완성될 치유는 완전한 회복이며, 화해이며, 조화이며, 전체성이며 또한 구원이다.[3] 치유는 병리적 상태로부터 생리적 상태에로의 회복이며, 창조 당시의 인간 존재로의 회복이며, 창조 당시 사회적 질서와 규율에로의 회복이며, 그 이상이다. 그러므로 치유는 자신과 이웃과 환경과 하나님과의 화해이며 조화인 동시에, 모든 썩어질 병리적 상태로부터, 썩지 않을 생리적 상태에로의 회복이다.[4]

처음 하늘과 처음 땅이 없어지고, 새 하늘과 새 땅이 전개되어, 하나님 나라에서 우리들은 하나님의 백성이 되고, 하나님은 친히 우리와 함께 영원히 계서서 우리들의 눈에서 눈물을 씻기실 것이다. 다시 질병이나 사망이나, 애통하여 우는 것이나 아픈 것이 완전히 사라질 것이다(계 21:1-4).

그러므로 치유사역의 궁극적 목표(Ultimate Goal)는 타락하고, 병든 인간과 사회를 회복하여 '새 하늘과 새 땅'을 건설하는 데 있다. 즉, '하나님의 나라' 건설이 치유사역의 궁극적 목표이다.

---

3) 이명수, 『치유선교론』, 박행렬 역, p.53.
4) 같은 책..

12장

치유사역의 완성과 온전함

또 그가 수정 같이 맑은 생명수의 강을 내게 보이니 하나님과 및 어린 양의 보좌로부터 나와서 길 가운데로 흐르더라 강 좌우에 생명나무가 있어 열두 가지 열매를 맺되 달마다 그 열매를 맺고 그 나무 잎사귀들은 만국을 치료하기 위하여 있더라 다시 저주가 없으며 하나님과 그 어린 양의 보좌가 그 가운데 있으리니 그의 종들이 그를 섬기며 그의 얼굴을 볼 터이요 그의 이름도 그들의 이마에 있으리라 다시 밤이 없겠고 등불과 햇빛이 쓸 데 없으니 이는 주 하나님이 그들에게 비치심이라 그들이 세세토록 왕 노릇 하리로다(계 22:1-5).

이미 우리 가운데 임하시고, 오고 있으며, 마침내 도래할 하나 님의 나라는 회복과 치유의 완성을 이룬 나라이다. 질병과 죽음을 가져오는 '선악을 알게 하는 나무와 그 열매'는 존재하지 않는 영원한 생명의 나라이다. 그곳은 하나님과 어린 양의 보좌가 '중앙'에 있어, 그 보좌로부터 생명수의 강이 흐르고, 강 좌우에 생명나무가 있어 그 열매와 잎사귀들은 만국을 치료하는 것이다.

치유의 완성으로서의 온전한 치유는 인간의 몸과 마음과 영이, 자연과, 하나님과 사이의 온전한 조화와 질서이며, 그리고 온전함, 건강, 생명 그리고 구원이다.[1] 새 하늘과 새 땅에서의 완성과 온전함은 창조 당시의 인간 존재로의 회복과 사회적 질서와 규율에로의 회복만을 의미하지 않는다. 온전한 인간이란 창조 당시의 인간보다 더욱 성숙하고 고차원적인 상태로의 회복으로 완성된 인간이다.

죄악으로 타락하여 하나님을 떠난 인간들이 예수님의 보혈로 치유함을 받고 온전한 인간으로 회복된 자들을 향하여 하나님께서 말씀 하신다.

> 내 이름으로 불려지는 모든 자 곧 내가 내 영광을 위하여 창조한 자를 오게 하라 그를 내가 지었고 그를 내가 만들었느니라(사 43:7).

이어 계속 말씀하신다.

> 이 백성은 내가 나를 위하여 지었나니 나를 찬송하게 하려 함이니라(사 43:21).

---

1) 이명수, 「치유선교론」, 박행렬 역, p.53.

그러므로 "여호와의 지으심을 받고 그가 다스리시는 모든 곳에 있는 너희여 여호와를 송축하라 내 영혼아 여호와를 송축하라(시 103:22)."

이제 예수님의 초림과 재림 사이에 살아가는 우리들에게 주시는 도전의 말씀은 이것이다.

우리는 그가 만드신 바라 그리스도 예수 안에서 선한 일을 위하여 지으심을 받은 자니 이 일은 하나님이 전에 예비하사 우리로 그 가운데서 행하게 하려 하심이니라(엡 2:10).

하나님의 치유의 언약을 붙잡고, 오늘을 살아가는 우리들의 존재적 이유는 '그리스도 예수 안에서 선한 일을 위하여 지으심을 받은 자'로서 살아가는 것이다.

아멘 주 예수여 오시옵소서(계 22:20)!

닫는 글

하나님의 치유

하나님의 치유는 예수 그리스도 안에서의 온전한 치유이다. 하나님의 치유는 우리 주 예수 그리스도 안에서 온전히 성취되기 때문이다. 하나님이 자기의 독생자를 세상에 보내심은 그로 말미암아 우리를 살리려 하심이다(요일 4:9). 우리가 비록 억울하게 죽임을 당한다 할지라도 결코 우리를 우리 주 그리스도 예수 안에 있는 하나님의 사랑에서 끊을 수 없는 것은(롬 8:39), 우리 주 예수 그리스도께서 자기 사람들을 사랑하시되 끝까지 사랑하시기 때문이다(요 13:1).

이제 성경 속에 등장했던 한 인물을 살펴보고, 하나님께서 상처받고, 억울한 죽임을 당한 그 사람을, 그리스도 예수 안에서 어떻게 치유하고 회복시키셨는지를 살펴봄으로써 이 글을 마치려 한다.

아침이 되매 다윗이 편지를 써서 우리아의 손에 들려 요압에게 보내니 그 편지에 써서 이르기를 너희가 우리아를 맹렬한 싸움에 앞세워 두고 너희는 뒤로 물러가서 그로 맞아 죽게 하라 하였더라 요압이 그 성을 살펴 용사들이 있는 것을 아는 그 곳에 우리아를 두니 그 성 사람들이 나와서 요압과 더불어 싸울 때에 다윗의 부하 중 몇 사람이 엎드러지고 헷 사람 우리아도 죽으니라(삼하 11:14-17).

이스라엘의 역사상 가장 대표적인 인물 한 사람을 꼽으라면, 이스라엘 사람들은 단연코 다윗 왕을 꼽는다. 왜냐하면 오늘날에도 이스라엘을 상징하는 표식(Symbol)은 '다윗의 별'로서, 이스라엘 국기(國旗) 가운데 뚜렷이 자리하고 있기 때문이다. 그런데 이 다윗 왕의 평생에 여호와께서 보시기에 딱 한 가지 오점이 있다.

다윗이 헷 사람 우리아의 일 외에는 평생에 여호와 보시기에 정직하게 행하고 자기에게 명령하신 모든 일을 어기지 아니하였음이라(왕상 15:5).

다윗 왕에게 있어서 오직 하나의 오점이란 바로, '헷 사람 우리아의 일(Only in the matter of Uriah Hittite)'이라는 것이다. 그러므로 이 사건은 다윗 왕 개인의 문제뿐만 아니라, 이스라엘 역사상에도 매우 중대한 사건인 것이다.

이 '우리아의 일'이란, 우리아가 목숨을 다하여 나라와 왕께 충성을 다 바쳤지만, 믿고 의지했던 왕이 자신의 사랑하는 아내를 빼앗고, 끝내는 자신의 목숨까지 빼앗은 끔찍한 사건인 것이다. 인생을 살아갈 때에 불의한 자들이나, 혹 불신자들의 죽음은 그렇다 치더라도, 믿는 자, 특히 잘 믿는 자들에게 생각지도 못한 억울한 일들이 일어나는 것은 어찌된 일일까? 우리아에게도 이와 같은 일이 일어난 것이다.

본문의 배경과 내용

때는 기원전 1000년 경, 이스라엘의 성군(聖君)인 다윗 왕이 2차 정복 전쟁에서 큰 승리를 거둔 후에, 다시 대장군 요압과 왕의 신복들과 온 이스라엘 군대가 출정하여 암몬 나라의 수도 랍바 성을 함락시키기 직전이었다. 이 전쟁은 왕이 출정해야 할 만큼 중대한 것이었다. 그러나 다윗 왕은 매 전투마다 연승하자 긴장이 풀어진 상태에서 출정하지 않고, 예루살렘에 남아 낮잠을 자고 저녁때에 침상에서 일어났다. 그는 왕궁 옥상에서 한가롭게 거닐면서 왕궁 가까이에 있는 민가를 둘러보고 있었다. 어둑한 저녁때에 그는 한 여인이 목욕을 하고 있는 것을 목격했다. 그 모습이 매우 아름다워 보였다. 그는 신복을 보내어 그녀가 누구인지 알아보게 하고, 가나안 헷 족속 출신의 장수 우리아의 아내, 밧세바인 것을 확인하고는 그녀를 데려와 음욕을 채운 것이다. 이 일로 밧세바가 임신하게 되자, 다윗 왕은 그의 죄를 은폐하기 위한 음모를 꾸몄고, 그 계획이 실패하게 되자 결국은 그녀의 남편인 우리아를 전쟁터에서 죽게 만들었다. 이렇게 하여 억울한 죽임을 당한 사람이 바로 우리아란 사람이었다.

우리들은 이 사건에 대해서 대체로 주인공을 다윗 왕으로 부각하여 다윗의 범죄와 회개와 회복에 대해서 많이 얘기해 왔다. 성경 기록자의 주된 관심도 이스라엘의 성군 다윗 왕에 대하여 초점이 맞춰져 있기에 그에 대한 전후의 이야기들로 가득 차 있다. 그 증거로 사무엘하 11장은 다윗이 연전연승을 하자 영적으로 교만하고 나태해져서, 간음죄를 저지르고 급기야는 살인죄까지 저지르게 된 것이라고 기록하고 있다. 특히 이 사건에 대해서 "다윗이 행한 그 일이 여호와 보시기에 악하였더라(삼하 11:27)."라고 기록하고 있다. 그러므로 사무엘하 12장에서는 나단 선지자를 통한 하나님의 준엄한 책망들이 기록되어 있다. 다윗 왕은 왕의 권위로 나단의 책망을 무시해 버릴 수도 있었지만, 그는 자신의 죄에 대한 하나님의 책망에 즉시 뜨거운 회개(시편 51편)를 함으로써 그의 죄는 씻기어졌고 그는 그 전보다 더 위대한 왕이 되었다는 것이다. 결국 억울한 사람은, 온 힘을 다해 충성해 온 왕과, 믿고 사랑했던 아내에게 배신을 당하고 억울하게 죽임 당한 우리아 밖에 없는 것이다. 정말 우리아는 이렇게 끝나도 되는 사람일까? 도대체 우리아는 어떤 사람일까? 그는 사리판단도 제대로 못하는 멍청하고 우직한 군인이었을까? 아니면 사리가 분명하고 충성된 용사였을까? 다윗이 하나님의 사랑을 받는 왕이라고 해서 우리아는 그렇게 당해도 되는 것일까? 아니면 우리아가 정통 이스라엘 출신이 아닌, 가나안 헷 족속의 귀화한 군인이라고 해서 이런 죽음을 당해도 된다는 것일까? 만일 우리아가 하나님 앞에서 의로운 사람이었다면 더욱이 그렇게 죽어도 그만인 것일까? 하나님께서는 그의 이러한 억울함에 대해서 어떻게 생각하셨을까? 만일 우리가 우리아와 같은 억울함을 당하게 된다면, 그 억울함을 어디서 해결 받을 수 있을까? 그 엄청난 상처는 어떻게 치유 받을 수 있을까?

이러한 질문들을 가지고 이제 말씀을 좇아가 보기로 하자.

1. 용사 우리아

우리아는 충성심이 강한 용사였다.

　우리아가 가나안 헷 족속 출신이었음에도 그의 집이 왕궁 가까이에 있었던 것으로 보아, 그는 매우 용맹스럽고 충성심이 강해서 다윗 왕에게 신임을 받는 훌륭한 왕궁 시위대 용사였을 것으로 보인다. 사무엘하 23장을 보면 다윗 왕의 용사 37인의 명단이 기록되어 있는데, 여기에 우리아의 이름이 기록되어 있는 것을 보게 된다(삼하 23:39). 그는 국가가 전쟁 중에 있으므로 자신만 혼자 편히 집에서 쉴 수가 없다고 하였다(그러나 다윗 왕은 나라가 암몬 족속과 전투 중임에도 한가롭게 낮잠을 즐기고 있었다)(삼하 11:11, 11:2). 그는 국가의 안녕과 수호에 투철한 군인정신을 가진 사람이었다. 그는 전투에서 죽기까지 맹렬히 싸운 용사 중의 용사였다. 그는 왕의 명예를 위해, 국가와 백성의 안위를 위해 목숨을 걸고 싸운 용사였다(삼하 11:17).

우리아는 동료에 대한 뜨거운 사랑을 가진 사람이었다.

그에게 여러 차례 집에서 편히 쉴 기회가 주어졌으나, 그는 이를 마다하고 왕궁의 병사들과 왕궁 문간에서 잠을 잤다(삼하 11:9). 그는 전투 중에 있는 군인으로서 동료들과 동고동락하기를 원했던 사람이었다. 그는 자신의 직속상관인 요압 장군과 왕의 신복들이 전선에서 야영하고 있는 상황에서 자신 혼자만 호의호식할 수 없다고 고백하였다(삼하 11:11).

우리아는 투철한 신앙심의 소유자였다.

우리아는 비록 이방 족속인 가나안 일곱 족속 중의 하나인 헷 족속 출신이었으나 이스라엘에 귀화했다. 그는 다윗 왕의 용사 중의 한 사람이었던 엘리암의 사위가 된 것이다. 엘리암(또는 암미엘-대상 3:5)은 이스라엘의 탁월한 책사 중의 한 사람이었던 아히도벨의 아들(삼하 23:34)이었으며, 그의 이름은 '하나님의 백성'이라는 뜻을 가지고 있었다.

그에게는 밧세바(또는 밧수아, 이름의 뜻—맹세의 딸)라는 아름다운 딸이 있었다(삼하 11:3; 대상 3:5). 따라서 밧세바의 가문은 신앙심이 강한 가문으로 짐작된다. 우리아는 그러한 가문에 장가를 든 것이다. 또한 그의 말속에 "언약궤와 이스라엘과 유다가 야영 중에 있고(삼하 11:11)"라는 표현으로 보아 자신이 속한 군대가 여호와 하나님의 군대임을 깨닫고 있는 독실한 신앙인이었던 것이다.

2. 고난의 우리아

그는 사랑하는 아내를 강제로 빼앗겼다.

우리아가 죽고, 밧세바가 '우리아의 아내'가 된 상태에서 다윗으로 말미암아 얻은 아이도 여호와께서 치심으로 죽었다(삼하 12:15, 18). 그 후에 그녀가 다시 다윗의 아이인 솔로몬을 임신한 때는 "다윗이 그 처 밧세바"라고 기록하고 있어, 이제 우리아의 아내 밧세바는 '다윗의 아내'라고 불려지게 된 것이다(삼하 12:24). 그리고 솔로몬을 낳은 후로는 '솔로몬의 모친'으로 성경에 언급되었다(왕상

1:11; 2:13). 우리아는 사랑하는 아내 밧세바를 다윗 왕에게 완전히 빼앗긴 것이다.

그는 믿는 자들에게 배신을 당하고 억울하게 죽임을 당했다.

우리아는 그토록 충성했던 상관들로부터 영문도 모르고 배신을 당하고 죽어 갔다. 사실 그는 다윗 왕이나 대장군 요압의 관점에서는 무시해도 될 만큼 하찮은 존재였는지도 모른다. 가나안 헷 족속에서 귀화한 한 장수였을 뿐인 것이다. 더욱이 안타까운 것은 그에게 해를 끼친 사람들은 그 후에 도리어 복을 받았다는 사실이다. 다윗 왕은 자신의 죄에 대한 하나님의 책망에 즉시 간절한 회개를 함으로써 그의 죄는 씻기어졌다(시 51편, 삼하 12:13). 그로 인해 그는 보다 더 위대한 왕으로 이스라엘의 모든 왕 중에 최고의 왕이 되었다. 오늘날에도 다윗 왕은 이스라엘을 대표하는 최고의 인물인 것이다.

요압 장군은 이스라엘의 군 최고사령관이 되었다. 정조를 잃은 밧세바도 그 후에 이스라엘 최고의 왕인 다윗 왕의 왕비가 되었고(삼하 12:24), 또한 동서고금의 최고의 지성이요, 최고의 부를 누린

솔로몬 왕의 어머니가 되었다(왕상 1:11; 2:13). 그리고 그녀는 솔로몬 외에도 다윗에게 시므아, 소밥, 나단이라는 아들을 낳았다(대상 3:5). 그러나 우리아는 아무런 후사도 없이, 욥과 같은 갑절의 보상을 받은 것도 없이, 죽임을 당하고, 잊혀져 역사 속으로 사라져 버렸다.

우리아의 죽음은 하나님 보시기에도 억울한 죽음이었다.

하나님께서는 다윗이 우리아에게 행한 일을 악하게 보셨다(삼하 11:27, 12:9-10). 특히 사무엘하 11장 27절에는 "다윗이 행한 그 일이 여호와 보시기에 악하였더라."라고 구체적으로 언급하고 있는 것이다. 우리아의 죽음은 하나님 보시기에도 억울한 죽음이었다. 그러나 그뿐이었다.

어떻게 이런 일이 일어날 수 있을까? 의로운 하나님의 용사가 이렇게 억울함을 당해도 되는 것일까? 그를 해친 사람들은 그 후에 도리어 더 잘 살게 되었는데도 말이다.

무엇보다 답답한 것은 우리아의 억울함을 익히 알고 계신 하나님께서 왜 침묵하시고 계실까? 하는 것이다.

우리들도 때때로 원치 않게 어려운 일을 만나게 된다. 그 고난의 한 복판에서, 하나님께서 "내가 다 알고 있단다. 염려하지 마라!"라고 한 말씀만 해 주시면 훌훌 털고 일어나겠는데 말이다.

하나님께서 이 사건을 결국 어떻게 처리하셨을까? 정말 그것으로 끝이었을까? 만일 내게도 이러한 곤경이 닥친다면 어떻게 될까? '우리아의 일!' 이 일이, 남의 일 같지 않아서 마음은 조급해지는 것이었다.

말라기 말씀까지 구약의 모든 말씀이 다 끝나는데도 그에 대한 회복과 치유는 전혀 언급이 되지 않았다. 우리아의 사건도 그것으로 끝나는 줄 알았다.

그러나 하나님께서는 결코 그의 억울한 사정을 잊지 않으셨다. 드디어 하나님의 치유가 시작된 것이다!

3. 회복의 우리아

그의 억울함은 회복되었고, 완전히 치유되었다.

신약이 시작되는 마태복음 1장으로 넘어옴에, 갑자기 나의 눈은 빛나기 시작했고, 가슴은 퍼질듯이 쿵쾅거리기를 시작했다. 우리아가 비운을 당한 지 1,000여 년이 지난 후, 그에 대한 하나님의 치유가 시작되는 모습을 발견한 것이다.

우리 주 예수 그리스도께서 강림하시는 기록의 현장, 마태복음 1장이다,

아브라함과 다윗의 자손 예수 그리스도의 계보라 아브라함이 이삭을 낳고 이삭은 야곱을 낳고 야곱은 유다와 그의 형제들을 낳고 유다는 다말에게서 베레스와 세라를 낳고 베레스는 헤스론을 낳고 헤스론은 람을 낳고 람은 아미나답을 낳고 아미나답은 나손을 낳고 나손은 살몬을 낳고 살몬은 라합에게서 보아스를 낳고 보아스는 룻에게서 오벳을 낳고 오벳은 이새를 낳고 이새는 다

윗 왕을 낳으니라 다윗은 우리야의 아내에게서 솔로몬을 낳고(마
1:1-6).

아! 우리아! 그의 이름이! 그의 이름이! 만왕의 왕이시며, 만주
의 주이신, 참 사람이시며, 참 하나님이신 예수 그리스도 탄생의 족
보 속에 그의 이름이 다시 나타난 것이다. 그가 죽고 역사 속에 묻
힌 지 1,000년이 지난 후에, 존귀하신 왕 중의 왕, 우리 구주 예수
께서 이 땅에 오시는 역사적 현장 속에 그의 이름이 홀연히 나타난
것이다!

성경에서 이름에 대한 기록은 절대로 '우연'이 없다. 모든 성경
은 하나님의 감동으로 된 것으로(딤후 3:16), 인간이 한 글자라도
감할 수도 더할 수도 없는 것이다(계 22:18-19). 이는 전적으로 하
나님의 의지에 따라 성령님의 감동과 인도하심 속에 하나님의 마음
을 담은 것이기 때문이다. 특히 하나님께서는 하나님의 자녀의 이
름을 지명하여 부르신다.

야곱아 너를 창조하신 여호와께서 지금 말씀하시느니라 이스라

엘아 너를 지으신 이가 이제 말씀하시느니라 너는 두려워하지 말라 내가 너를 구속하였고 내가 너를 지명하여 불렀나니 너는 내 것이라(사 43:1).

더욱이 하나님 자신의 본체이신 예수 그리스도의 족보 속의 이름은 더 말할 필요가 없는 것이다. 이 자리가 어떤 자리인가! 다윗 왕과는 비교할 수도 없는, 만왕의 왕의 탄생을 기록하고 있는 자리인 것이다. 유다 족속이 아니면서, 더욱이 유다 왕족이 아닌 일개 이방인 출신 남자가 주님의 탄생 족보에 그 이름이 오른 사람은 오직 '우리아'뿐인 것이다. 그는 완전히 회복된 것이다. 더욱 놀라운 것은 그는 다윗 왕과 솔로몬 왕을 잇는 가교(架橋)로서 왕같이 등장한 것이다.

그는 결코 그의 아내를 빼앗기지 않았다.

마태복음 1장에 기록된 예수님의 족보에는 다섯 명의 여인들이 등장한다. 다말, 라합, 룻, 밧세바 그리고 마리아이다. 이들은 모두 이스라엘 율법에 의하면 부정한 여인에 속하는 자들이었다. 다

말은 창녀의 모습으로 변장하여 시아버지 유다와 동침하여 아이를 낳았고, 라합은 이방 가나안 아모리 족속의 창기 출신으로 살몬과 결혼하여 보아스를 낳았고, 룻은 이방 모압 여인으로 과부 출신인데 보아스와 재혼하여 오벳을 낳았고, 밧세바는 헷 사람 우리아의 아내였는데 다윗의 아내가 되어 솔로몬을 낳았고, 마리아는 약혼한 처녀의 몸으로 그리스도라 칭하는 예수를 낳았다. 다섯 여인 모두가 당시 이스라엘의 율법적 관점에서 볼 때 비정상적인 모습인 것이다. 그러나 자세히 살펴보면 이들 중 네 명의 여인은 사람들의 관점에서는 어떠하던지, 하나님 보시기에는 모두 '의로운 사람들' 이라고 성경은 분명히 기록하고 있다(창 38:26; 룻 2:12; 눅 1:48; 히 11:31). 그러기에 그들 모두의 이름이 예수님의 족보 속에 당당하게 기록되어 나타난 것이다.

그러나 나머지 한 여인, 밧세바에 대해서는 '밧세바'라는 그녀의 본명이나, '다윗의 아내'나, '솔로몬의 모친'으로 기록되어 나타나지 않고, 오직 '우리아의 아내'로 기록되어 나타나 있는 것이다. 그녀는 비록 이스라엘 왕들의 실록에는 '다윗 왕의 아내', '솔로몬 왕의 모친' 또는 '밧세바'라고 기록되어 있을지 몰라도, 하나님 보시기에는 그녀는 여전히 '우리아의 아내'였던 것이다. 심판주 하나님께서 내리시는 마지막 판결에서, 밧세바는 '우리아의 아내'인 것이다. '우리아(마태복음은 '우리야'로 표기되어 있다. 구약에서는 '우리아'로 표기 했지만!)'는 결코 그의 아내를 빼앗기지 않았다. 엄밀한 의미에서 그는 다윗 왕에게 그의 아내를 빼앗겼으나, 하나님께서 다시 그의 아내를 되찾아 주신 것이다.

그는 주님의 은혜로 완전히 회복되고, 치유되었다.

구약을 살펴볼 때, 비록 그가 이스라엘 사람으로 귀화했음에도 불구하고 그는 '헷 사람'이라는 이방인 출신 꼬리표를 늘 달고 다녔다(삼하 11:3, 6, 17, 21, 24, 12:9; 왕상 15:5; 대상 11:41). 그러나 이제 이 신성한 예수 그리스도의 족보 속에서, 그는 결코 '헷 사람'이란 꼬리표가 붙지 않고 등장한 것이다. 하나님께서는 그 치욕의 꼬리표를 떼어버리시고 살아 계신 하나님의 아들, 예수 그리스도의 출생 족보 속에 명예롭게 그의 이름을 남기게 하셨다. 우리아는 예수 그리스도 안에서 결코 외인도 아니요, 나그네도 아니요, 오직 성도들과 동일한 시민이요, 하나님의 권속이 되었다(엡 2:19).

다윗 왕에 의해 배신당하고 죽임 당했던 그는 '예수 그리스도의 오심(성육신)'을 통해서 완전히 회복되고 치유되었다. 오직 주님의 은혜로 말미암아 그는 완전히 치유된 것이다.

예수 그리스도! 그분만이 상처받고 병든 모든 이들의 유일한 희망인 것이다. 주님께서 오심이 그 안에서 이미 죽은 자들과, 그 안에서 살아가는 우리 모두의 산소망인 것이다.

오늘을 살아가는 모든 인간들은 미움과 사랑 사이에, 절망과 소망 사이에 살아간다. 하나님과 예수 그리스도를 믿는 자들도 이러한 상황 속에서 살아가는 것은 마찬가지이다. '신자(信者)'란 알파와 오메가(계 1:8) 되신 '하나님을 믿는 자들'이다. 다시 말하면 하나님께서 모든 일의 처음과 끝에 계심을 믿는 자라는 말이다. 따라서 처음 시작이 좋고, 그 끝이 역시 좋으니, 그 중간도 역시 좋으리라고 보장하는 것 같이 보인다. 그러나 현실의 삶은 그렇지만은 않다는 것이다. 우리 인생의 '처음'과 '끝' 사이에서의 삶은 여전히 죄악시되고 왜곡된 세상인 것이다. 비록 신자들에게도 그 '중간에서의 삶'은 여전히 실망과 실패와 사고와 질병이 난무한다는 것이다.

그럼에도 불구하고, 진정 '믿음의 사람'이란 그 인생의 중간에서 갖가지 궂은일과, 의미 없이 반복되는 것 같은 일상과, 모욕적인 악을 겪으면서도, 이처럼 도무지 이해할 수 없는 꼴사나운 '중간'이 사실은 '눈부신 시작과 영광스런 끝과 통하는 길'임을 언제나 포기하지 않고 믿고 나아가는 자인 것이다.

그러므로 아름다운 믿음의 사람들은 서로서로 그 중간 지점에서 함께 살아가는 사람들에게 그 일어나는 모든 것에는 의미가 있다는 확신을 가질 수 있도록 독려하고 격려하고 위로하고 치유하는 자여야 할 것이다.

우리들은 때때로 배신을 당하고, 사랑하는 것을 잃게 되고, 심지어 생명까지도 빼앗긴다 할지라도, 반드시 치유되고 회복된다. 우리에게는 그리스도 예수 안에서, 반드시 회복하고 치유하신다는 '하나님의 치유의 약속'이 있기 때문인 것이다.

그러므로 하나님의 사람은 그 어떤 상황에서라도 성삼위 하나님을 예배한다! 아멘, 아멘!

누가 우리를 그리스도의 사랑에서 끊으리요 환난이나 곤고나 박해나 기근이나 적신이나 위험이나 칼이랴 기록된 바 우리가 종일 주를 위하여 죽임을 당하게 되며 도살 당할 양 같이 여김을 받았나이다 함과 같으니라 그러나 이 모든 일에 우리를 사랑하시는 이로 말미암아 우리가 넉넉히 이기느니라 내가 확신하노니 사망이나 생명이나 천사들이나 권세자들이나 현재 일이나 장래 일이나 능력이나 높음이나 깊음이나 다른 어떤 피조물이라도 우리를 우리 주 그리스도 예수 안에 있는 하나님의 사랑에서 끊을 수 없으리라(롬 8:35-39).

요약

창조 당시의 전인건강은 하나님의 문화적 명령에 속한 '노동을 행함'과, 창조주 하나님을 경배하고 찬양하며 기쁘게 하는 복되고 거룩한 '안식일을 지키는 것'과, 하나님의 축복 속에 결혼하여 '가정을 이루는 것'에서 자리하고 있었다. 그리고 가장 중요한 것은 선악을 알게 하는 나무를 항상 바라봄으로써 피조물로서의 자신을 인정하고 하나님을 창조주로 경외하고, 그 말씀에 순종하는 삶에 참된 건강이 깃들여 있었다.

그러나 피조물인 인간은 사탄의 유혹으로 말미암아 창조주 하나님의 엄중한 경고를 만홀히 여기고 불순종함으로써 죄악이 모든 피조계에 자리하게 되었고, 필경 질병과 죽음이 임하게 되었다. 따라서 인간의 타락으로 인한 죄악이 어떻게 죽음을 가져왔는지를 그 원인과 과정을 살펴보았는데, 그 가운데서 교만, 하나님의 말씀에 대한 임의적 해석, 거짓말, 탐심, 불순종 등의 요인을 알 수 있었다. 그리고 타락 후의 변화와 타락의 결과 및 하나님의 심판적 내용을 고찰하였는데, 그것은 선악을 알되 악에 눈 뜨게 되고, 벌거벗음을 수치로 여기게 되었고, 나의 잘못도 너에게 책임을 전가하며, 인간의 마음에 시기 · 분냄 · 미움 등이 뿌리 잡게 되었다. 타락의 결과로는 인간의 죄로 말미암아 뱀과 동물과 인간이 썩고 죽을 몸으로 변하게 되었고, 하늘과 땅도 불사르기 위하여 예비 되었다. 그러므로 시간과 공간과 물질의 모든 피조물이 탄식하며 함께 고통하게 되었다(롬 8:22).

그러나 인간의 죄악은 하나님께서 그 손으로 지으신 피조물에 대한 하나님의 한결같은 신실성을 완전히 무효로 돌릴 만한 힘이 없다. 죄악의 영향이 모든 피조계에 미치긴 하였으나, 창조의 지속적인 선함, 죄의 파괴에도 불구하고 창조된 질서를 유지하시는 하나님의 신실하심이 여전히 존재하기 때문이다.

아담의 불순종으로 죄가 들어오고, 따라서 건강은 무너지고 질병과 죽음으로 그 결과를 종국 지을 수밖에 없었지만, 하나님의 신실하심과 그 영원하신 사랑은 치유를 통해 회복시키시는 과정에서 분명히 나타난 것이다.

따라서 하나님의 회복과 치유의 약속이, 범죄한 첫 인간 아담에게 주어졌고, 그 언약은 하나님의 독특하신 아들 예수 그리스도로 말미암아 온전히 이루어졌다. 구체적으로는 회복과 치유를 위한 하나님의 언약이 아담으로부터 시작되었는데, 범죄하여 죽게 된 아담에게 하나님께서는 여자의 후손을 통한 치유와 구원을 약속하셨다.

노아 시대에는 대홍수로 말미암아 노아와 그의 가족만이 구원 받았다. 홍수 전후로 인간의 수명이 크게 달라졌음을 알 수 있었고, 또 그 요인들을 살펴보았다. 그 요인들은 음행으로 인해 하나님의 영(靈)이 떠나게 된 것과, 또한 환경의 대변화와 식생활의 변화를 알 수 있었다. 특히 육식과 피의 식용과 음주가 수명에 부정적 영향 력을 미치고 있는 것을 볼 수 있었다. 따라서 노아의 사건을 통해 치유하시는 하나님의 모습을 잘 볼 수 있었다.

아브라함과의 언약 속에서 비로소 하나님의 백성의 개념을 설정 할 수 있게 되었고, 여자의 후손이 구체화되어 아브라함의 후손으 로 오실 것을 약속 받으며, 하나님께서 이루시는 회복을 위한 치유 의 손길을 더욱 구체적으로 느끼게 하였다.

모세와의 언약에서 보이는 치유는 율법을 통해 하나님의 백성으 로 지켜야 할 규례를 마련해 주심으로 구체적인 건강과 장수의 비 결을 깨닫게 한다. 또한 육식에 대한 바른 규례를 주심으로 건강을 잘 유지하게 하셨다.

다윗과의 언약과 치유에서는 하나님의 왕국이 다윗 혈통 속에서 지속되고, 하나님의 구속사역이 구체화됨을 알 수 있었다. 하나님의 회복과 치유에 대한 다윗과의 언약이 그리스도 예수 안에서 완전히 이루어지는데, 창조 당시의 건강이 회복되고 타락 이후 병들고 무질서하고 조화를 잃어버리고 갇힌 자들이 다시금 새롭고 자유로워지는 것이다.

이와 같이 아담에서부터 다윗에 이르기까지 하나님의 치유를 위한 언약들이 어떻게 구체적으로 이루어졌음을 살펴보았고, 그리스도의 치유사역을 통해 하나님의 사랑을 분명히 확인하게 되었다.

하나님의 치유사역은 예수 그리스도께서 이 땅에 오심으로 어떻게 구체적으로 성취되었는가를 살펴볼 수 있었다. 초림 주로 오신 주님의 구원과 치유의 사역은 이미 성취되었으나, 아직 완성이 되지 않은 사역으로 재림주로 오실 때까지 그리스도 안에 있는 자들은 소망을 가지고 환란과 역경과 질병과 죽음 속에서도 담대히 나아갈 수 있게 되었다.

마지막으로 주님의 재림으로 있게 될 완성에서는 첫째, 그리스도의 재림사건이 갖는 의미를 살펴보았다. 이것으로 이 최후의 심판으로 아담의 최초 타락의 정경을 간접적으로 조명할 수 있었으며, 믿는 자들에게는 큰 위로와 용기를 가지게 되는 분명한 근거가 되는 것이다.

둘째, 하나님의 회복과 치유에 대한 언약의 말씀을 믿고 기다리는 자들에게 다시금 하나님의 신실하신 첫 창조로 회복되는 것이며, 아울러 보다 더 나은 세계인 새 하늘과 새 땅으로 들어가 누리는 안식을 보여 주고 있다.

하나님의 치유의 궁극적 목표가 되는 새 하늘과 새 땅의 건설은 타락한 인간과 사회가 예수 그리스도를 통한 완전한 회복과 치유와 구원으로 이룩된다. 그것을 완성시키기 위해 다시 오실 메시아와 완전한 하나님의 나라를 회복하기 위해 주님께로부터 받은 위임사항을 수행해 나가는 제자들이 만나는 때(Omega Point), 이미 도래한 하나님의 나라는 완성되고 하나님의 치유의 사역도 완성될 것이다.

부록 1

———

Q & A

Part 0

총체적 치유사역의 전제

Q. 총체적 치유사역의 전제란 무엇인가?

'총체적 치유사역의 전제'란 이명수 박사가 치유사역에 대하여 총 정리한 것으로 내용은 다음과 같다.

첫째, 기독교 세계관은 창조와 타락과 회복과 완성의 맥락에서 본다.

둘째, 치유사역을 건강과 질병과 치유와 온전함의 과정으로 보고, 치유는 회복시키는 과정으로 이해한다.

셋째, 질병의 원인은 '하나님의 법'과 '자연의 법'을 범함에 기인한다. 그리고 '자연의 법'도 '하나님의 법'의 범주에 속한다. 그리고 이들의 법을 어기는 동인(動因)은 인간의 지나친 욕심이다.

넷째, 치유사역의 대상은 인간과 인간이 몸담고 살아가는 사회이다. 이 사회라는 개념 속에는 인간 공동체와 환경과 자연을 포함시킨다.

다섯째, 기독교의 인간 이해는, 인간이란 하나님의 형상(*Imago*

Dei)대로 창조되었으며(창 1:27), 몸과 마음과 영으로 구성되나 분리할 수 없는 전인(Whole being)으로 인식한다(살전 5:23; 히 4:12). 여기에서 '하나님의 형상'대로 창조되었다는 의미는 하나님과 같이 온전하지는 못하나, '하나님의 성품'의 영향을 받아 창조되었다는 뜻이다. 이것은 구체적으로 인간은 지적이고, 정적이고, 의지적이고, 영적이고, 도덕적이고, 그리고 종교적인 존재이며, 또한 모든 피조물에 대한 지배권을 갖는 존엄한 존재로 창조되었다는 것을 의미한다. 동시에 인간도 하나님으로부터 창조되어진 피조물로서 창조주 하나님께로 의존해야 하는 존재임을 의미한다.

여섯째, 인간의 건강 혹은 질병은 사회와 상호영향을 주고받으며, 몸의 병, 정신의 병, 영의 병 및 사회의 병 사이에는 상호관계가 있을 뿐 아니라 이들의 병을 유발시키는 원인들은 상호작용함을 또한 인정한다.

일곱째, 치유사역의 궁극적인 목표는 타락하고 병든 인간과 사회를 회복하여 새 하늘과 새 땅을 건설하는 데 있다(계 21:1-4). 즉 하나님의 나라 건설이 치유사역의 궁극적 목표이다.

Part 1

창조와 건강

Q. 창조 당시의 건강이란 어떤 것인가?

창조 당시의 건강은 하나님의 문화명령에 속한 '노동을 행함'과, 창조주 하나님을 경배하고 찬양하며 기쁘게 하는 복되고 거룩한 '안식일을 지키는 것'과, 하나님의 축복 속에 결혼하여 '가정을 이루는 것'에서 자리하고 있었다.

그리고 가장 중요한 것은 동산 가운데 있는 선악을 알게 하는 나무와 생명나무를 항상 바라봄으로써 피조물로서의 자신을 인정하고, 하나님을 창조주로 경외하고, 그 말씀에 순종하는 삶에 참된 건강이 깃들여 있었다.

Q. 창조적 건강이란 무엇인가?

창조적 건강이란 '하나님 보시기에 좋은 것'이다. 그 모든 지음 받은 것들이 질서를 가지며, 조화를 이룬 것이며, 그리고 그것들이 영원히 보존된 상태이다. 에덴동산에서의 건강한 삶이란

영원한 생명이며, 가장 풍성한 삶이며, 하나님이 의도하신 바의
생활이다.

Q. 치유신학적 관점에서 창조적 건강이란 무엇인가?

하나님과 인간의 관계에 대해, 한 인간의 육체 · 정신 · 영의 관
계에 대해, 그리고 인간 공동체와 환경과 자연에 대해, 모든 부
분이 질서를 이루며, 또한 조화, 화해, 통합 및 일치를 이루어
완전하고 성공적인 기능을 감당하는 것이다. 이울러 활기차고
평화로운 삶을 살며, 악에 대항하여 승리할 수 있는 타락 이전
의 상태인 샬롬의 상태를 의미한다. 따라서 창조적 건강이란 창
조주 하나님의 주권과 규율 아래에서 질서와 조화를 이루어 더
불어 평화와 희락과 활기가 충만한 삶을 살 수 있는 '빛의 나라'
로 이해된다.

타락과 질병

Q. 하나님께서 창조하시고 "심히 좋았더라."고 하신 우주 만물이 이
제는 썩어짐에 종노릇하게 되어 함께 탄식하며, 함께 고통하게
된 이유가 무엇인가?

인간이 하나님의 말씀을 불순종하는 죄를 지음으로 시작되었
다. 이 불순종의 죄는 창조계 전체에 질병을 가져왔고, 필경 죽
음에 이르게 하는 치명적인 것이었다(롬 6:23). 죄의 유입은 전
적으로 인간의 불순종의 결과이며, 하나님께 속한 것이 아니다.
인간의 죄로 말미암아 건강은 무너지고 질병이 찾아왔으며, 모
든 피조물이 다 함께 탄식하며 고통하게 되었다(롬 8:22).

Q. 인간 타락에의 요인과 과정은 어떠했는가?

인간은 사탄의 유혹으로 말미암아 창조주 하나님의 엄중한 경
고를 만홀히 여기고 불순종함으로써 죄악이 모든 피조계에 자
리하게 되었다. 인간이 죄를 지음으로써 타락하게 된 요인과 과

정은 교만, 하나님의 말씀에 대한 임의적 해석, 거짓말, 탐심, 불순종 등으로 나타났다.

Q. 타락한 후 인간의 모습에 어떤 변화들이 나타났는가?

타락한 후 인간의 모습은 눈이 밝아져서 선악을 알되 악에 눈 뜨게 되었다. 또한 벌거벗음을 수치로 여기게 되었고, 나의 잘 못도 너에게 책임을 전가하며, 인간의 마음에 시기 · 분냄 · 미움 등이 뿌리 잡게 되었다.

Q. 인간의 타락으로 온 피조계에 어떠한 심판이 임하였는가?

인간의 타락의 결과로는 처음부터 범죄한 자(요일 3:8)인 '사탄'에게는 결코 '치유'가 없으며, '구원'도 없다. 그에게는 영원한 하나님의 저주와 심판이 있을 뿐이다(시 119:21; 계 20:10). 아울러 그와 함께 하나님께 대한 반역에 동참한 영적 무리들과 그들의 미혹에 빠져 범죄하고도 회개하지 아니한 인간들에게도 치유의 손길은 영영히 끊어지게 된 것이다. 다만 영원한 어둠 속에서 슬피 울며 이를 갈 뿐이다(마 22:13).

사탄에 의해 인간을 유혹하고 타락하게 하기 위해 쓰임을 받은 뱀은 모든 동물보다 더욱 저주를 받은 최종 패배의 상징적 존재로 남게 되었다.

뱀이 속한 모든 동물도 저주를 받게 되었다. 수많은 동물이 인간들의 허물과 죄악을 깨끗하게 하기 위해 저주의 모습으로 제물이 되어 죽임을 당하게 되었다(레위기 참조). 더욱이 노아의 홍수 이후에는 모든 산 동물은 인간의 먹을거리가 되어 채소와 같이 먹히게 되었고(창 9:3), 동물들 간에도 약육강식의 엄청난 변혁이 일어나게 된 것이다.

타락 후에 땅도 저주를 받게 되었다. 땅은 모든 물질세계를 대표한다. 따라서 아담의 범죄로 인해 모든 물질세계가 오염된 것이다. 땅은 더 이상 인간들의 기쁨이 아니요, 의지할 영원한 본향이 아닌 것이다.

하와의 범죄로 말미암아 모든 여인에게는 해산하는 고통이 크게 더하게 되었고, 수고하여 자식을 낳게 되었다(창 3:16). 아담은 평생 수고의 땀을 흘려야 그 소산물을 얻게 되었다.

사탄은 저주를 받아 인간의 죄로 말미암아 뱀과 동물과 인간이 썩고 죽을 몸으로 변하게 되었고, 하늘과 땅도 불사르기 위하여 예비되었다(벧후 3:7). 그리고 시간과 공간과 물질의 모든 피조물이 썩어짐에 종노릇하게 되어 탄식하며 함께 고통하게 되었다(롬 8:22).

Q. 치유신학적 관점에서 질병이란 무엇인가?

질병이란 '하나님께서 보시기에 좋지 못한 것'이며, '하나님과의 이별'이다. 하나님과 인간 사이가, 한 인간 내에서 육체와 정신과 영 사이가, 인간과 인간 사이가, 그리고 인간과 사회 · 자연 사이가, 정상적인 행동들을 하기에 불가능하게 하는 다양한 원인들에 의하여 소외, 분리, 부조화, 무질서 그리고 타락하게 하는 것으로 정의된다. 이것은 구체적으로 특수한 증후(symptoms)와 증상(signs)을 수반한 비정상적인 생의 과정이기도 하다.

Part 3

회복과 치유

Q. 창조계의 타락과 부패는 전적으로 인간의 하나님께 대한 불순종으로 초래된 죄로 말미암는다(창 2:17; 롬 5:12; 고전 15:21-22). 그러나 인간의 죄악은 하나님께서 그 손으로 지으신 피조물에 대한 하나님의 한결같은 신실성을 무효로 돌릴 만한 힘이 없다. 그 근거가 무엇인가?

죄악의 영향이 모든 피조계에 미치긴 하였으나, 창조된 질서를 유지하시는 하나님의 지속적인 신실하심과 온전하심이 처음부터 영원토록 여전히 존재하기 때문이다.

비록 인간의 죄악으로 온 천하 만물이 썩어질 것에 종노릇할 수밖에 없게 되었다 할지라도 하나님의 원래 선하신 뜻은 파기될 수 없는 것이다. 그러므로 하나님께서는 첫 범죄자 아담 때로부터 회복을 위한 치유를 시작하셨다. 하나님께서는 아담 이후 다윗에게 이르기까지 당신의 백성을 위해서 죄와 질병과 죽음으로부터 치유하시며 구원하시기 위한 언약을 맺으시고, 때가 차매 그 아들을 보내사(갈 4:4) 온전한 회복을 시작하셨다.

Q. 하나님의 치유에 관한 신실하시고 온전하신 약속은 궁극적으로 어떻게 나타났는가?

하나님의 독특하신 아들 예수 그리스도로 나타났다. 하나님께서 맺은 모든 회복과 치유의 언약들이 독특하신 '그 아들' 안에서 모두 이루어졌다(요 19:30). 그러므로 비록 아담의 불순종이 죄로 물든 피조계로 변화시켜 놓았다 할지라도, 건강과 온전함을 질병과 죽음으로 바꾸어 놓았다 할지라도, 그리스도 예수 안에 있는 하나님의 사랑과 그 신실하신 언약을 끊을 수도 파기할 수도 없는 것이다(롬 8:38-39).

그러므로 질병의 치유는 언제나 하나님의 승리로, 더 구체적으로는 예수 그리스도 안에서 죄와 죽음을 이기신 하나님의 승리로 표현된다.

Q. 창조 당시의 건강은 그리스도 안에서 어떻게 치유되고 회복되는가?

창조의 '문화명령'은 그리스도 안에서 '복음전파명령'으로 회복되고 완성된다. 그리스도 예수의 시대에서 하나님의 백성들이 모든 민족으로 세례를 주고, 복음을 전파하여 주님의 제자를 삼는 것이 참 건강을 누리게 되는 신성한 일이요, 복된 길이다.

창조의 '안식일'은 이제 예수 그리스도 안에서 '주일'로 회복되고, 새 하늘과 새 땅에서 '영원한 안식'으로 완성될 것이다.

에덴동산에서 아담과 하와를 주례하신 하나님께서 이제 어린 양의 혼인잔치를 다시 주례하실 날이 곧 올 것이다(계 19:6-9). 그러므로 모든 결혼의 신실함과 성실함은 예수 그리스도 안에서 완성된다. 모든 가정의 치유와 회복도 예수 안에서만이 온전해진다.

Q. 아담과 하와에 대한 하나님의 첫 치유의 모습은 이후에 나타나는 치유에 관한 모든 기본 원칙을 포함한다. 그 치유의 과정은 구체적으로 어떻게 나타났는가?

아담과 하와에게 다가와 치유하시는 하나님의 모습은, 첫째, 하나님께서 범죄한 자들에게 먼저 찾아오셨다(창 3:8). 둘째, 하나님께서 범죄하여 두려워 피하여 숨은 그들을 찾아 부르신다(창 3:9). 셋째, 그들의 죄를 고백하게 하신다(창 3:10). 넷째, 하나님께서 범죄한 자들을 향해 각자 행한 대로 공의(公義)로 벌하신다(창 3:11-19). 다섯째, 하나님께서는 또한 당신의 은혜와 사랑으로 인해 회복시키실 것을 약속하신다(창 3:15-19). 여섯째, 하나님께서는 인간을 향한 지극한 사랑으로, 가죽옷을 지어 입히시어 죄를 지어 벌거벗은 인간들의 부끄러움과 수치를 가리시고 위로하신다(창 3:21). 일곱째, 하나님께서는 낙원에서 쫓겨나게 된 인간에 대한 '치유와 회복의 길(생명나무의 길)'을 보존하신다

(창 3:22-24). 이 길은 곧 생명의 길 되신 예수 그리스도를 통하는 길인 것이다(요 14:6).

Q. 아담을 통해 주어진 하나님의 치유의 언약은 무엇인가?

아담의 타락으로 인하여 우리들이 질병과 죽음의 공포 아래에 놓이게 되었지만, 다시 회복과 치유에의 산 소망을 가지는 것은 신실하신 하나님의 언약이 있기 때문이다. '여자의 후손'으로 '사탄의 머리를 상하게 하는 약속'은 여자의 후손으로 오신, 살아 계신 하나님의 아들이신 예수 그리스도의 사탄에 대한 영원한 승리를 예고하시는 것이다.

Q. 아담을 통해 주어진 하나님의 치유의 언약은 어떻게 성취되었는가?

첫 사람 아담은 생령이 되었으나 그의 죄악으로 말미암아 신령한 사람이 되지 못했다. 그러나 마지막 아담이 되신 예수 그리스도는 신령한 사람으로 살려 주는 영이 되셨다.

교만과 겸손

아담과 하와는 하나님과 같이 되려는 교만의 아비인 사탄의 유혹에 빠짐으로 그들도 오만한 자의 자리에 앉고야 말았다. 그러나 우리 주 예수 그리스도께서는 자신을 낮추시고 죽기까지 복종하셨으니, 곧 십자가에 죽으셨다(빌 2:6-8). 그러므로 아담으로 대표되는 인간의 교만은 우리 주님의 겸손과 사랑으로 치유를 받고 회복되었다.

왜곡된 하나님의 말씀과 참 생명의 말씀이신 예수

에덴동산에서 하와에게 찾아온 사탄이 하나님의 말씀을 왜곡하며 거짓말로 시험할 때, 아담과 하와는 실패하여 모든 질병과 죽음을 자초하게 되었다. 광야에서 예수님께서도 사탄에게 왜곡된 하나님의 말씀과 거짓말로 시험을 받으셨다. 그러나 예수님께서는 참된 살아 있는 하나님의 말씀으로 그 사탄의 시험을 물리치고 승리하셨다(마 4:1-11).

참된 하나님의 말씀만이 모든 악한 것과 질병과 죽음의 권세를 깨뜨린다. 영원한 생명의 말씀은 곧, 그리스도 예수이시다(요일 1:1-3). 그러므로 예수 그리스도 안에서만이 참 생명이 있다.

Q. 노아 시대 이후로 인간의 수명이 점차 감소된 원인은 무엇인가?

노아 당시의 시대적 상황은 타락한 인간들의 생활 형편을 적나라하게 반영하고 있다. '하나님의 아들들'이 '사람의 딸들'과 결혼함에서 사람의 죄악이 세상에 가득하게 되었고, 그 마음의 생각하는 모든 계획이 항상 악하였다(창 6:1-6). 이 두 계열의 사람들은 노아 시대에 와서 구분이 없을 정도로 혼합되어져, 그들은 하나님께서 좋아하시고 기뻐하시는 뜻대로 살지 않고 악을 더욱 행하게 되었다(창 6:2). 그러므로 하나님께서는 땅위에 사람을 지으셨음을 한탄하시고 마음에 근심하사 노아의 가족을 제외한 모든 인간과 땅 위에서 호흡하는 모든 생물을 대홍수로 지면에서 쓸어버리셨다(창 7:21-23). 더욱이 인간들의 극심한 영적 부패로 말미암아 '하나님의 영'이 사람과 영원히 함께하지 아니할 것임을 선언하셨다(창 6:3). 따라서 하나님께서는 인간들을 향해 '그들의 날은 120년이 되리라.'고 하셨던 것이다(창 6:3). 대홍수 이후 환경의 대변화, 육식의 허용 및 식생활의 변화, 음주 습관, 언어의 혼잡과 조혼의 관습 등이 생겨남에 따라 인간의 수명은 점차 줄어들게 되었다.

Q. 노아를 통해 주어진 하나님의 치유의 언약은 무엇이며, 그 언약은 어떻게 성취되었는가?

노아의 일가족이 하나님의 은혜를 입게 되어, 예비된 방주로 들어가게 됨에 따라 노아 자신과 그의 전 가족과 그리고 그에게 속했던 모든 생물들이 죽음에서 생명을 건지게 되었다. 예수 그리스도는 구원의 방주이시다. 그의 품에 안기는 자마다 죽음에서 생명을 건지게 된다(마 1:21; 요 12:47; 행 16:31; 롬 10:13).

떠나가신 하나님의 영(靈)과 다시 임하신 성령

노아 시대에 사람의 죄악이 세상에 가득하며, 그 마음의 생각의 모든 계획이 항상 악할 뿐임을 하나님께서 보시고 '하나님의 영'을 거두어 들이셨다. 그 결과 인간의 수명은 점차 감소하게 되었다.

이제 하나님의 독생자 예수 그리스도에 의해서 '하나님의 영'이신 성령께서 다시 사모하는 자들에게 강림하셨다(행2:1-4). 주님의 성령은 진정 회복시키는 영이요, 치유의 영이시다. 하나님의 영이신 성령께서 우리들을 영원한 생명이 되신 예수님께로 인도하신다.

언어의 혼잡과 난 곳 방언

시날 평지에서 한 언어를 가진 무리들이 모여 바벨탑을 지어 그 탑 꼭대기를 하늘에 닿게 하여 그들의 이름을 내고 온 지면에 흩어짐을 면하려 했다(창 11:1-4). 여호와께서 강림하셔서 그들의 언어를 혼잡하게 하여 서로 알아듣지 못하게 하셨다(창 11:5-7). 이로 인해 그들은 갈등, 불안, 걱정, 나쁜 감정, 시기, 증오, 의심, 공포 그리고 다툼 등의 마음을 가지고 세상으로 흩어졌다.

세계 각국에서 서로 다른 언어를 가진 자들은 예수님의 이름을 높이기 위해 예루살렘에 모였다(행 2:1-5). 예수님께서 약속하신 성령이 강림하심으로 말미암아 서로 알아듣는 언어(방언)를 받았다(행 2:4-6). 그들은 기쁨과 순전한 마음으로 날마다 마음을 같이하여 성전에 모이기를 힘쓰며, 하나님을 찬미하며 온 백성에게 칭송을 받게 되어 구원받는 사람을 날마다 더하게 되었다(행 2:33-47). 예수님의 치유는 언어도 회복시키신다.

Q. 아브라함을 통해 주어진 하나님의 치유의 언약은 무엇이며, 그 언약은 어떻게 성취되었는가?

아브라함 언약과 새 언약

하나님과 아브라함 사이에 '피로 맺은 약정(창 15:17)'은 하나님과 이스라엘 백성과 맺은 언약으로서 이스라엘 백성의 삶과 죽음을 결정하는 중요한 언약이었다. 그러나 이스라엘의 불순종과 우상숭배와 죄악들로 말미암아 이 언약은 파기되었고, 그 결과 이스라엘은 역사적 멸망을 초래했다.

예수님은 잡히시기 전날 밤, 만찬에서 제자들에게 잔을 주시면서 "이것은 죄 사함을 얻게 하려고 많은 사람을 위하여 흘리는 바 나의 피 곧 언약의 피니라(마 26:28)."라고 말씀하셨다. 그리스도의 죽음은 우리를 죄에서 구속하기 위한 것이었다(요일 4:10).

누가복음은 그리스도에 의해 세워지는 이 언약을 '새 언약'이라고 언급하였다(눅 22:20). 그리스도의 피는 옛 언약의 저주를 지워버릴 뿐만 아니라, 동시에 새 언약의 축복된 상태로 인도한다. 주님의 성만찬을 통해서 우리들은 주님의 '몸과 피'에 참여함으로써 우리들의 모든 죄는 사함을 얻고, 회복과 치유의 소망 속에서 하나님의 사랑과 은혜를 확인할 수 있게 되었다. 예수 그리스도로 말미암은 새 언약에의 참여는 진정 우리의 영과 혼과 육, 곧 전인(全人)이 회복되고 치유됨을 의미한다.

할례와 세례

할례는 본질상 이스라엘과 하나님 사이의 언약적 표적(sign)이다. 이것은 곧 육체의 더러움을 상징하는 남성 생식기관의 포피를 절단하는 것으로, 인간 본성에 내재하는 죄를 과감히 제거하는 것이다. 할례예식은 죄를 씻는 과정 속에서 거룩하신 창조주 하나님과 거룩하지 못한 피조물 사이의 관계수립에 필요한 내부정화를 상징한 것이다.

옛 언약에서의 깨끗하게 하는 '할례예식'은 새 언약에서의 깨끗하게 하는 '세례예식'에서 온전해진다. 신약에서의 세례예식은 '그리스도와 연합'이라는 개념과 연결되어 나타난다. 그러므로 그리스도 안에서의 세례는 죄 사함의 확신과 하나님의 사랑과 믿음의 능력을 경험하게 함으로써 모든 질병과 죽음조차도 극

복하고 하나님과의 관계성을 회복시키고 치유의 역사를 나타내
게 한다.

Q. 모세를 통해 주어진 하나님의 치유의 언약은 무엇이며, 그 언약은 어떻게 성취되었는가?

모세가 하나님의 온 집에서 종으로서 신실하였고, 그리스도는
하나님의 집을 맡은 아들로서 신실하셨다(히 3:5-6). 모세를 통
해 옛 계명이 주어졌고, 그리스도를 통해 새 계명이 주어졌다.
옛 계명은 새 계명으로 완성되고 온전해진다.

옛 계명과 새 계명

이스라엘 백성을 향한 하나님의 치유 약속은 모세 율법으로 나
타났고, '십계명' 속에 함축되었다. 하나님께서는 하나님의 말씀
을 들어 순종하고, 하나님 보시기에 의를 행하며, 하나님의 계

명에 귀 기울이며, 하나님의 모든 규례를 지킬 때에, 어떤 질병도 임하지 않을 것을 약속하셨다(출 15:26). 그러나 모세 율법은 온전히 지켜지지 못했고, 도리어 이스라엘 백성들에게 걸림돌이 되고 말았다.

예수님께서 율법과 예언을 따라 이 세상에 오심으로 모든 율법과 선지자의 모든 예언은 이루어졌다. 따라서 율법과 예언을 주신 하나님의 모든 목적이 예수 그리스도 안에서 완성된 것이다(마 5:17).

예수 그리스도께서 구약의 모든 율법과 계명을 완전하게 하시고, 이제 다시 새 계명을 말씀하신다. 이 새 계명은 새로이 주시는 것이 아니요, 우리가 처음부터 가진 계명인 '하나님 사랑 · 이웃사랑'이다(요일 1:7; 요이 5장). 하나님께서 먼저 우리를 사랑하사 하나님을 사랑할 수 있는 마음을 주셨기 때문에, 우리가 그 사랑을 받아 하나님을 사랑할 수 있게 되었다. 하나님께서

그 아들을 화목제물로 주시기까지 인간들을 사랑함으로 '하나
님 사랑'이 실현된 것이다. 그러므로 우리가 서로 사랑하는 '이
웃사랑'에서 '하나님 사랑'은 열매를 맺는다. 왜냐하면 사랑하지
않는 자는 결코 하나님을 알지 못하기 때문인데, 이는 하나님은
사랑이시기 때문이다. 이 사랑은 그리스도 안에서 완성된다(요
일 4:8-9).

Q. 다윗을 통해 주어진 하나님의 치유 언약은 무엇이며, 그 언약은 어떻게 성취되었는가?

다윗 왕국은 하나님의 언약이 지상에서 이루어지는 구체적인
예표로서 나타났다. 다윗 왕국이 이 땅에 세워짐으로 세 가지의
축복을 누리게 되었다. 첫째, 이스라엘을 악으로부터 보호하기
위함이었다. 둘째, 유대의 왕들은 백성들을 위한 번영을 보장해
야 했다. 셋째, 다윗 집안은 백성들 가운데 하나님의 특별한 임

재가 계속 유지되기 위해 특별히 하나님으로부터 세움을 받았다. 그러나 하나님의 언약으로 세워진 다윗 왕국은 영원히 지속되지 못하고 슬픈 종말을 맞고 말았다.

신약성경은 예수 그리스도가 다윗 왕국의 최종 상속자라고 기록하고 있다(마 1:1-17; 눅 3:23-38). 보호와 번영과 현존이라는 다윗 왕국의 축복은 구약으로 중단되지 않았다. 이것들은 모두 예수 그리스도 안에서 완전히 이루어졌다.

그러나 이 축복은 예수님께서 초림과 재림, 두 단계로 내려 주신다는 사실에 주목해야 한다. 주님께서는 보호와 번영과 하나님의 현존의 축복을, 초림뿐만 아니라 재림 때에 가져오심으로 하나님의 언약을 온전히 이루실 것이다.

Q. 그리스도 예수를 통한 치유사역은 어떻게 나타났는가?

하나님의 치유사역은 예수 그리스도를 통하여 온전히 회복되고 완성된다. 그것은 모든 약한 것과 질병과 죽음을 이기시고, 살려 주는 영이 되시며(고전 15:45), 길이요, 진리요, 생명이신 예수 그리스도의 치유사역을 통해서 분명히 나타났다(요 14:6).

창조의 건강함이, 아담과 하와의 범죄로 인한 타락과 더불어 질병과 사망으로 변해 버렸다. 그럼에도 불구하고 하나님의 신실하신 뜻과 뜨거운 사랑은 변개될 수 없기에, 하나님은 회복을 위한 치유의 언약을 주셨다. 온전한 건강을 회복시키시겠다는 하나님의 치유의 언약은 아담으로부터 시작되어 노아, 아브라함, 모세, 다윗을 거쳐 예수 그리스도께로 와서 비로소 완성된다. 이것은 곧, 첫 아담의 죄악으로 반드시 죽고 다시 소생 못할 우리 인간들에게 하나님의 언약에 따라 새로운 생명과 영생을 주시는 마지막 아담 되신 예수 그리스도 안에서(고전 15:45), 그분의 사역 안에서 우리들은 발견할 수 있게 된다.

Q. 예수님의 치유 자세는 어떠했으며, 주된 지상사역은 어떤 것이었는가?

예수님의 치유 자세는 첫째 먼저 찾아가는 것이다. 예수님께서는 모든 도시와 마을에 두루 다니시면서 병들고, 상처 받은 인간들에게 손수 찾아가셨다(마 9:35; 눅 8:1-2).

예수님의 사역은 총체적 치유사역(Holistic Healing Ministry)의 온전한 모델이 된다. 예수님의 사역 내용은 가르치며, 천국 복음을 전파하며, 모든 질병과 약한 것을 치유하는 것이었다(마 9:35). 그리고 사역의 동기는 인간들을 불쌍히 여기는 연민의 마음이었다(마 9:36). 그리고 주님께서는 이 같은 사역들이 당신의 제자들과, 또 그 제자들의 제자들과 함께 주님께서 다시 오실 그날까지 지속적으로 이어질 것을 명령하셨다(마 9:37-38).

Q. 예수님의 치유사역의 궁극적 목표는 어떤 것인가?

예수님의 치유사역은 예수님 자신이 메시아이심을 입증하는 확고한 증거인 것이다. 예수님의 기적적인 치유들은 하나님의 나라가 메시아가 오심으로 이미 도래하였고, 그분은 죄를 용서할 수 있는 권세를 가지신, 하나님의 말씀과 언약으로 약속된 '그 메시아'이심을 입증하고 있다. 따라서 치유사역의 궁극적 목표는 메시아이신 예수 그리스도를 통하여 타락하고, 병든 인간과 사회를 회복하여 '하나님의 나라' 곧, '새 하늘과 새 땅'을 건설하는 데 있는 것이다.

Q. 예수님의 치유사역의 특징과 방법은 무엇인가?

성경에는 예수님께서 그의 공생애 3년간에 있어서 모두 41건의 치유 기적을 행하셨다고 기록하고 있다. 예수님의 치유의 특징은 대부분 만성적인 질병이었고, 현대의학으로는 치유하기 힘든 것들이었다. 또한 예수님의 치유는 주권적이며, 즉각적이고, 전인적이었다(마 9:22, 15:28, 17:18). 그분의 치유 방법은 축귀술, 말씀, 기도, 안수, 환자 자신 및 친척들의 믿음, 진흙 또는 침 바름 등이었다. 그분은 신체의 질병뿐만 아니라, 정신과 영의 병을 포괄하여 개별적으로 또는 집단적으로 온전하게 치유하셨다. 그러므로 우리들은 하나님께서 질병 치료를 위해 다양한 치료 방법을 주셨다는 사실에 감사해야 한다.

무엇보다 인간 치유에 대한 가장 중요한 주님의 치료 방법은 당신의 귀하신 몸을 사용하셨던 것이다. 예수님은 인간들의 모든 죄와 모든 질병과 죽음의 권세를 치유하시고 물리치기 위해 십자가에서 죽으셨다. 십자가에서 흘리신 귀하고 보배로우신 피가 인간의 모든 죄와 질병과 죽음까지도 치유하신 것이다. 예수 그리스도의 보혈! 이것이야말로 인간들의 모든 질병과 죽음조차도 치유하는 가장 확실한 양약(良藥)이요, 치료제이다.

Q. 주님의 초림과 재림 사이를 살아가는 오늘날, 주님의 제자로 삶을 살아가기를 원하는 우리들에게 여전히 빈곤과 질병과 죽음의 시련이 그대로 남아 있는 것은 무엇 때문인가?

우리들이 예수님을 믿음으로써 현세에서 우리의 영혼이 잘되고, 범사가 잘되고, 강건해진다는 것을 주님께서 보증하시지 않으셨다(요한삼서 2장 참조). 그것은 주님의 바램이요, 사도들의 바램이요, 우리 성도들의 바램일 수 있다.

그리스도는 현 단계에서 모든 물리적인 악으로부터 우리를 보호하신다고 약속하지 않으셨다. 오히려 주님께서는 "사람들이 나를 박해하였은즉 너희도 박해할 것이요(요 15:20)."라고 하시며, 주님을 따르는 자들은 고난과 핍박을 받으리라고 경고하셨다. 더구나 그리스도의 왕권은 현재의 물질적 부와 건강을 보증하지 않는다. 빈곤과 질병의 시련은 우리들에게 그대로 남아 있는 것이다.

그러나 우리들이 질병과 사망, 빈곤과 멸시, 폭력이나 권력자, 핍박과 설움, 현재 일이나 장래 일, 귀신이나 사탄, 그리고 높음이나 깊음이나 다른 아무 피조물이라도 두려워하지 않고 도리어 넉넉히 이길 수 있는 것은 우리 주 예수 그리스도 안에 있는 하나님의 사랑이 있기 때문이다(롬 8:35-39). 그러므로 우리들은 다시 오셔서 온전한 회복과 치유를 이루실 '재림 예수'를 소망하며 이 모든 어려움을 인내할 수 있는 것이다.

Q. **치유신학적 관점에서 그리스도 예수 안에서 오늘을 살아가는 우리들이 누리는 하나님 나라의 축복이란 무엇인가?**

그리스도의 초림과 재림 사이를 살아가는 성도들이 누리게 된 하나님 나라의 축복은 일차적으로 영적이라는 사실이다. 초림으로 오신 주님께서는 현재는 주님을 믿고 따르는 우리에게 영적인 축복을 보장하시지만(벧전 1:9), 다시 오실 그때에는 그분의 보호와 번영 그리고 임재의 축복이 육체적인 데까지 온전히 이를 것이다. 그때에는 우리들의 모든 질병과 약함과 억눌리고 갇힌 모든 것들이 온전히 치유될 것이다(계 21:1-4).

그러므로 주님의 초림과 재림 사이를 살아가는 우리들은 때로는 우리들이 원치 않는 질병이나, 예기치 못했던 사고들에 의해서 상처를 입고, 육신적으로 죽어 가게 될지라도 우리들은 염려하거나 두려워할 이유가 전혀 없다.

Part 4

완성과 온전함

Q. 그리스도 예수께서 다시 오실 때에 어떤 일이 일어나는가?

고린도전서 15장은 예수 그리스도의 부활에 관해서 자세히 기록하고 있다. 특히 51절 이후 말씀은 주님의 재림에 대해서 확실히 기록하고 있다.

그리스도 예수의 재림으로 말미암은 일어나는 모든 변화는 다음과 같다.

첫째, 이것은 비밀에 속한 일이다. 그러므로 이 변화의 비밀을 알게 된 자들만이 믿고 깨닫게 될 것이다.

둘째, 이 변화는 순식간에 홀연히 임할 것이다.

셋째, 이 변화는 온 세계가 다 변화할 것인데, 모든 피조물이 다 변화하게 될 것이다.

넷째, 이 변화는 썩을 것이 썩지 아니할 것으로, 죽을 것이 죽지 아니할 것으로 변할 것이다. 이미 죽은 자들도 다시 살아나되 썩지 아니할 것으로 다시 살아나고, 또한 살아 있는 자들도 다시 죽지 아니할 것으로 변화할 것이다.

마지막으로 사망에 대한 승리는 예수 그리스도로 말미암아 하나님께서 우리들에게도 분명히 주시는 것이다. 이것은 하나님의 측량할 길 없는 은혜로 가능한 것이다.

그리스도의 재림으로 하나님의 치유에 대한 언약은 온전히 이루어질 것이다. 모든 연약함과 질병도 물러가고 사망의 권세도 사라진다. 인간의 영과 혼과 육의 전인적 치유가 온전히 이루어질 것이며, 온 우주 만물도 새롭게 변화될 것이다.

Q. 치유신학적 관점에서 새 하늘과 새 땅의 하나님 나라는 어떤 곳인가?

오고 있으며, 마침내 올 하나님 나라는 회복과 치유의 완성이 있는 나라이다. '새 하늘과 새 땅'에서 완성될 치유는 완전한 회복이며, 화해이며, 조화이며, 전체성이며 또한 구원이다. 온전한 치유는 병리적 상태로부터 생리적 상태로의 회복이며, 창조 당시의 인간 존재로의 회복이며, 창조 당시의 사회적 질서와 규율로의 회복이며, 그 이상이다.

새 하늘과 새 땅에서의 완성과 온전함은 창조 당시의 인간 존재로의 회복과 사회적 질서와 규율로의 회복만을 의미하지 않는다. 보다 더 성숙하고 고차원적인 상태의 회복인 것이다. 처음 하늘과 처음 땅이 없어지고, 새 하늘과 새 땅이 전개되어, 하나님의 나라에서 우리들은 하나님의 백성이 되고, 하나님은 친히 우리와 함께 계셔서 우리들의 눈에서 눈물을 씻기시며, 다시 질병이나 사망이나, 애통하여 우는 것이나 아픈 것이 완전히 사라진 곳이다(계 21:1-4). 다시는 '선악을 알게 하는 나무의 열매'에 대한 시험과 같은 것도 없는 곳이다. 왜냐하면 '여호와를 아는 지식'이 세상에 충만하게 될 것이기 때문이다(사 11:9).

부록 2

구약의 치유 기록

치유에 관한 구약성경의 기록은 여러 곳에서 나타난다. 그 가운데 치유에 관한 중심적 기록은 특히 신명기 32장 39절에서 볼 수 있다.

이제는 나 곧 내가 그인 줄 알라 나 외에는 신이 없도다 나는 죽이기도 하며 살리기도 하며 상하게도 하며 낫게도 하나니 내 손에서 능히 빼앗을 자가 없도다.

하나님은 병을 낫게도 하시고, 육신을 질병으로 치기도 하신다. 하나님께서는 병을 치유하심에 다양한 방법을 사용하셨다. 때로는 개인적인 죄로 인해 육체적 징계로서 질병이 주어지기도 했다. 하나님께서 사탄이 인간에게 질병을 주는 시험을 허락하시는 경우도 있었다(욥 1-2장). 또한 이삭(창 27:1), 야곱(창 32:25), 모세(출 4:6, 7), 엘리사(왕하 13:14), 다니엘(단 8:27) 등과 같은 성경에 나타난 유명 인물들도 병이 들었던 것을 볼 수 있다.

하나님께서는 당신의 백성들이 질병에 빠지는 것을 원하지 않으신다. 그러나 항상 전제 조건이 함께 했다.

이르시되 너희가 너희 하나님 나 여호와의 말을 들어 순종하고 내가 보기에 의를 행하며 내 계명에 귀를 기울이며 내 모든 규례를 지키면 내가 애굽 사람에게 내린 모든 질병 중 하나도 너희에게 내리지 아니하리니 나는 너희를 치료하는 여호와임이라(출 15:26).

구약성경에 언급된 질병의 유형들을 살펴보면 다음과 같다.

성경	질병	장절	치유 내용 및 대상	치유 방법
창세기	불임	20:17	아비멜렉 아내와 여종의 불임	아브라함의 기도
	노안, 시각장애	27:1-2, 48:10	이삭, 야곱	
	허벅지관절 탈골	32:22-32	야곱의 씨름	서서히 치유
	난산	35:16-19	라헬의 출산	사망
출애굽기	나병(문둥병)	4:6-7	모세, 가슴에 손 넣음	하나님 명령 순종
	말 못함, 난청, 실명	4:11	여호와가 질병을 가져오게도 하심	여호와 치유시킴
	심한 돌림병	9:3	애굽 백성	특별기록 없음
	종기	9:9-11	애굽 백성	
	장자 죽음	12:29-30	애굽의 첫 태생 사망	
레위기	종기	13:18-23	이스라엘 백성	
	나병	13-14, 22:4	이스라엘 백성	
	옴	13:30	이스라엘 백성	
	실명	21:18	이스라엘 백성	
	다리 절음	21:18	이스라엘 백성	
	코질환	21:18	이스라엘 백성	
	지체 기형	21:18	이스라엘 백성	
	손발 골절	21:19	이스라엘 백성	
	등 굽음(곱사등)	21:20	이스라엘 백성	
	키 못 자람	21:20	이스라엘 백성	
	눈의 백막	21:20	이스라엘 백성	

성경	질병	장절	치유 내용 및 대상	치유 방법
레위기	습진 버짐	21:20	이스라엘 백성	
	고환 상함	21:20	이스라엘 백성	
	유출병	22:4	이스라엘 백성	
	폐병, 열병	26:16	이스라엘 백성	
	염병	26:25	이스라엘 백성	
민수기	유출증	5:2		특별기록 없음
	큰 재앙	11:33		사망함
	나병	12:10-15	미리암	모세의 기도
	염병	16:47	이스라엘 백성	백성의 속죄
	염병	25:8	음행한 남녀	죽임 당함
신명기	악질	7:15		특별기록 없음
	염병	28:21		
	폐병, 열병	28:22		
	피부병	28:27		
	괴혈병	28:27		
	종기	28:27		
	학질	28:27		
	실명	28:28		
	정신병	28:28		
사무엘상	불임	1:6-10	한나	기도
	조산, 난산	4:19,20	비느하스 아내	사망
	독한 종기	5:6,9,12; 6:5	블레셋가드 사람	속건제, 법궤 반납
	악령들림	16:14, 23	사울 왕	다윗의 수금 연주
사무엘하	다리 절음	4:4, 9:13	므비보셋	
	이름 모를 병	12:5		
	울화병	13:2	암논	
	전염병	24:13-15, 25	이스라엘 백성	회개, 번제, 화목제
열왕기상	전염병	8:37		
	손이 마름	13:4	여로보암 왕	하나님의 사람의 기도
	급사	14:17	여로보암 아이	여로보암의 죄
	급사병	17:17	사르밧 과부 아들	엘리야의 기도

성경	질병	장절	대상	치유 방법 및 결과
열왕기하	의문사	4:18-37	수넴 여인 아들 소생	엘리사의 기도
	나병	5:14	나아만 장군	엘리의 권면, 요단강에 목욕
	나병	5:25-27	게하시	치유 안됨
	실명	6:18	아람군대	엘리사의 기도
	죽을 병	13:14	엘리사	엘리사의 죽음
	나병	15:5	아사랴 유다 왕	하나님 치심
	떼 죽음	19:35	앗수르군사 185,000명	여호와의 사자의 치심
	독한 상처	20:7	히스기야 유다 왕	기도, 무화과 반죽
역대상	손, 발 기형	20:6	블레셋 가드 거인	여섯 손,발가락
	전염병	21:14	이스라엘 백성	여호와의 징계
역대하	위중한 발 병	16:12,13	아사 유다 왕	의원께 구함, 사망
	창자 불치병, 탈장	21:18,19	여로람 유다 왕	여호와 치심, 사망
	나병	26:18-20	웃시야 유다 왕	여호와 치심
욥기	종기	2:7	욥	하나님의 정하신 때 치유됨
이사야	딱지	3:17	시온의 딸들 정수리	여호와 치심
	악성 종기	38:1, 21	히스기야 유다 왕	히스기야 기도, 무화과
에스겔	돌연사	24:18	에스겔 아내	여호와 치심, 사망
다니엘	정신병(미침)	4:24, 33	느부갓네살 바벨론 왕	하나님의 정하신 때에 회복
아모스	전염병	4:10	이스라엘 백성	여호와의 치심
스가랴	팔 마름	11:17	양떼를 버린 못된 목자	칼이 내림
	실명	11:17	양떼를 버린 못된 목자	칼이 내림

부록 3

예수 그리스도의 치유 기록

복음서에 나타난 예수 그리스도의 치유사역은 매우 독특하고 경이로운 것이었다.

예수님의 치유사역의 목적은 여러 가지였으나, 주된 목적은 예수님께서 자신이 메시아이심을 증거하기 위함(마 8:17)이었다.

그것은 하나님의 치유 언약이 예수 그리스도를 통하여 성취됨을 나타냄으로써 인간으로 오신 예수님이 하나님께서 보내신다고 약속하신 바로 그 메시아이심을 입증하는 것이었다. 또한 예수 그리스도의 치유는 총체적인 치유로서 인간들의 육체의 유익만을 위해 행해지지 않았다. 병든 자들을 측은히 여기시는 마음에서, 때로는 하나님의 영광을 위해서 때로는 사람들의 죄사함과 믿음을 위해서 치유하셨다. 많은 경우에 귀신들린 사람들에게서 귀신을 쫓아내셨고, 다양한 방법으로, 다양한 장소에서, 다양한 사람에게 치유사역을 펼쳐셨다.

사복음서에 나타난 예수님의 치유사역은 다음의 도표와 같다.

질병	치유 대상	치유 방법	치유 장소	마태복음	마가복음	누가복음	요한복음
각종 병, 귀신 들림	많은 병자, 귀신들린 자	예수님의 병고침	길가	12:15	3:10, 11		
귀신들려 눈 멀고 말 못함	귀신들려 눈 멀고 말 못하는 자	축귀	도시, 마을	12:22		11:14	
각종 병	소수 병자	안수	갈릴리 지역	13:58	6:5		
각종 병	많은 병자	예수님의 연민	갈릴리 건너 유다 지역	14:14		9:11	6:2
각종 병	많은 병자	예수님 옷에 손 댐, 친구들의 믿음	게네사렛 땅	14:34	6:55		
귀신 들림	수로보니게의 딸	말씀, 어머니의 믿음과 기도	두로 지방	15:22	7:6		
지체장애, 시각장애, 언어장애, 기타 질병	다리 저는 사람, 장애인, 맹인, 말 못하는 사람, 기타 환자	주변 친구들 도움	갈릴리 호숫가 산	15:30, 31			
언어장애	말 못하게 하는 귀신 들린 아이	말씀, 축귀, 아버지의 믿음과 기도	변화산 아래	17:14	9:17-26	9:38-42	
시각장애	바디메오	말씀, 연민, 환자의 믿음과 간청	가버나움	20:30	10:46	18:35-43	
시각장애, 보행장애	성전의 맹인과 다리 저는 자		성전	21:14			
각종병, 귀신 들림, 간질	많은 사람	축귀	길가	4:23, 24		11:14	
나병	나병환자	말씀, 안수, 병자의 믿음, 예수님의 연민	갈릴리	8:2	1:40	5:12	
중풍병	백부장의 하인	말씀, 주인의 간청	가버나움	8:5		7:2	
열병	베드로 장모	말씀, 안수	베드로 집	8:14	1:30	4:38	

질병	치유 대상	치유 방법	치유 장소	마태 복음	마가 복음	누가 복음	요한 복음
온갖 병, 귀신 들림	귀신들린 무리	말씀, 축귀	가버나움	8:16	1:32	4:40	
귀신 들림	더러운 귀신들린 자	말씀, 축귀	거라사	8:28	5:1	8:26	
중풍	중풍병자	말씀, 친구들의 믿음	갈릴리	9:2	2:3	5:18	
죽을 병	야이로의 딸	말씀, 안수, 아버지의 믿음	회당장 집	9:18	5:22	8:41	
혈루병	여인	말씀, 예수님의 옷에 손 댐, 여인의 믿음	야이로 집으로 가는 길	9:20	5:25	8:43	
실명	맹인 두 명	말씀, 안수, 소경들 간청	길가	9:27			
귀신 들림, 언어 장애	귀신들려 말 못하는 자	축귀	길	9:32			
모든 병, 모 든 약한 것	많은 사람들	병고침, 연민	도시, 마을	9:35			
각종 병	맹인, 보행장애인, 나병환자, 죽은 자	말씀, 메시아 예수 증거	도시, 마을	11:5		7:21, 22	
손 마름	손 마른 자	말씀, 복종적 믿음	회당	12:9	3:1	6:6	
귀신 들림	더러운 귀신 들린 자	축귀, 명령	가버나움 회당		1:23	4:33- 35	
귀신 들림	많은 귀신 들린 자	축귀	갈릴리		1:39		
시각장애, 말더듬	귀 먹고 말 더듬 자	말씀, 예수님 손가락 안수, 친구들의 기도	두로		7:32		
시각장애	맹인	눈에 침 뱉으심, 안수	벳세다		8:22- 25		

질병	치유 대상	치유 방법	치유 장소	마태복음	마가복음	누가복음	요한복음
각종 병	수 많은 무리		한 동네			5:15	
죽음	나인성 과부 아들	말씀, 명령, 연민	나인성		7:11		
귀신 들림	막달라 마리아, 다른 사람들	축귀				8:2	
귀신 들림	귀신 들려 앓으며 꼬부라진 여자	말씀, 안수	회당			13:11, 12	
수종병	수종병 든 사람	말씀	바리새인 지도자 집			14:12	
나병	열명의 나병 환자	말씀, 환자의 간청	사마리아 와 갈릴리 사이			17:12-19	
귀의 자상	말고	안수, 만져 낫게 함	겟세마네 동산			22:50, 51	18:10
중병	왕의 신하의 아들	말씀, 아버지 간청	가나				4:46
혈기 마름	38년 된 혈기 마른 자	말씀, 환자의 믿음	베데스다 못				5:2
시각장애	선천성 맹인	말씀, 침뱉어 진흙 으로 이겨 눈에 바름, 실로암 못에 씻음	길가				9:1-7
중병, 죽음	나사로	말씀, 명령	베다니				11:1-44

부록 4

제자들의 치유 기록

사복음서의 기록들과 사도행전을 보면 예수 그리스도의 제자들과 그 이외의 많은 믿음의 사람도 병을 고친 기록들이 보고되어 있다. 제자들의 치유사역들도 예수 그리스도의 사역들과 유사함을 볼수 있다. 아울러 사도행전의 치유사역은 그 기간이 비록 30여 년 정도이지만 구약의 치유사역보다 더 풍성한 듯하다.

신약성경에 나타난 제자들의 치유사역은 다음의 도표와 같다.

질병	치유 대상	치유 방법	치유 장소	사도행전
각종 질병	많은 사람	사도들의 기사와 표적 행함	예루살렘	2:43
지체장애	나면서부터 절름발이 된 자	나사렛 예수 이름 (베드로)	성전 미문 앞	3:1-10
각종질병, 귀신 들림	많은 병자, 귀신 들린 자들	사도들의 손, 베드로의 그림자	예루살렘	5:12-16
각종 질병	많은 사람들	스데반의 기사와 표적 행함	예루살렘	6:8
각종 질병, 귀신 들림, 중풍병, 보행장애	많은 사람들	빌립의 복음의 말씀	사마리아 성	8:5-7
시력장애	사울(바울)	아나니아의 안수	다메섹 직가 지역	9:17
중풍병	애니아	예수 이름(베드로)	룻다	9:32-35

질병	치유 대상	치유 방법	치유 장소	사도행전
병들어 죽음	도르가	베드로의 기도, 명령	욥바	9:36-42
각종 질병	많은 사람	바울, 바나바의 손에 의한 표적과 기사, 은혜의 말씀	이고니온 유대인 회당	14:3
족부장애	발 쓰지 못하는 사람	환자의 구원받을 만한 믿음, 바울의 명령	루스드라	14:8-10
하체 마비	루스드라 앉은 뱅이	환자의 믿음, 바울의 명령	루스드라	14:8-18
귀신 들림	점치는 귀신 들린 여종	예수의 이름으로 축귀 명령(바울)	빌립보	16:16-18
각종 질병, 악귀 들림	병든 사람, 악귀 들린 자	바울의 손, 손수건, 앞치마	에베소	19:11, 12
낙상사	삼층에서 떨어진 유두고	바울이 안고 말함	드로아	20:7-12
독사에 물림	바울 자신	불에 떨어 버림	멜리데섬	28:1-6
열병, 이질	보블리오 아버지	바울 기도, 안수	멜리데섬	28:7, 8
각종 질병	많은 병자	바울 기도, 안수	멜리데섬	28:9

참고문헌

국내서적

강효신. 『동양의학개론』. 서울: 고문사, 1989.

권택조. 『당신도 건강하게 살 수 있다』. 서울: 목회신서, 1988.

김남수. 『하나님의 사랑과 치유사역』. 서울: 서로사랑, 2007.

김영길. 조덕영. 『창조의 비밀』. 서울: 국민일보사, 1994.

김영길 외. 『자연과학』. 서울: 생능, 1990.

김영철. 『노아 홍수』. 서울: 여수룬, 1990.

김의환. 『도전받는 보수신학』. 서울: 생명의말씀사, 2005.

_____. 『현대신학개설』. 서울: 개혁주의 신행협회, 1992.

박윤선. 『창세기』. 서울: 영음사, 1987.

_____. 『레위기』. 서울: 영음사, 1987.

박행렬. 『기독인을 위한 전인 치유사역』. 서울: 도서출판 나임, 1994.

_____. 『통전적 치유목회학』. 서울: 도서출판 치유, 1994.

손영규. 『황제내경과 성경』. 서울: 예영케뮤니케이션, 2014.

손희영. 『인간이란 무엇인가』. 서울: 복 있는 사람, 2014.

양승훈. 『기독교 세계관으로 들여다 본 세상』. 서울: 낮은울타리, 2001.

_____. 『창조와 격변』. 서울: 예영케뮤니케이션, 2006.

_____. 『창조에서 홍수까지』. 서울: CUP, 2014.

옥한흠. 『로마서1 내가 얻은 황홀한 구원』. 서울: 국제제자훈련원, 2007.

_____. 『로마서2 아무도 흔들 수 없는 나의 구원』. 서울: 국제제자훈련원, 2007.

이길상. 『건강하게 사는 지혜』. 서울: 기독교문사, 1986.

이길상. 『성서에서 본 식생활과 건강법』. 서울: 기독교문사, 1988.

이덕환. 『성경이 말하는 몸』. 서울: 북랩, 2016.

이동원. 『당신은 예수님의 VIP』. 서울: 두란노, 2010.

이명수. 『치유선교론』. 박행렬 역. 서울: 도서출판 나임, 1993.

조덕영. 『과학과 신학의 새로운 논쟁』. 서울: 예영커뮤니케이션, 2006.

최홍석. 『인간론』. 서울: 개혁주의신행협회, 2005.

허준. 구본홍 감수. 『한글국역 동의보감』. 서울: 한국교육문화사, 1995.

허준. 『동의보감』. 홍문화 편. 서울: 둥지, 1990.

국내번역서적

고도 오미끼. 『성서의 식양법』. 고달삼 역. 서울: 일맥사, 1989.

겔, 버니시. 『사랑은 의사』. 박희준 역. 서울: 고려원, 1990.

둠브렐, W.J. 『언약과 창조』. 최우성 역. 서울: 크리스챤서적, 1990.

듀얀, 기쉬. 『놀라운 창조이야기』. 한국창조과학회 역. 서울: 국민일보사, 1993.

래리모어, 월트 · 멀린스, 트레이시. 『하나님이 창조하신 건강한 사람』.
       정지훈 역. 서울: 죠이선교회, 2007.

래트클리프, J.D. 『당신의 몸 얼마나 아십니까?』. 서울: 리더스, 1990.

로벗슨, 팔머. 『계약신학과 그리스도』. 김의원 역. 서울: 기독교문서선교회,
       1989.

리델보스외 3명. 『구속사와 하나님의 나라』. 오광만 역. 서울: 반석문화사,
       1992.

맥그래스, 엘리스터. 『기독교 영성 베이직』. 김덕천 역. 서울: 대한기독교서회,
       2006.

맥너트, 프란시스. 『치유』. 변진석 역. 서울: 도서출판 무실, 1992.

맥도날드, 고든. 『내면세계의 질서와 영적성장』. 홍화옥 역. 서울: IVP, 1991.

머레이, 앤드류. 『겸손』. 김희보 역. 서울: 총신대학출한사, 1990.

_____. 『하나님의 치유』. 이희숙 역. 서울: 나침반사, 1985.

메이유, 리챠드. 『오늘날의 신유』. 김혜련 역. 서울: 생명의 말씀사, 1986.

모리스, 헨리. 『성경은 해답을 가지고 있다』. 김병희 역. 서울: 전도출판사,
  1991.

_____. 『진화론과 현대기독교』. 서철원 역. 서울: 생명의 말씀사, 1994.

_____. 『성경과 현대과학』. 이갑만 역. 서울: 생명의 말씀사, 1989.

_____. 『창세기의 대 사건들』. 이희숙 역. 서울: 생명의 말씀사, 1984.

_____. 『창조론과 비평』. 황영철 역. 서울: 생명의 말씀사, 1988.

_____. 『현대과학의 성서적 기초』. 이현모 역. 서울: 요단출판사, 1992.

베크, H. W. 『창세기』. 김봉성 역. 서울: 두레마을, 1989.

보스, 게르할더스. 『성경신학』. 이승구 역. 서울: 기독교문서선교회, 1990.

_____. 『하나님의 나라』. 정정숙 역. 서울: 한국개혁주의 신행협회,
  1987.

벌코프, 루이스. 『조직신학』. 권수경 · 이상원 역. 서울: 크리스챤 다이제스트,
  2001.

브루스, F. F. 『요한1 · 2 · 3서』. 이상원 역. 서울: 아가페, 1987.

사이어, 제임스. 『기독교세계관과 현대사상』. 김헌수 역. 서울: IVP, 1989.

샐라, 해롤드. 『 신앙과 과학』. 오진관 역. 서울: 생명의 말씀사, 1984.

쉐퍼, 프란시스. 『창세기의 시공간성』. 권혁봉 역. 서울: 생명의 말씀사, 1988.

씨맨즈, 데이빗. 『상한 감정의 치유』. 송헌복 역. 서울: 두란노서원, 1990.

에드먼즈, 빈센트. 『진정한 신유』. 신재구 역. 서울: 생명의 말씀사, 1983.

에드워드, 조나단. 『천지창조의 목적』. 정일오 역. 서울: 솔로몬, 2003.

영, E. J. 『창세기 1 · 2 · 3장 강의』. 서세일 역. 서울: 한국로고스연구원, 1989.

_____. 『창세기 제1장 연구』. 이정남 역. 서울: 성광문화사, 1990.

용백견. 『황제내경개론』. 백정의 역. 서울: 논장, 1990.

우르크하르트, 콜린. 『치유함을 받으라』. 이광호 역. 서울: 기독교문서선교회,
  1988.

월터스, 알버트. 『창조 · 타락 · 구속』. 양성만 역. 서울: IVP, 1994.

위너, 데이비드. 『건강한 생활』. 서울: 한국장로교출판사, 2005.

위트만, E. C., 볼만, C. R. 『성서의 치유』. 이희숙 역. 서울: 종로서적, 1993.

월킨슨, 존. 『성서와 치유』. 김태수 역. 서울: 기독교연합신문사, 2001.

존스, 마틴 로이드. 『의학과 치유』. 정득실 역. 서울: 생명의 말씀사, 1993.

존스, 마틴 로이드. 『하나님 나라』. 전의우 역. 서울: 복 있는 사람, 2010.

카일 · 델리취, 『창세기』. 고영민 역. 서울: 기독교문화사, 1988.

_____. 『레위기』. 김득중 역. 서울: 기독교문화사, 1987.

_____. 『이사야 (상),(하)』. 최성도 역. 서울: 기독교문화사, 1987.

캐시언, 메리. 『여자 창조 그리고 타락』. 이정선 역. 서울: 바울, 1992.

켈시. M. T. 『치유와 기독교』. 배상길 역. 서울 기독교서회, 1986.

쿨만, 오스카. 『그리스도와 시간』. 김근수 역. 서울: 태학사, 솔로몬 말씀사,
        1987.

토우르니에, 폴. 『성서와 의학』. 마경일 역. 서울: 전망사, 1979.

패커, 제임스. 『하나님을 아는 지식』. 서문강 역. 서울: 기독교 문서선교회,
        1989.

프란시스 헌터, 찰스. 『신유의 방법』. 이미혜 역. 서울: 서울서적, 1989.

프랫, 리차드 L. 『인간존엄을 향한 하나님의 디자인』. 김정우 역. 서울: 엠마오,
        1995.

프랭클린 페인 주니어. 『의료의 성경적 접근』. 김민철 역. 서울: CMP, 2001.

하퍼, 마이클. 『예수의 치유』. 고재봉 역. 서울: 요단출판사, 1988.

해긴, 케네스. 『당신이 알아야 하는 신유에 관한 일곱가지 원리』. 김진호 역.
        서울: 믿음의 말씀사, 2000.

헥세마, 호머. 『태초에 하나님이』. 안만길 역. 서울: 생명의 말씀사, 1981.

헨드릭슨, 윌렴. 『로마서 상 · 하』. 황영철 역. 서울: 아가페, 1984.

_____. 『요한복음 상 · 중 · 하』. 유영기 역. 서울: 아가페, 1983.

홀, 데릭. 『인간의 몸』. 김윤택 · 서주현 역. 서울: 에코리브르, 2009.

휘트콤, 존. 『성경적 창조론』. 최치남 역. 서울: 생명의 말씀사, 1993.

국외서적

Brunner, Emil. *Man in Revolt*. Philadelphia: The Westminster press.,
        1939.

Davis, J. J. *Paradise to Prison : Studies in Genesis*. Grand Rapids:

Baker Book House, 1975.

Gamett, Duane. *Rethinking Genesis*. Grand Rapids: Baker, 1991.

Murray, John. *Principles of Conduct*. Grand Rapids: Baker, 1957.

Peter,Wagner.C. *How to have a Healing Ministry in Any Church*.
Ventura: Regal Books, 1988.

Samuel, Storms. C. *Healing a Holiness*. Phillipsburg: Presbyterian &
Reformed, 1990.

Rad, G. von. *Genesis*, trans. J. H. *Marks*. London: SCM press, 1961.

Youngblood, Ronald F. *The Book of Genesis*. Grand Rapids: Baker,
1991.

程士德 編. 『內經講義』. 上海: 上海科學技術出版社, 1988.

논문, 기타

권양순. "기독교적 관점에서 본 전인치유의 효과적 방법연구". 석사학위논문:
아세아연합신학대학, 1986.

김연수. "하나님의 왕국과 치유선교". 석사학위논문: 아세아연합신학대학,
1988.

손영규. "기독교 세계관과 치유신학". 석사학위논문: 아세아연합신학대학,
1996.

이명동. "치유과정에 있어서 몸과 정신과 영의 상호작용". 석사학위논문:
아세아연합신학대학, 1990.

이명수. "의료선교의 성서적 조명", 제1차 의료선교대회회의록,
서울: 한국의료선교협회, 1990.

한명옥. "건강과 치유의 기독교적 이해", 석사학위논문: 아세아연합신학대학,
1990.